核心素养视角下的师范生职前培养研究

马贵俊 ◎ 著

北京工业大学出版社

图书在版编目（CIP）数据

核心素养视角下的师范生职前培养研究 / 马贵俊著．
— 北京：北京工业大学出版社，2025.7重印
ISBN 978-7-5639-6742-1

Ⅰ．①核… Ⅱ．①马… Ⅲ．①师范教育－研究－中国
Ⅳ．① G659.2

中国版本图书馆 CIP 数据核字（2019）第 024566 号

核心素养视角下的师范生职前培养研究

著　　者：马贵俊
责任编辑：刘卫珍
封面设计：点墨轩阁
出版发行：北京工业大学出版社
　　　　　（北京市朝阳区平乐园 100 号　邮编：100124）
　　　　　010-67391722（传真）　bgdcbs@sina.com
经销单位：全国各地新华书店
承印单位：三河市元兴印务有限公司
开　　本：787 毫米 ×1092 毫米　1/16
印　　张：13.5
字　　数：270 千字
版　　次：2021 年 10 月第 1 版
印　　次：2025 年 7 月第 4 次印刷
标准书号：ISBN 978-7-5639-6742-1
定　　价：40.00 元

版权所有　　翻印必究

（如发现印装质量问题，请寄本社发行部调换 010-67391106）

前　言

　　核心素养研究源于经济合作与发展组织（OECD）1997年12月启动的"素养的界定与遴选：理论和概念基础"项目，研究成果用于指导其成员国的教育改革。从研究的旨趣来看，它已经突破了纯粹的阶段性教育目标，而走向基于个体成功和社会良好运行的整体性、终身性、社会性教育目标，贯穿于中小学教育阶段、大学教育阶段、继续教育阶段，最终指向成人的工作和生活。因此，核心素养不能狭义地理解为某一特定阶段的培养目标，而应理解为人的核心素养在不同阶段的持续培养和发展进程。就师范生而言，核心素养培养既是其自身全面发展的需要，也是其职业适应基础教育课程教学改革的需要。

　　师范院校是培养教师的主要阵地，为基础教育学校培养适应社会快速发展的高素质教师是当务之急。随着中国素质教育的不断推进，师范院校的培养目标亟待考虑如何将师范生教育从应试教育的藩篱中解脱出来。

　　本书以"核心素养视角下的师范生职前培养研究"为主题，以核心素养基础理论为切入点，主要探讨学科核心素养形成机制与核心素养教学观、教师职业素养理论与创造型教师职前培养、中国乡村教师职前培养、核心素养视角下的卓越教师职前培养以及师范生培养策略相关内容。

　　通过本书可了解师范生的核心素养，主要体现在以下几个方面。

　　第一，教学技能。教学技能是教师教的技能和指导学生学的技能的总和，但不同社会发展阶段教师的教学技能侧重点是不同的，它们所体现的教育理念也各不相同。

　　第二，交往沟通能力。教学活动是师生之间的主体间性活动，而不是教师单向向学生传递授受知识的活动，良好的交往沟通能力能起到事半功倍的作用。

　　第三，自主学习能力。自主学习能力是学习者根据个体发展和社会发展的需要自主确定目标、选择内容、选择学习方式顺利完成学习，实现自身发展的个性倾向。

　　第四，实践创新能力。实践创新能力是个体不断地把获得的理论知识和技能付诸实践的过程，同时也包括在这一过程中主体创新获得的新知识、新创意、新方法再付诸实践并通过实践不断检验修正新知识、新创意、新方法，从而为新的物质的、精神的产品的生产服务的活动。

第五，反思能力。反思能力是以上四种能力发展和提升的基础，也是师范生自身核心素养提升的关键。反思是教师成长的重要途径。

由于时间仓促，作者水平有限，书中不足之处在所难免，敬请读者批评指正。衷心希望本书能对读者有所帮助。

作 者

2018 年 10 月

目 录

第一章 核心素养概论 ·· 1
 第一节 素养与核心素养概述 ·· 1
 第二节 核心素养的演变与共识 ···································· 16
 第三节 传统文化视角下的核心素养探索 ························ 24
 第四节 国际视角下的核心素养探索 ······························ 26

第二章 学科核心素养形成机制与核心素养教学观 ················ 35
 第一节 学科核心素养形成机制探索 ······························ 35
 第二节 核心素养教学观——立德树人 ·························· 57
 第三节 核心素养教学观——基于课程意识和学科本质 ······ 65
 第四节 核心素养教学观——以学生学习为中心 ·············· 74

第三章 教师职业素养理论与创造型教师职前培养 ················ 91
 第一节 现代教师职业及其能力体系构成 ························ 91
 第二节 教师职业道德及其专业发展概述 ······················ 102
 第三节 创造型教师的内涵与创造教育目标 ··················· 106
 第四节 创造型教师职前培养模式与实践探索 ················ 113

第四章 中国乡村教师职前培养探析 ·································· 129
 第一节 中国乡村教师职前培养的历史沿革 ··················· 129
 第二节 中国乡村教师专业素养分析 ···························· 133
 第三节 中国乡村教师职前培养模式研究 ······················ 135

第五章 核心素养视角下卓越教师职前培养研究 ················· 141
 第一节 卓越教师的产生背景及标准界定 ······················ 141
 第二节 卓越教师职前培养价值取向的现状及定位 ·········· 159
 第三节 卓越教师职前培养合理价值取向的路径选择 ······· 170
 第四节 卓越教师职前培养阶段课程设置现状及改进策略探讨 ···175

第六章　核心素养视角下师范生培养策略探讨　……　185
　　第一节　国际视野中的教师核心素养探析……　185
　　第二节　核心素养视角下师范生教育课程重构……　191
　　第三节　核心素养视角下师范生实践教学现状及路径选择……　195
　　第四节　核心素养视角下师范生培养改进研究……　200
　　第五节　核心素养视角下师范生教学领导力培养路径……　205

参考文献……　209

第一章
核心素养概论

学生发展核心素养,主要指学生应具备的,能够适应终身发展和社会发展需要的必备品格和关键能力。本章主要内容为素养与核心素养、核心素养的演变与共识、传统文化视角下的核心素养探索、国际视角下的核心素养探索。

第一节 素养与核心素养概述

"核心素养"自提出以来就受到了人们的普遍关注,核心素养的提出为素质教育的推进提供了具体明确的抓手,为教师促进学生的未来全面发展指明了方向,为教师自身的教育教学发展提供了参照。

一、素养概述

教师的素养是知识、能力的综合表现,尤其体现在人格特征和教育理念方面。教师需要掌握精深的学科专业知识、系统的教育学和心理学知识、广博的科学文化知识和基础的创造原理知识。

（一）素养的起源

了解素养的起源,必须从素质、教养、修养与涵养、文明与习性等方面进行诠释。

1. 素质

"素质"从其本义来讲指人生而有之、先天具备的东西。按照《现代汉语规范词典》的解释:"素",即本色;"素质",即事物本来的性质、特点或人的生理上的先天特点。从此方面讲，素质是一个人固有的、先天的，也是个人成长和发展的基本条件、可能性，人的发展过程中最重要或者说最核心的力量是素质水平。实际生活中表现为有一部分人可以很轻易地获得他们想学的东西，具有异于常人的天赋、能力非凡；另一部分人只是在某一个领域表现出惊人的天赋，或者音乐，或者绘画，或空间想象，或记忆，或运动等。这些确实在很大程度上可以归因为遗传。

先天的素质要是有缺陷，后天的教育和努力往往力不从心。通常人们会听说"某人素质真差"，其中"素质"并不是说与生俱来的品质，而是说人后天培养的道德品质。如中国一直所强调的素质教育中所提到的"素质"，其实是指后天培养和由教育获得的内涵精神。当区分素质和素养时，一般将素质看作先天拥有的财富，而素养是由其他方式获得的。[①]

2. 教养

人的天赋必然需要合适的教育和锻炼，才能进一步发展成为专业性素养。人之所以成为人，是教育的结果，人的素养也有赖于教育。在现实社会中，"人"不只是生物学定义的能够直立行走的动物，而是需要接受教育、参加锻炼，不断成长，能够获得精神愉悦感的个体。通常情况下，我们所说的"教养"，其实侧重点不在"教"，而在于"养"，指的是人的全部素养，具体说，是指人所具备的道德品质。也就是一般情况下，人们所说的修养和涵养。然而，其本质上要重点突出教养的本义，这种教养由教育过程获得，虽然是"教养"，但准确来说应该是"育养"。因为只依靠"教"是很难教育出素养的，更多的是依靠"育"。当前，教育更强调"教"的部分，而忽略了"育"。"教"类似于工业，而"育"类似于"农业"。一些外在的知识和技能等来自"教"，而要想获得内在的品格和能力，更多的是要依靠"育"。

3. 修养与涵养

修养和涵养需要依靠自己不断修炼而培养成的素养，在素养的形成过程中，更关系自我教育。"修"以及"涵"能够充分展示自我教育的优势，反映了修养和内涵的本质。在培养素养实践过程中，自我教育显得格外重要。

4. 文明与习性

从个体的角度讲，素养是个体的习性、习惯；从社会的角度讲，素养是一种社会价值、一种人类文明。从根本上讲，人是环境的产物。每一个成员的行为和语言都能成为环境中影响其他人学习和成长的"材料"，对其思想

---

① 余文森. 核心素养导向的课堂教学 [M]. 上海：上海教育出版社，2017.

感情和行为方式产生作用，撼动甚至改变其生活态度。事实上，环境给人的影响除了有形的模仿，更多的是无形的力量起作用。

不同民族、不同国家的人和人之间，他们因为各种不同因素，包括文化、环境以及制度方面的差异，习性也有很大不同。这里重点关注的是人受到文化的影响方面。通常，素养的来源有：首先是遗传基因、天性和天赋等遗传因素；其次包括文化和制度在内的教育以及自我教育环境的因素。

（二）素养的构成

素养主要由以下几个方面构成。

1. 精神外貌

一个人的素养通过其精神外貌表现，所以精神外貌是了解一个人内在素养的重要手段。学识、智慧、道德、态度、品格、思想以及精神等个人素养，都会伴随着一个人的言行举止以及神态特征表现在其外貌上。

2. 人格

人格是一种内在动力和相应行为模式下产生的统一体，受个人先天或后天条件的影响和制约。这些内在的心理行为通过一定形式的思维、行为，甚至情绪加以展现，通常被称为人们的价值观、道德观、心理素质，表现出个人独有的品格和气质差异。

从心理学层面看，人格是中性概念，由性格和气质两部分构成。但是，素养更多的是表现积极的一面，换句话说，一个有素养的人，少不了良好的性格特征和气质特点。站在教育学观点，人格体现了一个人全部内心世界的方式，人的精神世界通常强调其个性中比较有格调和品格特点的部分内容，尤其指道德层面。"人格"一词经常被运用在道德方面。如果说一个人的人格存在问题或者有缺陷，等同于该人道德品质存在问题，或者道德素养有问题。

3. 行为习惯

行为习惯是一个人在漫长的生活过程中，所养成的固定行为方式，它是一种自动形成的无须思考和意志努力得到的行为习惯。这种行为习惯一旦养成，则无须依靠他人的督促和个人意志的提醒，而是凭借一种习惯的力量，轻松自如地完成某种行为，甚至到达一种"无须他人提示"的自觉条件反射的境界。

4. 思维方式

人的思维方式按照认识论层次划分，分为认识定式和认识运行模式两种。

以个体角度看，个体思维层次或者深度、思维结构或类型、思维方向统一表现为思维方式，这是个体认知素质的核心内容。从学生学习的角度分析，思维方式反映学生认识事物的立场和视角，又影响其对待问题的思考方式和思维方向。其从根本上制约着学生的学习水平高低。

学校和教师要充分重视培养学生的思维方式，将其作为奠定学生学习能力的基础、发展人生目标等长远目标看待。

培养学生的思维方式要从三点着力。第一，要注重科学精神和客观性思维能力的培养，即培养学生用事实进行论证、用逻辑进行推理的思维能力。第二，要注重批判性思维和能力的培养，即注重培养学生独立、个性、新颖的思维和想象能力。第三，要注重把单向思维的培养改为双向思维的培养。具体来说，就是要把我国多年来偏重的演绎思维的培养改为演绎与归纳两种思维并重的培养。①

二、核心素养概述

素养贯彻人心灵的整个过程，包含人的整个精神世界所有内容。由千变万化的多种因素共同作用形成素养。从教育角度方面讲，核心素养是整个教育过程中最为关键的部分，也是学校教育工作中的重点和难点。

（一）核心素养的含义

无论是对于个人的发展，还是对于社会的进步，智慧（能力）和道德（品格）是具有决定性的两种力量，缺一不可。能力是一个人的硬实力，品格是一个人的软实力。从心理学的角度讲，能力是人的智力因素（智商，其中最核心的因素是创造力），品格是人的非智力因素（情商，其中最核心的因素是坚毅力），智力因素（智商）和非智力因素（情商）的结合才构成一个人完整的精神世界。从文化的角度讲，能力指的是人在科学维度上的素质（科学精神）；品格指的是人在人文维度上的素质（人文情怀），一个健全的人必须同时具备科学精神和人文情怀。

人最宝贵的精神财富是能力与品格，从某种程度看，它们具有相对独立性，其特点、内涵以及形成机制等都有自己独特的方式。另外，它们之间又存在着一些不可忽视的联系，比如某些内涵形式存在交叉，形成方式又相互促进。在形成核心素养的过程中，两者之间的互动和融合至关重要。

所谓核心素养是指当出现一些较为复杂的或者不稳定的情境时，个体具备运用综合学习方式所获得的学科理念、思考方式以及探究能力，结合结构化

---

① 余文森. 核心素养导向的课堂教学[M]. 上海：上海教育出版社，2017.

的（跨）学科知识和技能，融入个人人生观、世界观和价值观等所有内在的动力机制，对面临的问题进行分析，然后提出解决问题、交流结果的方法。举例来说，科学探究技能是在此情境下产生的一种品质。个体在面临各种不同的情境时，首先会选择细致的观察现象，再对其产生的问题加以探究，最后采取一定猜想、假设等方式，取得有效数据，并用此数据进一步验证之前的猜想和假设。

1. 核心素养的能力

从心理学角度讲，能力属于个性心理特征，是保证人们成功进行实际活动的一系列稳固心理特点的综合。能力有广义和狭义之分，狭义的能力指的是认识能力或智力，是保证人们有效认识客观事物的稳固心理特点的综合。我们通常所说的能力是指狭义的能力。当然，现在也强调各种实践能力和实验能力的培养，但是，从基础教育的性质和学生心理发展的规律来看，其主体、核心和基础应该是认识能力，特别是思维能力。能力与学校教育密不可分，它既是学校教育的基础和前提，又是学校教育的目的和结果。

学习过程是一个认知加工的过程，学生的能力又分为阅读输入、思考加工和表达输出三部分，是学生学习过程必不可少的基础能力、核心能力。它具有基础性、共通性、关键性以及发展性等特点；另外，创新能力、研究能力、设计能力和策划能力要以此为基础。

第一，阅读能力。阅读通俗意义上是指看书，但不是单纯地浏览，要理解其中的含义，才能称得上是阅读；理解是指要将看到的内容和已有知识体系与经验相融合，使其统一在一起。学生主要依靠阅读手段获得新知识，这是学生发展智力的一个重要途径。学生的发展离不开阅读，而阅读也是学习过程中最基础的核心能力，阅读能力的强弱直接影响学生的学习效果和学习效率。

第二，思考能力。思考无疑是一种思维活动，其特点主要有三个。①有根据的思维。思考不是主观臆想，而是以事实、数据和已经得到证实的知识作为依据进行的推论和思维。②有条理的思维，即周到、系统、有逻辑的思维。事物联系、发展、变化的秩序是其内在逻辑，逻辑混乱、杂乱无章就是无序，就不是思考。③有深度的思维，即直抵事物本质的思维。深度既包括思维方式、方法和过程的深度，也包括思维对象的深度。从教育的角度讲，思考强调的是主体性，即独立性和创造性。思考是学生个体独立自主的独特思维，而不是被思维，不是复制思维。思考能力是最核心、最根本的学习能力，直接决定学生学习的水平和质量。

第三，表达能力。学生需要有独立的思想意识、观点和思考方式，而且能够通过阅读和思考获得感情，进而完成表达过程；这体现了学生对自己的所有认识和观点能够运用自己的语言，比较准确和清晰地阐述，意味着这些观点和信息有人接受，甚至与之产生互动，或者赞美，或者补充纠正的反馈机制。人并不是独立存在的，而是通过自我表现和影响他人获得需求的。从教育论的观点看，教也是学，通过教完成学。从社会学角度看，人们通过交往和互动实现表达，其作为一种影响和奉献的形式，一直在进行着修正和反馈。

个体通过学习实现获得知识以及发展能力的需要，也通过学习建立人与人之间复杂的交往联系。人的基本生存所需的知识、技能和经验等，都是在和他人的积极交往与互动中形成的，通过互相影响形成独特的人生观以及主动的生存方式。如果从学生角度看，每一个学生都有表现欲，要想在学生学习过程中给予足够的持续性动力，则需要在教学实践中提供学生表现和展示自我的机会，满足他们的表现欲；从学生队伍的角度看，在表达过程中也实现了倾听的目的，展现的是一种共同体的学习模式。也就是说，在学习过程中，人们通过互相沟通交流，分享自己的思考模式和经验见解，获得对他人的情感、体验以及观念的理解和尊重，在该过程中共同进步、彼此共享。

阅读能力、思考能力、表达能力是学生学习的一般能力，是所有学科学习的通用能力。它们与学科能力的关系是一般与特殊、工具与内容的关系。就能力自身发展而言，它们是基础能力，是其他能力的基础。

首先，一般性。关键能力即通用能力、普适性能力，它指向人的一般发展，一般发展不同于特殊发展（某门学科或某组学科上的发展，如数学才能、语言才能的发展，音乐领域里的音乐听觉、音调感的发展等）。

其次，工具性。根据工作的对象划分，能力又分为工具性能力和内容性能力等。学生对学习过程中一些基本技巧，包括阅读、理解和思考能力等掌握和获得的能力，是工具性能力。这种能力是学生在跨学科的学习中所展示出的，大多数人具备的共性能力，它是学生学习能力的组成部分。内容性能力指的是学生通过学科知识所领会的、独有的思考方式和思维能力，这种能力可以从学科特有的角度发现并提出问题，然后具体分析提出解决问题的方案。它作为一种综合了工具性能力和特定学科的重要能力而存在。

最后，基础性。在学习过程中，最基础的能力便是阅读、思考和表达。其他诸如解题能力、实践能力、创新能力、文章能力和研究能力等，都是以这些能力为基础的。另外，建立在此之上的能力还包括自主能力、合作能力以及探究问题能力。

2. 核心素养的品格

品格即人性。人性是人之为人的东西，是只有人才具备的东西，是人区别于动物、机器的本质性东西。动物和机器也具有一些人的能力，但却不具有人性。人不仅有七情六欲，还有自由的灵魂、独立的意志、高远的理想、永恒的信仰。品格即精神。精神的本质是超越，人只有超越自己、超越物质、超越现实，才谈得上品位和格调，即品格。品格即行为。品格表现在人的一切活动和言行举止之中，反过来说，人的一切活动和言行举止必定烙上"品格"的印记，这是人区别于人的外观表现。从另一个角度说，一个人的品行只有形成习惯，达到无须提醒的自觉程度，才算是形成一种品格。

基础性、成长性、公共性和关键性是基础教育过程中必不可少的关键品格。究其本质、品格和人之间的关系有自我关系、和他人关系、任何其他事情关系等，而事情又细分为工作和学习。因此，可以得出结论，人必须具有三种核心品格：任何自我关系相处中，必须自律或者自制；人和他人的关系相处必须尊重他人，即公德心；任何事情的关系必须对事情认真，即负责。

第一，自律（自制）。按照柏拉图的说法，人的灵魂有三个方面：欲望、激情和理智。欲望在灵魂中占有最大比例，人充满欲望，欲望总是自私的、冲突的而且无法得到充分满足的。欲望的放纵能够导致一切罪恶和错误的发生，因此，欲望必须被控制、被克制和被指导。当然，控制、克制和指导的主体既可以是外在的，也可以是内在的。自律最突出的表现就是良心（良知），弗洛伊德认为良心是一种内心的感觉，是对躁动于人们体内的某种异常欲望的抵制。良心（良知）对人的约束是当下的、即时的，这种约束使得非道德、无良知的意念在刚出现时就被过滤掉。

第二，有尊重人的公德心。道德准则很大程度上是人和人之间关系的处理方式，作为一种法律以外的行为准则，道德是处理人际交往过程必须遵从的内在准则。尊重的含义在于尊敬和重视，即在和人交往时，首要任务是做到尊重和重视，其实尊重别人的实质也是尊重自我，人有教养也能通过时时刻刻为他人着想而体现。此外，尊重还是社会意义上公德的精神意蕴和本质的展示。

公德贵在一个"公"字，这体现在：首先，要心中装着他人，具有"别人优先"的意识，做到时时处处以别人为先，先人后己；其次，心中要有"公共和规则"的意识，尊重规则、服从规则，它体现一个人在公共场合中的良好形象。规则意识有助于学生形成法治观念，树立法治信仰，养成自觉守法、遇事找法、解决问题靠法的思维习惯和行为方式。

第三，认真的态度。做人的态度最重要的是自律和尊重，但是做事的态

度最重要的是认真。学生不仅要学做人的道理，也要学会做事。做人要遵从"人德"，同样做事要有"事德"。被广为称颂的"工匠精神"，讲的是一种认真负责的精神和对万事万物都认真对待的态度。就学生而言，是要对学习认真。

3. 能力与品格的关系

人最宝贵的两种精神财富，就是能力和品格。能力和品格从某种角度看，是互相独立存在的，它们的内涵、特征以及形成机制各自独立，但是从另一种角度看，它们之间又存在着某种必然的联系，其表现为在内涵上互相交叉，在行为上互相影响。只有两者完美地有机融合，才能形成核心素养。

（二）学生发展核心素养的构架与含义

核心素养在学生的发展中，主要指学生能够具备适应终身发展以及社会需求的品格和重要能力。

1. 学生发展核心素养的构架

在中国，学生发展核心素养的目标主要是培养"全面发展的人"，其表现在三个方面，分别是基础文化知识、自主发展需求和社会参与程度。其中包含着六大素养，分别为人文底蕴、科学精神、学习能力、健康思维、责任感和创新实践力。在此框架基础上，可具体根据学生的年龄特征，提出不同的要求。

2. 学生发展核心素养的含义

首先，文化基础。文化基础要求人们掌握人文、科学等领域的知识和能力，并对人类先进的智慧成果加以利用，培养内涵精神、追求真善美的境界，使自己成为有知识、有文化、有精神追求且道德高尚的人。人文底蕴指在学习和应用人文知识时所习得的技能、获得的基本能力、态度观点以及价值取向等，主要有人文积淀、人文情怀和审美情趣等集中表现方式。

科学精神所强调的是学生在学习、理解和运用科学知识过程中，所获得的思维模式、价值理念以及行为规范等，主要表现为理性思维、批判质疑的能力和勇于探索真理的勇气等。

其次，自主发展。人作为主体的基本属性是自主能力。自主性主要体现在学习过程中，能够善于合理安排自己的学习和生活，从中了解和发掘自我价值，不断发现自我潜力，快速适应身边多变的环境氛围，实现自我的快速成长，获得完美人生。学生在养成学习意识、选择学习方法、进行学习评估过程中展现出来的综合素质，是一个学生学习的过程。这包括乐善好施、勤于思考、创建意识等多个组成要素。学生在了解自我、发展身心、做出人生规划等方面获得健康的生活，具体表现为热爱生命、完善人格、严格自我管理等。

最后，社会参与。作为人的本质属性，社会性是指在参与社会生活过程中，能够合理处理自我和社会之间的关系，时刻遵守作为现代公民所要遵从的道德标准和行为准则，努力培养自己的社会责任感，发掘自身创新力以及实践能力，为实现自我价值、推动社会发展贡献力量。

为成为有抱负、有担当、有信念的社会主义接班人而奋斗。责任担当在学生身上主要表现为在处理和国家、社会以及国际等关系时的情感观点、价值理念以及行为方式，由社会责任感、国家认同感和国际理解等组成。实践创新的内容有劳动意识、解决问题的能力、应用技术能力等方面，主要指学生在日常生活和学习中养成解决问题、迎接挑战的实践能力以及创新意识和具体行为方式等。

（三）核心素养培养的原则

核心素养培养的原则主要包括：方向性原则、时代性原则、国际性原则和民族性原则。

1. 方向性原则

实现人的全面发展是党和国家的教育方针，是教育工作永恒的目的和终极的追求。学生发展核心素养是人的全面发展的具体体现。全面发展的主要内涵包括德、智、体、美、劳等方面。核心素养是全面发展的具体化。为此，核心素养的研制必须以全面发展为方向，确切地说，人的全面发展的理论是人的核心素养研制和提炼的指导思想。显然，核心素养的建立必定有助于教育工作者在日常教育实践当中切实贯彻党和国家的教育方针，促进学生的全面发展。

2. 时代性原则

核心素养是全面发展的具体化，但核心素养的建立不能是全面发展内涵的简单的逻辑展开，核心素养要体现时代的要求和特点，即反映新时期社会对人才的新要求。当今时代，科技进步日新月异，知识经济迅猛发展，全球化、信息化步伐明显加快，进而对人的素养的要求也发生着明显的变化。实际上，核心素养的提出本身也是时代的产物。时代发展对人的素养提出新要求，而学生因为缺乏或缺失某些重要素养而跟不上时代的发展，从而影响自身和社会的发展。当前特别强调创新精神、实践能力以及团队精神、合作能力。这是研制核心素养必须关注的内容。

3. 国际性原则

核心素养是从知识本位走向素养本位，是世界教育共同的走向。国际性原则包括两层意思。第一，强调培养学生的国际视野和意识。当前，无论是强调中国制造、中国创造、中国智造，还是强调中国领导、中国参与、中国合作，都需要培养具有国际视野和意识的人，需要反映到核心素养的框架之中。第二，核心素养的研制要参照国际上的先进成果和经验。课程标准修订和各学科核心素养的研制就是在学习和借鉴世界各国先进经验的基础上进行的。一方面要吸收世界先进的东西，另一方面要与世界接轨。

4. 民族性原则

核心素养的研制不仅要注重吸取国际先进经验，重视与国际教育的接轨，更要结合我国的实际情况，特别要重视发挥我国历史文化方面的优势。民族性是素养的源泉，一个民族的优秀传统和文化是该民族成员核心素养形成的重要源头，一个民族成员的核心素养一定会烙上这个民族的特性。就当前而言，教育工作要反映立德树人的时代要求，努力培养一代能够自觉维护社会主义核心价值观、拥有社会责任感、创新意识以及实践动手能力的社会主义接班人。所谓核心价值观，是指一种有精神凝聚力的社会力量，它的存在能够使一个国家真正立于世界民族之林，也是一个民族最为宝贵的精神财富。中国目前所践行的核心价值观是中国特色社会主义核心价值观。其中囊括了中华民族上下五千年的传统文化精髓以及宝贵的治国理政经验，对推动社会发展和团结人民力量有着不可忽视的作用。

社会主义核心价值观是当前我国全体公民要坚守的共同理念和追求，它包含国家、社会、公民三个层面的价值准则，必须将这些内容有机地融入核心素养的内涵之中。

三、学科核心素养概述

学科核心素养由学科和核心素养构成。核心素养在某个学科或者学习领域的具体表现，称为学科核心素养。学科核心素养必须通过学习一门学科，然后取得在此学科或者学术领域方面的成就，它集中体现了一门学科的育人特征。

学科核心素养是各门学科对核心素养的独特贡献，准确地把握学科本质和学科特性是构建学科核心素养的前提。

（一）学科核心素养的特性

第一，学科性。教育是按学科进行的，每门学科都有其特殊性。学科核心素养是学科本质和教育价值的体现，它源自学科的本质、性质、特点、功能和任务。

第二,科学性。科学性有两层含义:一是规律性,即学科核心素养的提炼必须符合学生身心发展规律,遵循可接受性原则,既不超越学生的接受极限,也不限制、阻碍学生的发展可能;二是准确性,学科核心素养的内容表述必须准确无误,不会产生歧义和随心所欲的解读,以便教师可以很清晰地以之指导自己的实践。

第三,教育性。学科核心素养是通过学科教育获得的,而不是通过日常生活自然形成的,它是可教育的素养,而且是必须通过学科教育才能获得的素养。

第四,人的本性。所谓学科素养,指一切以人为中心、主体是人,目的是为人服务、以人为本、展示对人的价值和意义。学科核心素养存在的意义,不只是为了学习学科知识和成为学科后备人才必须具有的学科知识和能力,更重要的是为了人的发展,使生活更加丰富多彩、更有意义,使人有更大的发展空间。从个人角度看,学科核心素养是学生满足日后生存和发展的必经之路;从社会角度看,学科核心素养有利于推动社会健康发展和持续进步。

总之,学科核心素养的提炼必须体现四个原则:反映学科本质和教育价值、内涵清晰、可教可学、对个体和社会有积极意义。

(二)学科核心素养的意义

第一,学科核心素养是核心素养的细化。学科作为教育基础,是教学活动展开的依托,也是教育理念目标革新的载体。因此,学科核心素养是核心素养的具体呈现,是核心素养的品类细化。当前,我国教育的培养目标是实现学生的全面发展,而核心素养正是教育培养目标的具体细化;学科核心素养又是核心素养的具体细化。层层细化落实是将理想转变为现实的唯一手段。因此,对学科核心素养的关注,是课程改革和标准修订的独特亮点和最大特色。

第二,学科核心素养是学科教育的灵魂。学科教育的内容是学科知识,但目的和落脚点是人,换句话说,学科是学科教育的手段,人才是学科教育的目的。实现由学科向人的转变,是学科教育重建的关键。学科核心素养指的就是受过这门学科教育的人所展现出的形象、气质、行为、习惯、能力、素质。学科核心素养是学科教育的灵魂,只有抓住学科核心素养,才能正确引领学科教育的深化改革,全面发挥学科的育人功能。学科核心素养是与该学科相关的所有学科和活动的教育产物,学科教育只是主渠道。也就是说,学科核心素养体现超越学科的特性,这就要求学科教师要跳出学科重新认识学科,让学科教育不再局限于学科,从而实现学科与学科的贯通、学科与生活的贯通、学科与活动的贯通、学科与大教育的贯通。从教学的角度讲,就是要实现课内外和校内外的贯通。

(三)学科核心素养与核心素养的关系

学生步入社会要实现发展顺意,必须具备关键技能和过硬的品格。可以说,品格与能力是学生融入社会与实现自身终身发展的核心素养。围绕某一具体学科形成的重要品格和关键技能,是学科核心素养关注的问题。总体来说,核心素养和学科核心素养在方向上是一致的,在性质上是统一的。

1. 学科核心素养与核心素养的内在联系

首先,两者存在部分与整体、具体与抽象的关系。学科核心素养是核心素养这一整体的构成部分,是核心素养在各个学科领域的具象表征;核心素养是学科核心素养的抽象升华,是学科核心素养汇集综合的结晶。

其次,二者存在目标与方向、手段与途径的关系。核心素养是基础教育发展的总体目标与方向,学科核心素养是落实方向、实现目标的手段与途径。在基础教育的推行过程中,手段与途径服务于目标与方向,目标与方向指引手段与途径的调整。核心素养功能的发挥,离不开学科核心素养的支持;学科核心素养作为核心素养的组构基础,强化多学科间的融合互通,有助于实现核心素养。但现实情况是,核心素养与学科核心素养在目标与手段、方向与途径上并没有先后之分,特殊与一般之间互为目的和手段。

最后,二者存在包含与融合、促进与转化的关系。带有特殊性和个性的学科核心素养,是具备一般性和共性的核心素养的具体细化。二者在内涵、外延与内容上,存在着包含促进的融合转化关系。核心素养的成熟有利于学科核心素养的发展。学科核心素养的发展,又进一步推动核心素养的丰富、充实与完善。

2. 学科核心素养与核心素养的区别

第一,核心素养不是各学科核心素养简单机械的总和。尽管各学科核心素养是核心素养最关键的组成部分,但核心素养自成整体,无须各学科核心素养拼凑堆叠,它是依靠学科教育与课外教育双重发力的更高层级的人才培养指标。学科核心素养有自身的特殊价值,通过学科展现优秀人才所应该具备的素养,是学科核心素养的立足基本点。鉴于学科的教育价值和知识价值,是一般事物无法取代的,学科核心素养因而具有了独特的落实意义。

第二,两者研制角度不同。核心素养的研制角度注重从纵向和横向两个维度展开。纵向视角关注教育的未来时代特征,其研制角度围绕学生的终身、可持续发展要求展开,重在分析学生在不同学习阶段应该具备的能力与品格素养;横向视角重视学生的本体和谐属性,其研制角度围绕学生身心的全面健康发展目标展开,重在分析学生应该具备的素质。学科核心素养的研制角度更加注重学科自身的性质与功能、作用与价值。因此，挖掘学科的内在精华并分析学科的应用潜力，是学科核心素养关注的重点。因其对学生的发展独具意义，学科核心素养近年来也备受关注。

（四）学科核心素养研究的要求

第一，学科核心素养需要超越形式与内容的束缚，在思想与方向上体现核心素养的本质精神。首先，核心素养与学科核心素养并非逻辑上的简单线性对应关系；其次，二者之间的相互体现与反映并无轻重与多少之别；最后，学科核心素养的内涵界定必须实事求是、尊重学科，从基础学科出发对概念进行清晰的阐述和界定。

第二，学科核心素养需要注重学科自身的特殊性，要善于挖掘学科内在的独特价值。对于名称相同的学科理念，可以尝试采用不同的方式予以富有学科特色的讲解。

第三，学科核心素养的研究既要遵循从一般到特殊的演绎路线，更要遵循从特殊到一般的归纳路径。核心素养与学科核心素养的关系类似于"一般发展"与"特殊发展"的关系。①

四、核心素养与三维目标的关系

素质教育在课堂上的具体落实，需要通过三维目标来实现。将三维目标与素质教学相结合，能促进学生的全面发展，实现三维目标的有机统一，是新课程标准改革的题中应有之义。由此可见，三维目标是对双基目标的继承与超越。

在三维目标的落实过程中，核心素养的重要作用开始浮出水面。在传承素质教育内涵的基础上，实现对传统教学方式的超越，正是在核心素养熏染下，三维目标的品格呈现与能力提升。在品格呈现的过程中融入情感、态度与价值观念，在能力提升的过程中重视知识、技能与方式方法，是借助能力与品格实现核心素养和三维目标有机统一的有效途径。

（一）核心素养的教育思想：以人为本

传统的双基理论注重学科的主体地位，强调学生跟随教师、教师围绕学科的链式运作模型。然而，核心素养摒弃了传统的教学本位理念，充分尊重学生的主体地位，是以人为本的教育思想，是素养的内在表征。三维目标正是贯通内外的中间环节，是内在与外在兼具的目标体系。

三维目标比双基理论更为全面深入。这主要体现在，任何学科都包含知

---

① 洪早清，吴伦敦. 教师职业素养导论——师范生读本[M]. 武汉：华中师范大学出版社，2011.

识、价值与方法的三维要素。首先，体系表层是构成该学科的基本概念和基础知识；其次，体系深层是体现该学科知识架构的思维方法和行为方式；最后，体系内核是蕴含情感、态度与价值观念的知识集成。因此，三维目标比双基理论对学科的揭示力度更为全面深入。

三维目标不是学科之外强加于学科教学的价值追求，而是学科自身内在隐含的价值。也就是说，三维目标之中的方法与过程指的是学科特定知识形成的"过程"及其运用的"方法"；情感、态度、价值观也是知识与技能、方法与过程嵌入、蕴含的"情感、态度、价值观"。这是从学科（课程）的角度说的。从教学的角度说，教学不是简单的复制，生成性是教学的特性。教师、学生也是课程，在教学中除了接受、内化学科的三维目标（静态）外，也会创生出新的个人的三维目标（动态）。个人的三维目标既可能是学科三维目标的延伸、拓展、补充，也可能是超越、创新，甚至是质疑、反叛。

然而，三维目标既有优点，也存在不足。首先，三维目标缺乏对以人为本的内在教育体系的长期关注；其次，三维目标缺乏对主体发展核心素养的清晰描述与科学界定；最后，三维目标缺乏对核心素养的终极关怀。因此，只有实现三维目标与核心素养的有机结合，才能通过教育实现人的全面发展。素养对于三维目标而言，具有内在的终极意义，素养是人先天习性和后天习惯的混合产物，是完全隶属于人的内在秉性的。素养既使人区别于动物，又规定着人类的发展方向，可以帮助教育者从人的视角出发，定位教育、思考教育、发展教育。因此，以素养为导向的教育能够彰显人本主义的思想光辉。

人成长发展的关键动力来自核心素养的熏陶。作为素养体系领成分的核心素养，是教育发展的根本促进因素。通过学科知识的传授实现人的核心素养的发展，进而体现学生独特的学科教育价值。学科核心素养主要围绕学科与核心素养在教育教学过程中的作用与地位展开，明确学科核心素养的范畴，有助于清晰界定各个学科对人类发展的价值、意义与贡献，从而使得学科教育真正地服务于人，以人为本，促进人的全面发展。因此，学科核心素养是理解学科教育意义与学科教学价值的钥匙，是通过教育使学生积极健康成长的拐杖。

课程改革的特色是围绕学科核心素养实现课程重建。以主线形式存在的学科核心素养，贯穿着选择学科课程知识、组织课程内容、了解并确定课程难度、安排课程容量、实施课程教学、确定学业完成的质量标准等一系列流程环节。与此同时，作为课程标准灵魂存在的学科核心素养，必须在尊重学生的基础上，实现同学生的主动融合、共同发展。

由于学科核心素养实现了课程标准的形态更迭，从以教学大纲为标志的双基模式，到以内容标准为基础的三维目标，再到以成就标准为抓手的核心素养的跳跃式发展，保证了学生素养在课程标准制定过程中的主导地位。

（二）核心素养高于三维目标

从形成机制来讲，核心素养是通过系统的学习学科知识后，将三维目标进行提炼并经过整合而获得的；核心素养在表现形式上，又和三维目标不同，它更高一个层次，完全符合当前的社会背景以及知识经济模式。个体在复杂和不稳定的环境中，通过运用所掌握的学科知识、观点和理论等，对实际生活中所面临的问题所展现的关键品格和能力素养。很明显，教学的终极目标并不是三维目标，而是由核心素养所培养的关键因素和途径。而教学的最终目的是培养能力和品格。

学校教育活动能够顺利开展的"阿基米德点"是知识，知识对于教学活动至关重要，教学活动必须依靠知识进行实施，然而，教学活动不仅仅是指知识这一个方面，人的发展离不开知识，但是也不仅限于此。人获得发展的核心内涵是自身素养得到提升，教学目标也在于此。也就是说，教学实际上是一种提升个人素养的活动，在这个活动过程中，需要进行知识的学习。

目前的教育实践过程中面临的最大问题是：原本应该是工具、媒介、手段和材料等知识，被当作了教学目的，知识的角色在一定程度上被无限放大，过于绝对和神圣，使教育成为知识的实现途径，而培养能力和素养反倒被忽略、边缘化。以至于当前教育中突出而又致命的缺陷便是有知识，但是缺乏能力和素养。所以就教育思想而言，首要任务是转变思想，让知识教育渐渐过渡为通过知识获得教育，在教育实践过程中，知识能够为学生的发展提供文化基础和精神内在动力。

学科知识在养成素养的过程中充当载体媒介，其本身不能直接转变为素养，进一步形成学科素养需要以学科活动为手段。获得学科知识后，进行消化、吸收和加工，然后将获取的精华进行内化、转化并升华，这一系列过程被称为学科活动。三维目标中的"过程和方法"在此过程中起到重要作用，但其也仅仅是形成素养过程中一个个途径和方式，并不是素养本身。所以在实施教学过程中，教师应该时刻以学科核心素养为基础，表现学科的独特性质和优点，使在学习学科知识的过程中，形成核心的学科素养。

三维目标中，"以人为本"主要体现在情感、态度和价值观等方面。就学科核心素养而言，有两点需要注意：首先，学科精神要对情感、态度和价值观有所体现，在一定程度上体现精神、意义、文化等学科感情；其次，多个层次的志趣、美感、韵味以及神采等，是和"学科知识"以及"学科活动"进

一步统一的整体，是建立学科素养的核心部分。然后，重视"内化"过程，要完成这一维度的终极目标，必须将学生的品格综合为情感、态度以及价值观等部分，并努力培养其成为具有丰富的精神世界和有品位的人。

将学科特性和教育内涵统一结合起来构成学科特性。学科教育要获得高度和深度以及内涵上的提升，必须完成从"三维目标"到"核心素养"的转变，只有这样才是真正回归了学科教育。学科教育模式的改变和学习方式的根本变革，是从学科的核心素养开始的。

第二节 核心素养的演变与共识

20世纪90年代以来，知识化、信息化、全球化日趋成为时代发展的主要特征，政治、经济、社会发展因此面临巨大挑战。要实现高水平的、可持续的、以知识经济为基础的就业增长与社会进步，必须通过发展更好的教育与培训体系，必须依靠高素质和创新型科技人才的支撑。

一、核心素养的历史演变

"核心素养"是一个较为新颖的说法，在经济合作与发展组织（英文简称OECD，中文简称经合组织）1997年启动的"素养的界定与遴选：理论和概念基础"这一研究项目中，首次用到核心素养概念，但当时并未明确使用核心素养这个词。该项目在2003年研究报告《核心素养促进成功的生活和健全的社会》中明确使用了"核心素养"这一词汇，将该词用于形容社会中所有成员都应具备的共同素养中最核心、最必要、最关键的部分。虽然，"核心素养"这一概念直到20世纪90年代才被提出，但其表达的思想却自古有之。在"核心素养"提出前，各时期各地区的学者、哲学家、思想家都曾经围绕人应该具备的"核心素养"进行过深入而全面的讨论。①

（一）核心素养的传统理论

在教育哲学中，素养被定义为正义、智慧、勇敢的化身。核心素养的传统理论，也是教育哲学取向的理论，其时间跨度从古代延伸至20世纪初，主要围绕上述这些"德行"对人的基本素养进行论述，代表人物有国外的苏格拉底、亚里士多德和中国的孔子等人。

在"核心素养"提出前，古今中外，各时期各地区的学者、哲学家、思想家曾就其所表达的中心思想——社会成员应具备关键素养，阐述过自己的

---

① 林崇德. 21世纪学生发展核心素养研究[M]. 北京：北京师范大学出版社，2016.

理解，发表过自己的看法。两千多年前，希腊著名的哲学家、思想家、教育家，西方哲学的奠基人苏格拉底认为"美德即知识"，人的精力应该放在善良、高尚的事情上，他劝解人们从善积德。苏格拉底否定了当时道德天赋观念，他认为人的道德虽然是天生的，但也需要通过一定的学习进行培养。对此，他提出了"德行可教"的观点，认为人只有知道什么是善才能向善，知道哪些行为是恶行，才能不作恶。

到后来，无论是亚里士多德还是柏拉图，或是中世纪罗马哲学家西塞罗，他们所主张的古典理论下的公民素养，主要指西方古代时期的公民必须拥有几种主要的德行，如正义、智慧、勇敢，且懂得节制。同时，亚里士多德希望城邦公民也要具有公民参与的精神。

在我国，以孔子为代表的思想家也很早就围绕健全人格进行思考，并可归纳为"内圣外王"的传统文化人才观。所谓"内圣"，是人通过自身的心性修养所达到的一种高尚境界。"内圣"强调个体应该重视仁爱，强调中庸，做到"忠""恕"和"允执其中"；同时强调"文质彬彬""立志笃学"，即内在修养与外部表现要完美结合，而且专心好学；还强调"重义轻利""舍生取义"，即要求人们在某些特定的境遇中，要具有见义勇为的大无畏气概和献身精神。所谓"外王"，是人的心性修养的外在表现，是"内圣"的主观精神状态的自然延伸与拓展。"外王"要求个体应有博施济众、济世报民的抱负和胸怀，能够"修身""齐家""治国""平天下"。

我国传统文化对"德行"的重视，在其他著名的教育家、思想家的观点中也有所体现，如南宋著名理学家朱熹主张教育的目的在于"明人伦"，主张教育学生自幼就需"洒扫、应对进退、礼乐射御书数开始"，以修养其孝悌忠信之道，提倡"明天理，灭人欲"的伦理道德教育，并强调"立志""主敬""存养""省察""力行"的人才培养方法和途径，提出"言忠信，行笃敬，惩忿窒欲，迁善改过"的修身之要；明代思想家王守仁倡导心学，强调"知行合一""知行并进"及"致良知"，把道德教育与修养放在学校教育工作的首要地位，提出"静处体悟""事上磨炼""审察克治""贵于改过"的道德修养方法，提倡不断在道德实践中净化心灵，充分彰显内在的良知本体；清代教育家王夫之也同样重视道德教育，指出教育在人性的形成过程中起重要作用，并提出"立志""自得""力行"的教育方法。其中，"立志"即"志于道"，"自得"是要求学生要有道德修养的自觉性，而"力行"则强调将道德知识转变为实际行动，即强调知与行的统一，如此方能真正提高自身道德修养。

无论是国外还是国内，在传统的人才标准中，人们都将高尚的道德品性列为第一位，作为首要的标准，而这些德行品质也正体现先哲们对素养内涵的理解。

（二）核心素养的现代理论

伴随着工业革命的发生和工业社会的到来，人们普遍加强了对专门行业技能的重视。于是，以"能力"为中心，20世纪不同学科取向下的研究者对素养的概念内涵进行新的思考与分析，使其变得更加丰富。

20世纪有关素养的理论观点大都是"能力"本位的。能力不同于知识和技能，但和知识、技能有着密不可分的联系。在经合组织所主导的"素养的界定与遴选：理论框架与概念基础"研究项目中，将能力定义为在特定情境下通过心理—社会互动，成功达成复杂要求的素养。这一含义经历复杂的演变过程。

20世纪20年代，能力本位的理念最早为职业教育所使用，通过对人的行动的科学分析，用以探讨职业领域高成就所需要的能力。20世纪40年代，皮亚杰在发展科学领域将能力解释为一般智力，并指出这种一般智力具有强而稳定的个体差异，个体在不同发展阶段通过同化、顺应双向建构过程，不断实现个体与环境的交互作用，用以建构知识与能力。20世纪70年代，被誉为"素质研究之父"的美国著名心理学家麦克里兰在其《测量能力而非智力》一文中提出，能力包括动机、特质、自我概念、态度或价值、知识、在工作上与优越表现有关的自认知或行为技能。

哈佛大学的加德纳（Gardner）则通过提出多元智能理论[①]为人们理解能力或素养的概念内涵提供新视角。加德纳认为，传统的智力观过于狭窄，把智力主要限于语言和数理逻辑能力方面，忽略了对人的发展具有同等重要性的其他方面，如音乐、空间感知、肢体动作、人际交往等方面。以传统的智力观为基础的智力测验和考试，也主要集中在语言表达和数理推断方面，不能全面反映学生的能力。这种考试对学生的学习成绩有较好的预测性，但不能预测他们毕业以后的情况、今后的潜力和表现。

因此，多元智能理论打破传统的将智力看作以语言智能和逻辑—数理智能为核心的整合能力的认识，认为智力是在特定文化背景或社会中解决问题或制作产品的非常重要的能力，这种能力是由言语—语言智能、逻辑—数理智能、视觉—空间关系智能、音乐—节奏智能、身体—运动智能、人际交往智能、自我反省智能、自然观察智能和存在智能九种智力构成的。

1996年，联合国教科文组织在《学习——财富蕴藏其中》报告书中提出

---

① 霍华德·加德纳. 多元智能新视野[M]. 沈致隆, 译. 北京：中国人民大学出版社, 2012.

"四大学习支柱"：学会求知、学会做事、学会共处、学会发展。2003年增加学会改变。在"五大学习支柱"中，前两者更多的是在传统的教育中充实新的内容，后三者是着眼于21世纪以人为中心的可持续发展而提出的全新教育目标。这些情况显示教科文组织强调教育的使命就是使人获得终身学习的关键能力，学会学习，使学习成为每个学生的课题和全体社会成员借以发展的"内在财富"。同时也显示能力本位的人才培养观已悄然发生变化。

基于工业社会的需求，在整个20世纪，能力的概念被广泛使用，并且出现诸如多元智能、外显能力与潜在能力等重要的理论观点，但人们对素养的理解主要还是停留在能力的层面上，没有全面考虑到人的健全发展所需的情感、态度、价值观等层面。

（三）核心素养的当代理论

20世纪90年代以来，随着以谷歌、脸书、推特等全球化网络信息科技为代表的"现代社会"及"后现代社会"的到来，传统知识、技能、能力已经没法跟上社会变迁的速度，无法满足时代多元化发展的需求。通过对传统知识、技能的发展与扩充，联合国教科文组织提出了从"核心"角度出发，囊括态度、能力、知识等各方面新的"素养"概念。想要培养高素质社会成员必须从"核心素养"着手。

"素养"受到世界各国重视并将之纳入教育改革与课程改革的核心，主要源于联合国教科文组织、欧盟、经合组织等国际组织的影响。1996—2003年，联合国教科文组织提出"五大学习支柱"，这就对能力本位的人才培养观进行了反思和革新。2000年在里斯本召开的欧盟高峰会，则确认要从"终身学习"的角度，为教育与训练系统建构一套"关键能力"。1997—2005年，经合组织广泛邀请哲学、人类学、心理学、经济学、社会学等各领域专家开展为期近九年的"素养的界定与遴选"研究项目，对素养进行深入探讨。在该研究项目中，"competence"与"competency"是同义词，都作"素养"一词来理解。同时其复数形式"competences"也得到使用，意指各种不同的素养。总而言之，素养是知识、技能及态度的集合。

有些学者认为，素养是以一定方式表现出个体学习经验的整合，是在相关工作领域，个体特质与其能力、技能、知识互相作用下产生的，其中个体特质是这一互相作用过程的基础。素养的评估可以通过其外在表现进行判定。

基于经合组织对"素养的界定与遴选"的研究，蔡清田[①] 得出了一个结论，即素养强调整体的概念，"素养"这一概念是对态度、能力、技能、知识

---

① 黄光雄，蔡清田. 核心素养：课程发展与设计新论[M]. 上海：华东师范大学出版社，2017.

等多个方面的整合，更适合当代教育领域。蔡清田认为，个体的健全发展，必须满足生活需求，而不可或缺的态度、能力、技能、认知，就是素养，而核心素养是素养中更重要、更关键、更核心的部分。

核心素养包括自主行动素养、沟通互动素养以及社会参与素养三个方面。其中，自主行动方面的核心素养包括：①个体遇到问题时的系统思考能力以及解决问题的能力；②个体的自我实现以及身心健康；③个体的创新应变意识与能力以及规划执行能力。

沟通互动方面的核心素养包括：①个体的符号运用能力以及语文表达能力；②个体所具备的生活美学和艺术鉴赏水平；③媒体要素与资讯科学。除了自主行动以及沟通互动这两方面的核心素养外，核心素养还包括国际理解与多元化、人际关系与团队合作、公民责任与道德实践等一系列社会参与方面的素养。

二、核心素养的共识

经合组织、联合国教科文组织以及欧盟等多个国际组织认为，"核心素养"是未来教育领域发展以及课程改革发展的趋势。我国教育教学领域目前正处于改革中，教育改革强调改善传统的应试教育模式，进一步完善发展以素养为核心的素质教育。

（一）经合组织对核心素养的认识

经合组织于20世纪90年代开始推行"国际学生评价项目"，旨在对15岁学生的数学、科学及阅读进行持续、定期的国际性比较，测试他们是否具备参与未来社会所必需的基础知识和基本技能，从而建立定期循环的评价指标，为各国制定教育政策提供参考，以此来审视、评估国家及学校教育的整体成效。结果发现，在大部分会员国的公民身上，成年生活所需的关键知识与技能仍有待加强，甚至有些国家有超过三分之一的学生无法完成适当难度的阅读任务，而这实际上却是他们所应具备的核心素养之一。为促使各国重视公民的核心素养，自20世纪90年代中期之后，经合组织积极关注素养的界定与调查研究，于1997—2005年实施大规模的跨国研究项目——"素养的界定与遴选：理论框架与概念基础"，成为有关核心素养的最有代表性的项目。

"素养的界定与遴选：理论框架与概念基础"从一个广泛的跨学科视角来探讨核心素养。启动这一研究项目的目的是通过核心素养概念的提出和强调为指标的研究提供参考信息，为实证结果提供参考依据，为政策决策者相关政策的制定提供理论基础，同时鼓励理论和实践的相互促进。这一研究项目得出了一个确切结论，即具备核心素养的社会成员可以更好地处理自身的事务，更好地与他人接触，更好地理解融入世界、社会生活，更容易获得愉悦感和成就感。可见，核心素养对个人和社会具有包容性，对社会中的每个成员都有很重要的意义。社会中的每个成员都应具备核心素养，其可以帮助人们获取益处、满足需求。核心素养是可持续发展的，能够产生社会效益与经济效益。

基于对核心素养的价值定位，"素养的界定与遴选：理论框架与概念基础"将核心素养界定为：最重要、最关键、最核心的公共素养，是一系列具体指标的集合，包含个人自主行动、沟通互动以及社会参与三个方面所必备的态度、技能和知识，具有可迁移性。核心素养具有多样性的功能，教育改革的深化应注重对核心素养的培养，以便让其功能可以作用在学习者日后的学习生活中，让学习者终身受益。具体来说，对核心素养概念的界定分为三个维度，这些方面对个体适应不同的情境分别起着重要作用。

在经合组织对核心素养的界定中，还强调素养的可教性、可学性。素养不仅可以规划、设计、实施、教学与评价，而且必须经由学习过程进行培养。换言之，"能互动地使用工具""能在异质社会团体中进行互动"，以及"能自主地行动"等素养，都可以通过学校教育与课程设置使学生获得，并在他们完成学习之后进行相应的评价。

（二）联合国教科文组织对核心素养的认识

联合国教科文组织于1996年发布了《学习——财富蕴藏其中》报告书。本报告书强调了教育对于个人以及社会发展的基础作用，认为"教育是社会的核心，是提高社会生活质量的基本手段"。

2012年，联合国教科文组织发布了以"青年人与技能：拉近教育与就业的距离"为主题的《2012年全民教育全球监测报告》。报告显示全球读、写、算不达标的学生有两亿五千万人。为了解决这一问题，联合国教科文组织联合布鲁金斯学会启动了"学习指标专项任务"的项目（简称LMTF）。该项目于2013年2月发布了1号报告《向普及学习迈进——每个孩子应该学什么》。通过征集全球500多名专家学者的意见，联合国教科文组织联合布鲁金斯学会从七个维度阐述了如何检验学生的学习成果，这七个维度包括：身体健康、科学与技术、数字与数学、学习方法与认知、文字沟通、文化艺术、社会情绪。

虽然"学习指标专项任务"项目强调这七个维度只能用于检验学生的学习成果，未必适用于政策制定和课程教学。但该项目却建构了基础教育阶段学生应该达成的学习目标体系，可以看作它是对学生应具备的核心素养的一种描述，它对我国基础教育的发展有以下几方面重要的启发意义。

第一，我国基础教育应重视学生社会性能的发展。学习指标专项任务提出的七个维度中，社会情绪这一维度体现了其对基础教育阶段学生社会性能发展的重视。学生社会性能发展包括学生对自身、他人以及社会的认知与理解，其对学生日后的发展尤为重要。

第二，我国基础教育要将学生思维能力和工作方式的培养放在重要位置。学习指标专项任务认为，在基础教育阶段，学生思维能力和工作方式的培养非常重要，检验学生学习成果的七个维度中，学习方法与认知这一维度是思维能力和工作方式的集中体现，不仅如此，检验学生学习成果的七个维度中其他维度也和思维能力有着密切关系。除"学习指标专项任务"外，经合组织也认为思维能力或者思维方式是学生应具备的最重要技能之一。

第三，我国基础教育应理论联系实际，注重实践与知识的结合。基于检验学生学习成果的七个维度而建立的基础教育阶段学生学习目标体系认为，教育不能只看重知识的灌输，还要让学生掌握学以致用的能力。以数字与数学为例，学生不仅要从教育过程中学到数字与数学的知识，还要能够在日后的现实生活中应用到收益判断、商品选择、财政管理等方面。

第四，我国基础教育应把信息技术教育作为教育教学的重点之一。目前我国正处于信息时代，信息技术高度发展，对学生的教育教学也应紧跟时代脚步。

（三）欧盟对核心素养的认识

随着对核心素养研究的深入和对其认识程度的提升，2005年欧盟发表了《终身学习核心素养：欧洲参考架构》，提出了终身学习的八大核心素养，完善了核心素养的整体架构。八大核心素养包括：使用母语交流、使用外语交流、学会如何学习、文化意识与表达、主动意识与创业意识、社会与公民素养、数学素养与基本科学技术素养、数字素养。可将其按经合组织的三维度模型进行归类整理。

这些核心素养的拟定，是由欧盟成员国的政策决策者、学者专家、实务工作者等各领域人士共同参与的，制定过程可谓相当慎重。部分核心素养彼此重叠及联结，并且相互支持。语言、识字、数学及信息与科技能力等基本技能是必要的学习基础。学会学习的能力则支持一切学习活动的开展。另外，批判性思维、创造力、主动积极、问题解决、风险评估、做决定的能力等贯穿于上述八项核心素养之中，并且扮演着重要角色。

（四）西方主要国家对核心素养的认识

美国为了提高学生对当今社会的适应性，为了应对重大经济变迁，创办了"21世纪技能联盟"，该联盟包括英特尔、思科、苹果、戴尔等公司。其中主要合作的伙伴有州立学校首席官员委员会以及国际科技教育学会。由此可知，美国核心素养的确定主要通过业界提供相关经费的赞助，维持和支撑其对21世纪技能以及核心素养的相关研究。

美国联邦教育部在2002年领导成立了"21世纪素养合作组织"，该组织公布了《21世纪素养框架》并于五年后发布了其更新版本。美国方面认为，当代的核心素养或者说21世纪技能素养指的是所有人在学习、工作、生活中都应具备的能力，包括科学技术、信息媒体、学习创新等各方面的工作与生活技能。美国研究21世纪素养的目的在于培养当代人的工作技能，提升当代人的核心竞争力，促使他们成为合格的公民、员工、领导者。

英国认为核心素养包括年轻人学习、工作、生活各方面的资质以及为适应社会生活应掌握的核心技能，这种核心技能具有广泛性和可迁移性，是每个社会成员都应具备的，对于提升国民综合素质、社会适应能力以及核心竞争力具有重要作用。

在法国，"socle of competences"表示基本素养或核心素养。该词在法语中专门用于义务教育中的基于学科和跨学科的素养，强调这些素养是终生学习的基础。法国的素养模型认为，一个人的职业能力是与知识、技能和社交能力三个方面密不可分的。素养反映学习的动态过程、知识的积累与传递过程。法国对素养的归纳来自工作内容分析，这个模型同时是课程编制和测评的基础。

核心素养在澳大利亚被认为是关键能力或综合职业能力，包括有效参与发展中的工作组织与工作形态所必须具备的能力，这种能力并不局限于单一的学科或领域，它具有一般性，贯穿于学生的终身发展中，对学生参与工作、成人世界以及日后的继续教育具有重要意义。核心素养包括问题解决能力、科学技术使用能力、数学能力、工作中与他人的交流与合作能力、组织规划能力、信息与观念的沟通能力以及信息的收集、分析与组织能力七个方面。

澳大利亚"梅尔委员会"认为，核心素养应该是对技能与知识的整合、应用，可以通过学习获得并可以有效评价，对所有职业都具有普遍适用性，是公民准备就业的基础，对公民个体参与社会环境有一定帮助。

在德国，梅腾斯最早于1974年在《关键能力——现代社会的教育使命》一书中提出了关键能力的概念，并从职业教育的角度对关键能力进行了系统分析。关键能力具有普遍适应性，不容易因为时代的发展和科技的进步而淘汰，适用于各种不同职责、不同场合面对的选择和判定，是在各种不可预见的情况下适应变化的能力。德国核心素养（也就是关键素养、关键能力）的内涵源于职业教育，可以划分为自主能力、专业能力、社会能力三个维度，具有极强的实践性。

第三节 传统文化视角下的核心素养探索

我国传统文化包含丰富的有关个人修身养性的思想观点，很多思想观点对当今社会具有深远影响，比如仁、义、礼、智、信等。在我国传统教育中，特别重视对学生的思想道德教育工作，比如人文素养、书面表达能力和历史知识的学习等方面。传统教育方面的知识，对学生在当今现实生活中具有现实意义。这些具有现实意义的传统文化思想观念，是中国特色学生核心素养指标体系的重要组成部分。①

以道德修养为核心的学生核心素养

我国传统文化非常重视修身和道德的培养，传统教育以伦理道德教育为核心。我国传统教育符合党和国家的教育政策方针，突出以德育人，通过学习我国优秀的传统文化培养学生的道德修养，保证学生的身心健康，确保学生德智体美劳全面发展，不论是基础教育还是高等教育阶段，道德修养都是举足轻重的，是培养学生的第一要务。

从传统文化中修身成德和学校教育对学生的整体要求看，要以仁、义、礼、智、信为道德准则，培养学生的爱国情怀、社会责任感、团结意识和健康人格。以树立崇高的道德修养为标准，制定学生核心素养指标体系。最终将学生培养成德智体美劳全面人才。

（一）"仁民爱物"精神的倡导

"仁民爱物"是指对人亲善，进而对生物爱护。培养学生"仁民爱物"的精神，使学生具有爱心、社会责任感和爱国情怀。教导学生要懂得"勿以恶小而为之，勿以善小而不为"的道理，要在学校、家庭和社会中践行"仁民爱物"的精神。通过每一次善行，培养学生的社会责任感、包容的心态、对人友善、相互理解、和谐相处的品质。最终，学生能够处理好与他人的关系，扮演好自己在社会中的角色。

---

① 林崇德. 21世纪学生发展核心素养研究[M]. 北京：北京师范大学出版社，2016.

（二）"孝亲爱国"精神的弘扬

"孝亲爱国"是我国优秀的文化传统，主要包括"感恩""尊敬长辈""孝敬父母""热爱家乡和祖国"等内容，感恩是人最重要的品格之一，通过引导学生孝敬父母、尊敬长辈和热爱祖国家乡培养学生的感恩之心，让学生意识到父母和家乡养育的恩情，能够培养学生爱家乡和爱国家的情怀，以及建立孝敬父母、建设家乡和奉献家乡的信念，最终提升学生的国家认同感和民族自豪感。

（三）"重义轻利"和"诚信自律"精神的培育

学校教育重视学生的人格修养，"重义轻利"和"诚信自律"精神是学生道德培养的目标之一。培养学生的荣辱观，让学生从小意识到自私自利是不对的，不做损人不利己的事情，让学生树立"重义轻利"的人生理想，要有分辨是非的能力和坚持原则的信念，拒绝利益的诱惑，坚持社会主义核心价值观。同时，培养学生的诚信品质，加强学生自我反省的能力，培养学生的自律能力，让学生能够自我约束和自我管控，既不自欺欺人，也不能欺骗他人，在人际交往的过程中，坚持诚实守信的交际原则。

（四）深化礼仪教育

在学生接受教育过程中，深化礼仪教育。培养学生文明的举止行为，让学生遵守纪律。让学生在礼仪课上认识到人与人之间要尊重和谦让，懂得节制和礼貌，培养学生谦和、礼让和文明的习惯，提高学生的文明素养，使学生能够顺利地融入社会，与他人建立良好的人际关系。

（五）注重文化修养

加强学生文化修养的培养，学生认真学习历史文化知识，提高自身语言表达和文字表达能力。学生通过多方面学习，掌握历史文化知识，培养学生人文情怀，提高自己的文化艺术修养。通过文字表达方面的训练，提高学生的文字表达能力，夯实学生的文学基础，确保学生能够正确、顺畅地进行语言和文字表达，能够与其他人进行沟通交流。重视学生良好学习方法与能力的培养，需要学生掌握有效的学习方法与策略，养成良好的学习习惯，具备自主学习能力，即学会学习。

我国传统文化和传统教育中包含的丰富思想和优良传统，为民族的、科学的、现代的学生核心素养指标体系的建构提供重要借鉴。学生核心素养指标体系的建构需要吸收和纳入中华民族优秀的传统文化与传统教育中的重要内容。然而，传统文化与传统教育分析仅仅是建构现代学生核心素养体系时可参照的视角之一。

学生核心素养体系不仅要学习中国优秀的传统文化和传统教育对学生的道德培养的经验，还要了解国际教育中人才培养的方法和人才培养的趋势，深刻分析我国目前人才结构和对人才的需求，认真进行民意调查，从人民大众中吸纳真知灼见。除了上述措施，还要借助科学的方法和理论，使得学生核心素养体系更具系统化和科学化。

第四节　国际视角下的核心素养探索

随着"中国制造2025""互联网+"战略的引领、"一带一路"背景下的产能转移，"大众创业、万众创新"战略的创新驱动，我国产业升级进入了关键时期。产业升级的本质是人的升级，无论是国家还是地方，都迫切需要大量具有核心素养的高素质技术技能人才，对培养具有国际理解、国际视野、国际沟通能力的高技能应用型人才提出了新要求。

一、联合国教科文组织的核心素养

联合国教科文组织一直致力于通过教育这一重要的基础性工作来建构和平，消除贫困，实现可持续发展和跨文化对话。立足于这一宗旨，面对21世纪的时代发展需求，联合国教科文组织呼吁，要建构整体而人本化的优质教育。为此，1990年，联合国教科文组织与联合国开发计划署、联合国人口活动基金会、联合国学生基金会，以及世界银行等组织联合发起全民教育运动。这一运动旨在为全世界所有学生、青少年和成年人提供优质的基础教育。所有参与者都支持扩展"学习的视域"，承诺普及初等教育和减少文盲。伴随着全民教育运动的开展，联合国教科文组织始终把握着教育发展的动态，并极力描绘出全球化进程中的新教育需求之图景。

（一）联合国教科文组织探索核心素养的背景

联合国教科文组织探索核心素养主要从终身学习的全民教育、能力发展的全民教育、面向21世纪的全民教育三个方面进行探索。

1. 基于终身学习的全民教育

基于人本主义的思想，联合国教科文组织转变对教育目标的认识，从"工具性目标"——把学生培养成提高生产率的工具转向"人本性目标"——使人的情感、智力、身体、心理诸方面的潜能和素质都能通过学习得以发展。

1972年，联合国教科文组织《学会生存》一书提出"教育发展的目标是人的完整实现"，是人具有丰富内涵的个性的"全面实现"。以人为本的教育理念，促使联合国教科文组织将提高教育质量的着眼点从"教"转向"学"，强调教育的使命就是使人学会学习，使学习成为每个学生的课题和全体社会成员借以发展的"内在财富"。

1996年，联合国教科文组织"国际21世纪教育委员会"发表《学习——财富蕴藏其中》的报告。报告从新的理论高度和政策视角提出把"终身学习"作为一切重大教育行动与变革的指导原则。与此同时，"终身学习"还是一种促进人类有意义地生活的理念，它要求人们能够在生命的过程中处理和应对一切变化和挑战。

在"终身学习"思想的指导下，联合国教科文组织提出"界定21世纪社会公民必备的基本素质"——终身学习的五大支柱。每一支柱里又包含各种具体的基本技能，组成"终身学习"的基本指标体系。

"终身学习"及其五大支柱很快成为世界教育舞台上受人瞩目的焦点，为世界各国反思教育和制定教育政策提供理论基础。基于"终身学习"的理念，2000年，在达喀尔世界教育论坛上，164个国家政府承诺要实现"全民教育"——为全世界所有学生、青年、成年人提供优质的基础教育，并于2015年实现的六大目标达成一致。目标具体体现在以下几个方面。[①]

第一，全面扩展和提高早期学生的关怀与教育，尤其是弱势学生群体。

第二，到2015年，确保所有学生，包括女孩、贫困学生、少数民族学生等都能上学，接受优质的免费基础教育。

第三，通过拓展合适的学习与生活技能课程，确保满足所有青年人和成年人的学习需要。

第四，到2015年，确保成人，尤其是妇女的识读水平能提高50%，让所有成年人都接受基础的继续教育。

第五，到2005年，消解中学教育中的性别差异，到2015年实现教育中的性别平等，确保女孩能够获得和完成优质基础教育。

第六，提高教育质量的方方面面并追求卓越，能够识别和测量学习结果，尤其是读写、数学和基本的生活技能。

2. 基于能力发展的全民教育

随着全民教育运动的展开，各国都制订确保所有学生能够获得优质教育

---

① 洪早清，吴伦敦. 教师职业素养导论——师范生读本[M]. 武汉：华中师范大学出版社，2011.

的行动计划。然而，随之而产生的问题是，这些计划如何才能得到有效落实，并提升学生的学习成果呢？这一问题逐渐凸显为全民教育化过程中的核心问题。

实际上，对于许多不发达国家而言，如何实现"教育全民化"仍然是一个难题，仅有财政投入的增加对于提升教育质量是远远不足的。真正阻碍各国教育系统实现教育全民化这一宏大目标的一个要素是——各国教育部或任何教育实体执行任务的能力水平。

联合国教科文组织的全民教育中心启动了基于能力发展的全民教育项目。在本项目中，能力概念是广义上的，指主体成功执行某一给定任务，产生实际有效性、权威性、生产力和资源的能力、态度和资质。这里的主体包括个体、组织和制度三个层面。显然，能力在这里绝不局限于个体的个性心理特征。基于这一能力的概念内涵，联合国教科文组织将主要关注点投向全民教育成员组织四个方面的工作，即区域政策与计划、扫盲、教师教育政策、职场技能。

在这四个重要领域内，以联合国教科文组织为首所建立的实践共同体要求各个区域内的全民教育应该在八个方面有所贡献：①宣传与倡议；②支持全面的国家政策与法律框架；③加强区域内或子区域内基于证据的政策制定与计划；④在制定政策与计划过程中确保入学率、教育公平和质量等；⑤确保课程的相关性；⑥建立参与和协作伙伴关系；⑦参与全民教育运动的人力资源发展；⑧知识生产与实现知识、经验的融合。在整个能力发展的项目中，联合国开发计划署则提出具体的能力发展程序与过程，其主要基于行动研究的方法论基础，强调如何将能力发展从理论转化为实践。

联合国教科文组织引领各国政府、技术伙伴、民间团体，以及私营组织更好地推动着以能力发展为本的全民教育运动。它一般会先通过评估已有的教育部门来确立各国的"能力水平"，然后再通过各种措施和行动来引领各国设计、实施和监控全民教育方方面面的工作。

3. 面向 21 世纪的全民教育

随着时代的飞速发展，全民教育也面临着新的挑战。能力发展项目是为确保提升各参与国家政府组织、实施全面教育的行动力，随着全民教育运动的不断推进和深入，如何确保个体获得适应未来社会的基本素养，以过上美好生活并促进社会发展，成为面向 21 世纪全民教育必须回应的核心问题。基于这一问题，联合国教科文组织发起"21 世纪的教育"的主题，并呼吁"重思教育"。

作为全球教育理念的引领者，联合国教科文组织自觉地担任起回应21世纪教育所面临的挑战这一职责，它倡导人们需要重新检视已有的教育本质概念。当前，世界各国的教育体系大多源于19世纪工业社会时代的工厂式教育模式，将学生分年龄段、分班级进行分科知识的传授，进而实施标准化的学习、评估与资历认证。

随着社会变化的加速以及不确定因素的增加，当前必须批判性地反思这一传统的教育模式，各国政府应更加积极主动地理解和把握教育的发展趋势，增强基于证据的政策对话，开展面向未来的教育研究，增强处理全球化背景下重大社会问题的能力。站在全球的视野下，联合国教科文组织则以全面提升全球教育质量为己任，进入全民教育的最后攻坚阶段。

（二）联合国教科文组织核心素养探索的开拓

第一，人本主义的理念先行，重构教育本质观。从1972年《学会生存》的发布开始，联合国教科文组织一直致力于转变已有的工具主义教育目的观，从以人为本的视角出发，重构教育的本质观。自1996年《学习——财富蕴藏其中》报告的颁布，实现以人为本的"终身学习"理念正式得以创生，并推动着全球教育朝着人本化的方向发展。在这份报告中，"学习"这一概念并非传统意义上的学习，而是取代"教育"一词，标志着以学生发展为根本教育目的的新时代教育本质观的确立。在此基础上，联合国教科文组织提出，发展和描绘21世纪的学习图景，要求全面回归教育的人本属性，关注学生的终身发展，进而开启全民教育运动。学习指标体系的研究，正是基于这一背景而启动的。以理念更新引导教育改革，提升教育质量，这一思路是值得我国借鉴和学习的。

第二，学习领域先导，年龄分段明晰。与其他组织或国家所提出的核心素养不同的是，联合国教科文组织的核心素养探索从一开始便与学习紧密联系在一起，因而其核心素养体系是由学习领域、学习子领域以及学习结果的具体表征和描述三部分组成的，综合构成核心素养。这样做的好处是将核心素养与学习内容直接关联起来，有利于核心素养的落实与推进。与此同时，联合国教科文组织所发布的核心素养指标体系具体划为不同的年龄阶段，从而更加符合教育的规律，有利于推动核心素养的培育与发展。

第三，以能力为导向，以评价促发展。在推进全民教育的过程中，联合国教科文组织提出以能力发展为本的实施模式。这里的能力概念是广义的，既包括个人的能力，又包括组织、制度层面的能力。在这个意义上，"能力"在此可以被理解为行动力或执行力。基于这一概念，联合国教科文组织与联合国开发计划署共同发起"以能力发展为本的全民教育",从而增强落实核心素养的实践力量。

针对全球教育质量全面提升这一国际性任务,联合国教科文组织倡导"以评促学"的理念。基于此,"学习成果衡量特设工作组"的下一步工作就定位于如何指导各国、各组织在测评学生学习结果的基础上发展教育、提升教育质量。

二、经合组织的核心素养

经合组织目前是由35个国家组成的政府间国际性经济组织,旨在通过国际合作来共同应对全球化带来的经济、社会和政府治理等方面的挑战。同时,也在教育领域内开展各种形式的国际教育合作项目,进一步推动组织内,甚至是世界范围内各国对教育事业的重视与投入。

(一)经合组织开启核心素养探索项目的渊源

第一,提高国家竞争力与学生发展的时代诉求。作为国际性经济组织的经合组织,其重要的目的就是要促进国际合作,为经济的发展提供合作渠道与共享信息。处于全球化的各个现代社会既具有互相依赖性,同时又具有冲突性,而且在变革加速、知识膨胀的时代背景下,各个国家与地区都把对青少年的教育作为国家未来发展的关键保障。作为通过国际合作来应对全球化发展的经合组织,经过对各国教育政策的调查之后发现,当前各国间经济的合作与发展都在一定程度上需要通过教育的路径来为其提供更好的保障。

在20世纪的80年代中后期,国际上越来越多的国家都对教育的产出指标进行系统的讨论与探索,同时也把本国的教育与世界他国的教育质量进行对比探索。实际上,关于如何测定与评价教育产出的质量,以及教育对经济与社会发展的作用程度,都没有科学的、具体的指标体系来作为标准进行测评。所以,各个国家关于教育对经济与社会的贡献率的讨论也从未停歇。因此,在全球化背景下的国家竞争就使得各个国家开始研究如何提高学生的能力,并为此提供重要的经费与政策支持。

与此同时,经合组织提出开展核心素养研究的直接原因。学生在学校主要习得的能力有阅读、写作及计算等。但是,仅仅拥有这些能力并不代表学校已经完成教学任务,更不能把学生定义为已经获得在将来社会生存竞争中所必需的素养。由此可见,提高国家竞争力以应对全球化经济发展的需要,促进个体为适应全球化社会而获得自身完满发展,共同推动经合组织展开关于学生核心素养的研究。

第二,推动教育质量研究的发展。由于教育质量受到各个国家政府部门的重视,为此,经合组织为满足各个成员国对各国教育质量与产出等相关信息的需求,于1987年启动"国家教育系统发展指标"的项目。此项目设置五个工作组,每个小组负责一个特定的教育领域,并形成自己的研究报告以便为社会提供可靠的教育信息。而其中负责学生学业产出的小组就是于1991年成立的"学生学业成就工作组"的前身,其重点关注的是学生学业成就的评价指标体系的建构,为不同文化背景下的学生学业成就评价提供普遍适用的指标体系。另外,经合组织的相关研究还提出"解决问题的能力"是每个国家教育的中心议题。同时,也对解决问题的能力进行具体的阐释。

对于解决问题能力的具体阐释是"国家教育系统发展指标"工作组在排除不同语言的限制而得出的结论,其在不同的文化情境中具有普遍适用性,可以为各国教育政策与评价提供一定的理论依据。到20世纪90年代,经合组织把教育研究的重点放在教育产出的领域。同时,也在"国家教育系统发展指标"的框架之外组织开展多种形式的相关学业成就的研究。如在20世纪90年代初开展的跨学科素养项目、国际成人素养调查项目、国际生活技能项目。

这些关于教育产出的研究项目都在不同的层次,从多学科的角度进行着相关学生素养的研究。但是,这些项目关于核心素养的概念并没有形成统一的认识,而都是在各自的项目内拥有自成体系的理论基础与概念体系,使得它们之间的研究成果与操作应用未达到协调一致。为解决之前相关研究出现的问题,统一相关概念,特别是对教育产出中核心素养概念进行系统的界定与鉴别,1997年秋,经合组织又在"国家教育系统发展指标"的框架下启动"素养的界定与遴选"项目,并最终于2002年完成项目研究,2003年发布研究成果报告。由于目前对"素养"概念没有统一的认定,所以本书将经合组织的相关文献中出现的"skill""competence""literacy"都定义为"素养",而"key competences""core skills"等都被认为是"核心素养"。

"素养的界定与遴选"项目主要是在国际跨学科的环境下集合不同国家的文化理念,利用不同学科的智慧对学生的核心素养进行基本理论与概念基础的探索,选出核心素养的内容,并在此基础上探索性地形成面对21世纪的核心素养基本概念,以及学生核心素养与经济、社会发展之间的关系脉络,完善学生应对未来社会变革发展的需求,为各个国家与地区的教育发展提供可借鉴的指标体系。

(二)经合组织核心素养探索的开拓

第一,开展跨学科的研究。"素养的界定与遴选"项目在最终的报告中明确指出，课堂习得的技能与能力不是核心素养。核心素养的获得不仅仅是在学校中完成的，还有在与同伴、社会的交流过程中自己习得的。所以，不能把核心素养的研究囿于学校的教育研究中，特别是对课堂的研究。

第二，综合考虑各方面的因素。在不同的社会环境中核心素养的概念不仅具有不同的解释方式，而且它还受到整个社会的愿景、个体发展的目标、政治生活方式等因素的综合影响。通过研究异质社会团体中核心素养的具体表现形式，综合分析其概念，才能建构起适合社会的，具有一定普遍意义的核心素养体系。

第三，对核心素养的结构进行理论建构。核心素养的结构论证得到来自哲学、人类学、社会学以及心理学等多学科专家的阐释。他们以各自学科的理论作为出发点，运用自身的学科逻辑与学科知识建构核心素养的结构体系，为核心素养的分析提供理论基础。此外，他们的报告还作为咨询报告在国际讨论会中进行讨论，各个学科互相借鉴，形成综合性的研究报告。

第四，以评价的方式来促进核心素养的落实。由于"素养的界定与遴选"项目只是对核心素养的定义与选定进行全方位的研究，重点强调其建构的核心素养指标体系在现代社会中对学生个体的重要作用，却没有对其如何进行测定实施研究，这就造成其建构的核心素养指标体系需要由其他项目来实施评价。

第五，经合组织在提出核心素养之后，还强调素养的评价需要在终身教育的环境中去实施。核心素养的指标不能仅仅从学校教育中获得，还需要整个社会对个体的影响。而且，核心素养是随着社会的变革而发生改变的，因此，终身教育的评价方式就显得更有必要。

三、欧盟的核心素养

欧盟核心素养框架作为第二个世界著名的核心素养框架，为欧盟各成员国的基础教育课程建设提供了指南。各成员国在欧盟核心素养框架的基础上对其进行分解与重构，制定了具有各国特色的核心素养框架，并进行了基于核心素养的课程设计。

（一）欧盟核心素养探索的背景分析

欧盟的格言是"多元一体"，其宗旨是在尊重成员国各自不同的语言及传统的大前提下，降低边界管制、保护环境与可持续发展、人员及物资交流、设置单一货币、提供更多就业机会使经济繁荣，形成一个更公平的社会，保障公民的自由、安全与正义，以及对外施予人道救援，维护世界和平与稳定等。

欧盟意识到在教育领域与美国等竞争对手相比较，欧盟各成员国还普遍存在着人力资源投入不足、接受高等教育者的比例较低、对顶尖人才的吸引力不够等问题。以上问题会导致大量边缘化的、无法投身社会的公民出现，降低教育支出的回报收益，增加国家的直接成本，使得国家的所得税减少，并增加健康看护、犯罪矫治及公共援助等社会福利的成本支出。由此可见，人力资本问题会直接影响国家未来的经济。

欧盟2000年在里斯本举行的高峰会中，确立要立足于终身学习，建构一套核心素养体系作为欧盟各成员国共同的教育目标，于2010年达成世界上最具竞争力的知识经济实体的目标。会后，欧盟发布《多样化体系与共同的愿景：2010年欧洲的教育与培训》，指出"核心素养"将直接影响公民素质及欧盟未来的竞争力。为实现该目标，欧盟在2004年提出整合各行动方案的"教育与培训整合计划"，从更全面、宏观的角度规划终身教育，以促进全民更好地生活，进一步提升欧盟在世界上的整体竞争力。①

由以上欧盟官方对教育现代化及建构核心素养的背景的论述可知，欧盟对教育与培训体系的态度相当务实、稳健，强调教育培训必须兼顾社会与经济两种功能，而且所有公民皆应通过终身学习获取，并持续更新他们的知识与技能，尤其对具有特殊需求、濒临社会排斥者更应给予帮助，因为这将有助于提高就业率，促进经济发展，同时提高社会凝聚力。

（二）欧盟核心素养探索的开拓

第一，欧盟核心素养是针对知识经济的理念而提出的。为适应全球化的知识社会与知识经济、个人自我实现、社会融入与就业，欧盟提出八项关键能力。其重要目的之一便是为决策者在创造学习机会时提供依据。核心素养一开始即针对知识经济而提出的，因此核心素养与知识是互相融合的，八项中的前四项：母语交流、外语交流、数学素养和科技素养，以及数字化素养，均与基本学科知识技能有关。核心素养具有易与学校现有学科架构搭配整合的优点，若再辅以跨学科的课程活动，核心素养的培养方式将更加系统完整。另外各能力所需的知识、技能与态度均做整体考量，架构简洁。最后，因其适用于整个教育与培训体系，故未再区别不同学段的基本或进阶能力。

第二，核心素养充分体现欧洲价值观。欧盟强调欧洲价值观是基于对欧洲文化、历史及社会关系的认知，以及在共享的民主价值之上所建立的，欧洲价值观将使得每个人自我认同为一个欧洲公民，拥有充分就业、参与决策的机会，以及富足的生活。核心素养必须能够使个体基于自身的兴趣、愿望去追求个人的生活目标，这是文化资本的体现。核心素养应该使每个人作为

---

① 洪早清，吴伦敦. 教师职业素养导论——师范生读本[M]. 武汉：华中师范大学出版社，2011.

一名积极主动的公民参与社会事务，这是社会资本的体现。核心素养还应该使个体能够在劳动力市场中获得一份体面的工作，这是人力资本的体现。

核心素养实质上是文化资本、社会资本和人力资本三方面的共同体现。欧盟通过核心素养的提出重在强化各成员国在人力资本方面的投入，同时也兼顾文化资本和社会资本。将主动与进取意识纳入核心素养，并赋予其丰富的内涵就是这一思想的集中体现，甚至在文化意识与表达中，还强调"能把握和实现文化活动中的社会和经济机会"。

第三，强调对科技运用的批判与反省。除了强调以发展科技素养与数字化素养来增进就业外，欧盟更注重运用信息时正向而批判的态度，分辨真实与虚拟世界的差异，有意识地尊重伦理原则，对隐私权与文化差异、安全与伦理等议题有积极态度与敏锐性，这些均显示他们在科技与数字化领域的反省态度已相当成熟。除此之外，欧盟并未个别标举独立思考能力，因为它已融入每一核心素养中。

第二章
学科核心素养形成机制与核心素养教学观

> 核心素养是学生在接受相应学段的教育过程中，逐步形成的适应个人终生发展和社会发展需要的必备品格与关键能力。本章主要探索学科核心素养形成机制，对核心素养的立德树人、基于课程意识和学科本质、以学生学习为中心的教学观进行分析。

第一节 学科核心素养形成机制探索

学科核心素养是基础教育界广泛讨论的教育理念。新理念的转向催生师资队伍建设的新需求，也对高等学校师范生培养提出了新的标准。

一、学科核心素养形成的载体

学科核心素养是指学生通过某学科的学习而逐步形成的关键能力、必备品格与价值观念。学科知识与学科活动是学科核心素养形成的两翼，学科知识是学科核心素养形成的主要载体，学科活动是学科核心素养形成的主要路径。

（一）学科知识的含义

为了有效促成学科核心素养的形成，应正确理解作为载体的学科知识的内在、外在结构与学科知识的类型。

1. 学科知识的内在结构

从构成知识结构看，表达知识的外在形式是符号，是人们认识和区别知识的基础，没有符号人们则不能理解知识，也就无从谈起知识的更新和创造。

从辩证角度讲，知识是根据一定的规则和法则构成的，而在这其中逻辑形式起到关键性作用，是人们将知识转化为成果的催化剂，属于哲学上的方法论。也就是说，没有一定的逻辑形式知识则无从谈起。意义是体现知识价值的核心，它具有内在的规律性和系统性。要想全面理解并掌握知识，需要从符号表征、逻辑形式以及所体现的意义三个方面进行剖析。所有知识都有其相应的内部构成，也就是内部结构。

现代知识论认为知识由符号表征、逻辑形式以及所表现出的意义三个部分组成。符号表征是指知识以特定的符号进行表示，是人类取得知识的成果展示，是人类对所生活世界的认知程度，是关于世界知识的拥有程度。从本质上说，是人类认识世界所取得的经验与知识在头脑中的反应，并以特定具有一定意义的符号表现出来。

逻辑形式是人类认识世界的具体方式，由构成知识的逻辑思维方式以及思考问题的逻辑过程组成。逻辑思维方式是指对事物的推理、判断以及由此形成的总结性概念；逻辑过程是指经过对事物分析、归纳、比较、总结以及得出综合性结论的过程。从一定意义上说，符号表征是人类认识世界的具体结果，而逻辑形式是体现这一结果的具体认知过程以及方式方法。逻辑形式的过程是人类认识世界的重要组成部分，没有一定的逻辑形式则无法形成知识。

人类认识世界所得到的经验总结上升为推动人类思想进步的力量，是知识的意义，在一定程度上推动人类社会的发展，并在实践中体现出一种知识和人类进步的内在关系。

从总体上说，知识是人类认识世界的结果，对人类情感思想以及人生观、世界观的形成具有重要的启迪意义。因此，知识具有哲学意义上的普适性和假定性，正是这两种意义的存在，使学生逐渐形成自己的价值体系。

2. 学科知识的外在结构

学科知识的外在结构即学科知识之间的关系，按照美国认知教育心理学家奥苏伯尔的分类，这种关系有纵向的上下位从属关系和横向的并列关系两种。奥苏伯尔据此把有意义的学习分为以下几种模式。

第一，类属学习以及知识的下位关系。类属学习是将新知识融入认知结构的过程，这样可以按照一定的组织和要求进行优化。下位关系是指已有知识和新知识之间的关系，如果学生已有的知识已经包含要学习的新知识，那么新知识是原有知识的下位关系，这种学习方式是类属学习。

一般根据不同性质的上下位关系，类属学习可以分成相关类属学习和派生类属学习。派生类属学习是指知识结构本身观念没有发生根本性变化，通过原有知识逐渐掌握新知识。

第二章 学科核心素养形成机制与核心素养教学观

第二，相关类属学习。这种学习方式通过新旧知识发生一定的相互作用，从新观念中获得新意义，并对旧的观念加以限制、修改、精确划分及扩充等。究其原因在于原有观念无法催生出新观念，尽管新旧观念之间存在类属关系。举例来讲，学生学习四边形及三角形，对平面几何中高的上位观念得以掌握，如果再对立体几何中圆锥体的高（下位观念）进行学习，这就导致即使两者存在上下类属关系，不过从本质上讲，高的概念并不相同，这就表明，旧的观念中无法催生出新的观念。相关类属学习相较于派生类属学习更为普遍，不过其学习效果比不上派生类属学习。这是由降低相似度的相关类属学习中上下位观念造成的，其从两个方面得以体现：①上位观念与下位观念两者的所类属有着较大的含义差别；②下位观念的意义不能完全被上位观念代表，正如上位观念不能完全代表下位观念。

第三，派生类属学习。这种学习方式依然保持从旧知识中发生相互作用，从而从新观念中获得意义，不过原有观念在认知机构中并不发生实质性的变化，究其原因，原有的观念中可以直接派生出新的观念，并证实或支持原有观念。举实例来讲：学生在学习钝角三角形、锐角三角形及直角三角形时，在他们的观念中将三角形的内角和认同为180°的概念，也就是上位观念。因此，当学生在对等边三角形或等腰三角形的内角和定义为180°的命题，也就是下位观念，这样便可迅速获得意义，而且证实或充实原有的观念。新知识极容易得到实质性相同的内容，可以达到高效的学习效果，这是因为新旧知识存在的实质性内容是相同的，即便是非实质性的现象相异，也能够进行学习。当原有观念在学习者认知结构中的概括的水平低于新学习的知识时，旧知识的上位关系由新知识得以构成。当学习者的认知结构在有意义的学习中已经形成几个观念，以此为基础，对一个抽象程度更高的观念学习时，总括学习便得以产生。事实上，由特殊到一般，从具体到抽象这种归纳式是一种常见的学习形式，这就是总结学习。而新旧知识间的相似性在总括学习中，具体表现为两个层面：①上位观念派生的事实及具体而特殊的例证被称为下位观念，因此，派生类属学习与总括学习，两者存在着相同的实质意义，但有着相反的学习方向；②下位观念体现出上位观念，上位观念概括及抽象下位观念的实质意义。

第四，并列结合学习。一旦认知结构中原有的观念与新的观念，总括关系及类属关系均不涉及，需要考虑并列结合学习。这种学习分别结合了不同类别并列结合及同类别并列结合，其中同类相似包括语文教学中的范文与习作之间、同一单元的例题与习题之间及同一单元的不同章节之间。显而易见，同类形似的学习相较于同类相似的学习要困难得多，不过相较于类属学习和总括学习不管是不同类别还是同类别，那些并列结合学习由于缺乏上下观念的固定作用不易进行。综上，凭借理论抽象通过同化模式对新旧知识的相互作用的过程加以分析，事实上，学习中的意义在三者之间存在相互依存、紧密结合的关系。

3.学科知识的类型

现代认知心理学把知识分为陈述性知识、程序性知识和策略性知识三类。具体来说，陈述性知识是关于"是什么"的知识，包括事实性知识、概念性知识和原理性知识；程序性知识是关于"为什么"或"怎么做"的知识，包括方法性知识、过程性知识和操作性知识；策略性知识是关于"怎么思维和认知"的知识，即元认知，它是以认知过程与结果为对象，是调节认知过程的认知活动，所以是对认知的认知。

陈述性知识、程序性知识是知识，策略性知识则是知识的知识。元认知对内进行认知的调节、控制、监测、协调，其作用是促进认知活动的正确有效运行和高水平展开，对外揭示知识背后所蕴含的逻辑、根据、标准与价值，即学科思维方式、学科思想观念、学科精神文化等，从而实现对学科的深度学习。认知心理学的这一分类更适合于科学领域，而不完全适合于人文领域。虽然在人文学科知识中也有陈述性知识、程序性知识和策略性知识，但是，人文学科知识中所包含的丰富的情感性和价值性的知识因素，特别是一些只可意会不可言传的知识，很难划入这三类。为此，知识的分类还要结合学科的特点和性质。

（二）学科知识的作用

学科知识的作用主要体现在学科的认识、生活的导向、情趣激发与涵养、思维和智慧的启示四个方面。

1.学科的认识

知识是客观事物的属性与联系的反映，是客观事物在人脑中的主观映像。"从学生发展的角度看，知识其实是一面镜子，是学生看待自然世界、社会世界和人的精神世界的一面镜子。通过这面镜子，学生能够认识和理解客观世界。"[①] 在认识世界的活动中，"对同一事实，由于每个人关注的问题不同，每个人的回答可能都不相同；即使关注同一问题，由于对问题思考的层次和角度不同，每个人的回答也可能不相同"[②]。这对学科教学的启示是，必须注

---

① 郭元祥. 知识理解的条件与深度教学——谈课程改革的深化 [J]. 新教师，2016（3）：15-17.
② 李海. 从现代走向后现代：知识论对课程理念的影响 [J]. 江苏高教，2004（3）：86-89.

重方法论和认知方式的教育。特别值得一提的是德国社会学家曼海姆所谓的认识的"视角"。"曼海姆认为,视角意味着'人们观察客体的方式',它不仅决定着思想的形式,而且还决定着思想的实质性内容。缺乏这种视角,一个人就缺乏认识和分析事物的能力。"[①] 因此,教师要结合学科的性质和特点,引导学生形成观察和思考问题的独特的学科视角。唯有用学科独特的视角审视问题、分析问题和解决问题,才能形成真正意义上的学科素养。

2. 生活的导向

生活世界和科学世界构成人的两个成长家园,其中生活世界作用于人的感官,是人生活在这个世界的人生感悟,人通过它对这个世界产生价值;科学世界则是从人的生活世界中衍生出的特殊的理性视域,这种视域使人能够对生活世界的各种现象之间关联,对这个世界产生本质理解,以此通过理性的逻辑将生活世界的主观性及偶然性加以过滤,对世界结构进行抽象层面的描述。此外,科学世界与生活世界基于人的生命而存在,前者呈现的世界是抽象的,后者呈现的世界是直观的。科学世界有助于提升生活世界的意义,具体表现为:①人的生活品质通过科学及其教育得到不断改善,提高了生活境界,进而生活得更好;②人的生活内涵得益于科学及教育,变得不断丰富,视野不断开阔,从而使得生活世界更加丰富;③人通过科学及其教育,对生活有了理解、感受甚至创造。总之,不管何种学科,皆源自生活及实际,而从性质的角度看,又高于实际和生活。也恰恰因为学科知识源自生活而又高于生活,所以对生活起到指导、提升及引领的作用。如化学学科:①教师教授化学时,并没有单一地借助生活世界的概念来进行教学,而是帮助学生对已有的生活经验加以紧密联系,充分调动学生的个体知识,像化工生产、非金属材料、金属材料、有机化合物、水、空气等与学生生活相关的常识;②教师要通过化学原理及知识对学生洞察生活中化学问题的能力进行培养,从而让学生对化学与生活的共生关系有更好的认识及了解;③比较科学世界里的逻辑线性与生活世界里的复杂性,以此让学生对科学发现与科学知识之间的关联进行感知。总而言之,知识的逻辑性、客观性及系统性在科学世界中的体现不能立竿见影,需要人们将个体及主观的想象、激情及思考放在漫长的生活世界中去获得[②]。

[①] 石中英. 知识转型与教育改革[M]. 北京:教育科学出版社,2001.
[②] 吴晗清,郑冬梅. 化学教育价值及其实现[J]. 教育理论与实践,2014,34(2):53-55.

3. 情趣激发与涵养

每门学科知识都有其内在的情趣，都是神奇、美丽、奥妙无穷的，都有激发情趣和涵养精神的价值。任何学科都是美丽的。无论学习什么学科，都能感受到其中的美，并获得精神享受。只有引导学生体验学科之美，才能使学生对学科产生热爱和崇拜，激发学习兴趣，保持持久的学习动力。教学中，教师要尽可能让学生对学科的知识内涵产生兴趣。就实际教学情况来看，培养学生对知识本身的兴趣，可以让学生将乐趣与学习的成就感融为一体，使学生更有可能在学习这条道路上坚持走下去；培养学生使用知识的兴趣，容易使他们只专注于学习的结果，而忽略求知的过程。

4. 思维和智慧的启示

每门学科不仅有自身的研究对象和概念体系，而且有自身的思维方式和表达方式。从大的方面来说，东西方的思维方式差异明显。如西方文化崇尚理性，注重形式论证；中国传统文化则强调感性直观，注重感性体验。从小的方面来说，不同学科的思维方式和表达方式也不一样。

"不同学科的研究对象与方法不同，其知识表达形式亦不相同……数学、物理、化学中的符号、概念、公式、方程式，文科的论文写作，文学作品中的小说、散文、诗歌、戏剧表达方式，音乐中的音符、乐谱，美术中的线条、色彩，舞蹈中的动作、韵律等，都是一些学科特有的表达方式。对于学科知识的学习，教师除了让学生理解知识内容外，还应让学生理解各种表达形式、格式及其内在的思维方式、技巧，学会学科式表达与思维，关注学科表达的独特方式及其逻辑性、清晰性，做到合乎规范、逻辑，准确地表达自己的认识与思想。在正确、经常地使用该学科概念与表达方式的过程中，习得学科思维，要尽可能减少经验的、日常生活的表达方式，用学科表达方式与思维方式改造日常经验的表达方式与思维方式。"①

例如，历史学科。要彰显"回到现场"的历史思维特征，就要站在历史的角度，设身处地地看待历史问题，而不是以今人的视角去臆测古人。具体地说，回到历史现场，就是"不仅要回到一定的空间位置，回到事情发生的那个时代或那段时间，而且要设法回到当时当地，回到事情正在发生的过程之中"。"就是要和历史人物一起经历其事，而且不是作为旁观者，也不仅仅是参与者之一，而是和所有亲历者一起经历他们各自所经历的全部过程。"②

---

① 潘洪建. 知识形式：基本蕴涵、教育价值与教学策略 [J]. 课程·教材·教法, 2014, 34 (11)：40-45+56.
② 桑兵. 从眼光向下回到历史现场：社会学人类学对近代中国史学的影响 [J]. 中国社会科学, 2005 (1)：191-204+209.

（三）学科知识的选择、组织与设计

为使学科知识及其学习具有核心素养的价值和作用，在学科知识的选择、组织、设计上应强调以下几点。

1. 学科的大概念

大概念指的是反映学科本质及其特殊性的、构成学科框架的概念，它是一种高度形式化、兼具认识论与方法论意义、普适性极强的概念。大概念不仅仅是一个简单的词汇，它的背后潜藏着一个意义的世界，是学科思想和理论体系的负载体。

（1）学科知识关系角度。大概念是奥苏伯尔所说的上位知识，其解释最到位，具有较强的概括性、抽象性和包容性。大概念位于学科知识的最中心，其他知识根据与大概念之间的关系，有序地环绕在其周围，形成一种"花团锦簇"式结构。大概念里含有遗传密码，具有预示性、再生性和生发性，具有繁殖力强、活力强的特点，是其他知识得以生存的基础和源泉。

在这一结构中，其他知识作为外围的知识类型，相当于大概念知识存在的背景和土壤，要服务于大概念，帮助学生从外围知识慢慢接触核心知识，促进学生消化、理解核心知识。另外，从学科认识论方面讲，大概念不仅仅是学生认识世界的"方向"和"眼光"，还是一种学习学科知识的思维方法和认识武器。

（2）从课程知识角度看，大概念可以构建明了、简约的课程知识体系，具有精而少的特点。也就是说，大概念"可以把复杂、丰富的学科知识精简为简约的内容，变成富有活力、更经济的命题"。

（3）从心理学角度看，大概念是学科知识的灵魂和精髓，属于一种元认知。学科大概念是教师教学优先选择的主体对象，实现学科知识"精而少"的目标，从而促进学生朝着"精细化"学习的方向发展，有利于学生学科素养的形成。学科大概念是最能转化为素养的知识，是最具有价值的知识，是学科知识的精华。学科教学内容的传授需要采用平均用力和平铺直叙的教法和教材，将学科大概念作为主线、纲领和中心，这样有利于学生形成学科素养。

（4）从学生学习角度看，学科大概念是个"组织者"，它可以将所学的知识有机地整合在一起；是一个"纲"，提纲挈领；是一根红线，将所学知识串在一起。大概念教学给予教学活动整体性，是学科教学活动的关键。只有把握住大概念，其他教学活动和学科知识才能够被统一起来。

2. 学科的本质

学科知识有广义和狭义之分。从广义看，主要指学科知识的深层结构，比如学科思想、学科观念、学科精神及学科方法等比较深层次的内容，即"隐形的内容"，也即学科本质。学科本质是学科知识的基础和来源，在学科知识中占有重要地位。从狭义看，主要指学科知识的表层结构，包括学科术语、学科概念、学科原理、学科命题、学科符号及学科事实等表层内容，即"可视的内容"。

学科本质要求：一要超越简单的具体知识，去理解和把握具体知识背后的学科方法、学科思想与学科价值；二要超越表层的符号形式，去理解和把握符号形式背后的逻辑根据、思想方法与价值意义；三要超越庞杂的知识点本身，去理解和把握同类知识的组织结构和属性特征。唯其如此，学科知识的教学才能有助于学科核心素养的形成。

3. 学科的情境

学科情境、学科知识、学科素养三者之间存在着密不可分的关系。学习学科知识需要以学科情境为基础，形成学科素养需要以学科知识为基础。从广义看，学科情境在学科知识中具有不可替代的作用，只有依靠学科情境，才能让学科知识有效地转变为学科素养。因此，学科情境在教学过程中占据重要地位，不仅指学科知识产生的背景、条件、发展的过程及故事，凸显了学习环境具有一定的社会性，还可以帮助学生理解、学习、建构、吸收学科知识。

学科最本质、最有价值也是最能促进学科核心素养形成的知识包括以下几方面。

（1）来源与产生。学生学习学科知识，仅仅了解什么是学科、学科知识及其如何运用是远远不够的。在建构主义盛行的背景下，要想对学科及学科的发展历程有个整体把握，需要学生对学科及学科知识的来源和产生有一定了解，追溯学科及学科知识的渊源，这也对学生学习学科知识起到至关重要的作用。

（2）结构与关系。学生要对学科及学科知识有个整体把握，需要掌握学科的结构与关系。"学科"的来历并不是知识点和概念的简单合并，而在于学科本身拥有自己独一无二的结构。另外，学科知识之间也存在着密不可分的深层关系。

（3）规律与本质。学科规律是学科的重点研究对象，是现象、事物及过程本质的、必然的、内在的关系。学科本质是学科的一种根本属性，它可以对学科是否能够成为"学科"做出判断。

（4）命题与核心概念。它们组成了学科的基本结构，每一个学科都是由命题和一些基础的核心概念组成的知识网。

（5）方法与思想。方法与思想是学科的精髓和灵魂。学科专家把学科知识以后的发展及对学科学习影响较大的思想见解及观念，称为深层次的"知识"。

（6）精神与价值。学科的内在精神和价值让人捉摸不透，无法体会，但学科所包含的精神、学科的价值追求对学生的学习和发展具有重要作用。学科知识是学生学习的主要材料，知识服务于素养，为了促进学生学科素养的形成，教师要尊重学生的智力，遵循量力性的原则。过于容易、浅薄的知识不利于提高学生的思维能力，太过复杂、深奥的知识也不利于学生理解和消化，同样不利于学科素养的形成。

二、学科核心素养形成的路径

学科知识是学科核心素养形成的主要载体，学科活动则是学科核心素养形成的主要路径。杜威曾经指出："要把各学科的教材和知识恢复到原来的经验中"，且"教师应当突破教材本身的限制，将其与自己的全部经验中相关因素结合起来，从而实现教材的心理化"。① 换而言之，只有在充分将主体和客观对象相互作用、将主体和经验材料相互结合的过程中，才能够产生真正的知识。

（一）学科活动的哲学论分析

通常，学科活动主要分成认识活动和实践活动两部分。根据马克思主义基本原理，应当辩证地认识二者的关系。所谓实践活动，是将理论应用到客观环境中，而认识活动则是将所观察到的客观现象概括形成理论的过程。因此，实践活动决定着认识活动的根本性质和发展方向，是其基础所在，同时实践也是检验认识的最终标准和目标；认识活动则对实践起到指导作用，即能动地反作用性。因此，学生的学科学习活动所涉及的实践与认知，也适用于上述关系，同时，学生的学习活动又拥有自身特殊性，其根本目标是形成学科核心素养、促进自身发展。

（二）学科活动的教学论价值及意义

学科教学的实质就是学科活动，包括教师教的活动和学生学的活动，其

---

① 谭小宏，侯小兵，吕林. 创造型教师职前培养研究 [M]. 成都：西南交通大学出版社，2017.

中学的活动是根本。学科教学过程即学科活动的过程。例如，语文学科，"现在很多语文课堂不是由教学活动和学习活动组成的，而是由内容的堆积、问题的罗列、形式的呈现、概念的演绎以及结论的传递，甚至就是由一个个题目和一个个答案组成的一堂课。而从课堂教学的基本要求看，语文课堂教学必须由语文活动组成。语文的活动，就应该是以语言为核心的活动，听、说、读、写应该是基本形式，但很多语文课把大量时间花在其他活动上"。[①] 数学学科也是一样，"数学素养是主体在经历的数学活动中产生的，它难以通过传授与习得来获得，其生成依赖于主体对数学的体验、感悟、反思和表现"。[②]

（三）学科活动的本质

学科活动的本质主要有实践性、思维性、自主性、教育性四个方面的内容。

1. 实践性

学科活动本质上属于"学习"和"实践"相结合的过程，二者密不可分。一般，学科活动的实践性主要包含以下几方面的含义。

第一，强调直接经验。所有的学科知识都是一种间接经验。间接经验的优点是快速且有效。此外，与之相对应的直接经验对于学生的认知发展也具有重要作用，主要在于：首先，学生要充分掌握间接经验，必须有一定直接经验的基础；其次，间接经验实际上是直接经验积累和整合的结果，直接经验是间接经验形成的前提条件。因此，任何间接经验如果没有最终转变成学生的直接经验，就不能发挥其能促进学生自身发展的教育意义。

第二，注重身体力行。现代学习认知的过程着重强调身体参与、身体力行。学习活动不是简单的纸上谈兵，它注重学生对所学内容的观察思考，并将自己的切身体验和感受进行表达和实践。换而言之，学习的过程要求身心共同参与，用身体体验、用心灵感悟，只有这样才能深刻而全面地理解所学知识，才能激发学生参与学习的活力。

第三，重视感性因素。理性和感性作为两种截然不同的心理学活动，都是影响人行为的重要因素。其中，理性指的是人类根据一定的概念对所面对的事物进行推断的心理功能；感性指的是人类所有的情感、直觉、感知以及想象等心理功能。现实生活中，每一个人身上都同时存在着理性和感性两种因素，其中理性因素包括思考、判断、理智以及抽象思维，感性因素包括情

---

① 黄厚江. 把语文课上成语文课[J]. 语文建设，2013（13）：4-7.
② 梅松竹. PISA 2012 数学素养精熟度水平评价研究[J]. 教育测量与评价（理论版），2014（3）：25-30.

第二章 学科核心素养形成机制与核心素养教学观

感、欲望、感觉以及本能等，虽然二者的性质及功能都有所不同，但其对人的自身成长和身心发育都非常重要，二者通过发挥不同的作用和价值，共同促进人性走向丰富和完满的发展方向。

通常，人们多采用理性思维认识世界，往往忽略了感性因素的作用，尤其从认识这个角度，感性认识通常只能为认识过程提供具体的材料，因而比较粗糙、低级，甚至不可靠，而通过理性认识可以把握事物本质，它是精确、高级且可靠的。人在固有意识中，将感性认识和理性认识进行了划分，二者之间具有难以跨越的鸿沟，这导致当前教学过程中过于重视理性因素而忽视感性因素，使得学生接受的知识过于理论化及抽象化，而仅停留在理论层面的知识只能是纸上谈兵。

因此，应当把理性认识与感性认识相结合，这样的学习过程对知识的理解和掌握会比较透彻。例如，类似概念、原理以及公式等知识比较枯燥和抽象，如果能将学生的感性认识，融入生动的想象并且转化成清晰的表象，将有助于学生对理性知识的学习。现实中，课堂教学仍然固守传统模式，缺乏感性因素的融入，课堂感染力和学生召唤力比较薄弱。因此，应当大力实行在教学模式中融入感性因素的教学方式，使之与理性因素相结合，共同促进人的发展。同时，人们需要正确认识感性认识和理性认识的关系，既要从纵向联系中看到感性认识的重要性，也要从横向联系中观察二者相互作用、交错复杂的关系线，将二者的作用相互统一，共同促进认识过程的提高。

第四，倡导"用中学"。学习与应用是相辅相成、相互促进的关系。传统教学以学为本、以学为先，以此定位两者的关系，从而导致重学轻用；现代教学则强调以用为本、以用为先来定位两者的关系。

有学者将"用中学"的内容归纳为三个方面。①从学习目的看，从古代就有学以致用、因用而学的观点，指的是要将知识的使用当作学习的最终目的，只学习知识而不会使用，或者学习一些无用的知识，只会使人变得迂腐和软弱，只有将所学知识正确运用到实践的过程，才称得上学习到有用知识，从而促进人的发展。在心理学上，将实用性弱的知识叫作"惰性知识"，而将理解不透的知识叫作"假知"。②从学习功能看，实践和应用过程有助于知识的学习，即"以用促学"，"用"成为促进学习的一种重要手段。③从学习过程看，任何知识的实践和运用过程，其本身实际上是一种新的学习过程，即把知识的运用当作知识的学习过程，可以概括为"用中学"。学生的学习有其特点，不能否定"用前学"即先学后用的意义，但是同时还要倡导"用中学"，即边用边学或边学边用，努力把知识的学习过程渗透和融入知识的运用过程，因为这种学习更有助于把知识转化为素养。

2. 思维性

学科认识过程在本质上属于学习思维过程，这是学科学习活动中对于认识，即分析问题所特有的思维方式，能够帮助学生提升思考问题的专业度。所谓思维，是指一种逻辑分析及抽象概括的认知过程或认知能力，思维也是学习者构建知识体系、理解和掌握知识的基础和前提，其主要包含以下两方面。

第一，学科知识方面。学科知识的特点是内容的广泛性、思维的深刻性以及思想的丰富性，可以说学科知识本身是思维汇总的结晶。虽然其内涵丰富，但是其表现形式常常是一些现成和呆板的结论或者论证。学科教学所注重的是不能一味以现成结论或论证为教学内容，而是要引导学生发现其背后所隐含的精彩思维过程，从而真正掌握知识，不断从教学中汲取知识、充实智慧。教材编写和学科教学内容的组织、设计必须突显学科知识的形成过程，即学科问题的发现过程、学科概念的提炼过程、学科命题的论证过程等。

第二，学生认识活动方面。根据现代心理学对教育的研究，学生的认识和学习过程在本质上是一个发现、分析、解决问题的过程，和科学探索过程一样，需要具备独立思考、自主学习的能力。在这个学习过程中，学生虽然会遇到各种困难，但也会充分展现自我的智慧和个性，并创造出一些成果。传统的教学模式是将学生的思维过程排除在学习认识之外，学生往往对所学的知识不加思考地全盘接受，因而培养出的是依靠死记硬背而不是对知识进行追问、评判及创造的学生，这种培养模式极大地扼杀了学生的创造性思维和智慧。

因此，要正确认识学科思维的特点，在所学知识和技能的基础上，进一步形成对学科问题进行探索、思考、评判以及寻求有效解决方法的思维模式。这种思维活动是学科性质和学科特点的体现，是学科内容的核心及灵魂所在。

3. 自主性

学科活动，无论是实践过程还是实践认识，都是一种"有我"的活动，而非"无我"的活动，即"被活动"。这里所说的"有我"的活动具有以下几个特征。

第一，主动性。喜欢活动是人的天性之一，中学生尤其如此。教学中要想更有效地利用好学生的这一天性，教师必须将其冲动及欲望转变成对学习持之以恒、坚持不懈的动力，转变成自主学习的行为和动机。

教师通常可以从以下四点进行衡量：①对实践活动具有强烈的追求和爱好；②实践的主体意识十分强烈，并能够将其迅速外显为对实践活动的组织和参与；③对实践活动的成功体验能产生充分的喜悦之情；④对待实践过程中的遇到的困难和障碍，能够有克服的勇气。以上四个方面对于实践活动和认识活动都是适用的。

第二，完整性。完整的活动，指的是以活动为主线的完整学习过程。学科活动作为学科核心素养形成的主要路径，从教师教学的角度讲，无论是整门学科的教学还是主题单元的教学，都要强调其完整性和整体性，而不能是碎片的、局部的。从学生认识发展的角度讲，一定要让学生经历从感性到理性、从现象到本质、从猜测到验证的过程，经历从片面到全面、从浅到深、从易到难的过程。

第三，独立性。独立性包括四个方面的内容：①学习过程是一个需要学生亲身参与和体验的独立活动，因而每一个独立的学生个体都具有不可替代性；②学生作为客观存在的个体，拥有自己的独立意识，且与教师的意志是相对独立的关系；③每一名学生个体对自我独立具有比较强烈的倾向和要求；④除个别情况外，每一名学生都应当具备自我独立能力。因此，在认识活动及实践活动中，应当充分给予学生自我发挥、独立参与的空间，教学内容不能完全照搬教师的意志，在任何一个活动的提出、涉及、组织、参与、总结及评价环节，学生都应当始终位于主体地位。

4. 教育性

学科活动的性质与其他实践活动有所不同，其最终价值是促进学生发展和形成学科核心素养。换而言之，与一般实践活动认识客观世界、改造客观世界的目的不同，学科实践活动的开展旨在对学生的学科核心素养进行开发、提高、完善。此外，学科活动虽然本质上属于一种研究性的学习活动，但实际上与研究活动具有截然不同的价值取向，因而其本质并不归属于研究活动的类别，因为其最终目标不是为了解决学科问题，而是为了实现学科教育的价值。

学科知识和学科活动相互作用所产生的结果，是学科核心素养，这两种缺一不可的角色导致二者通过"化学反应"诞生一种全新的"物质"。其中，学科知识是对教学内容层次的挖掘，而学科活动将教学内容进行情景转化，具体而言：①对教学层次的挖掘，实际上是学科思维的体现，通过培养学生的学科思维和整合能力，帮助其将学习过程中涉及的学科知识进一步专业学术化和科学规范化，建立起有逻辑的学术体系；②将教学内容进行情景转化，是指把学科知识进行心理化及教育化处理的过程。换而言之，是将学科知识与生活经验、生活情景及日常活动相结合，最终实现学科知识生活化。学生的学科、认知以及思维则始终是学习的根本所在，通过将学科知识延伸，使

其变得浅显易懂，与学生自身的生活经验相结合，最终成为学生的一部分。

从学生与学科的关系来讲，学科知识把学生描述成"一个人在学习学科知识"。教师按照学科结构，固守学科的逻辑来传递学科知识，学生则按照学科逻辑来接受、复制、被动地掌握既定的学科知识。课堂学习成为一种纯粹的学科知识传承、恪守学科知识逻辑的流程。这种教学方式把学生排斥在课堂之外，成了课堂的局外人。而学科活动则把学生描述成"一个学习学科知识的人"，学生按照自己的意愿和兴趣，从自己的生活、经验出发，通过自己的实践和认识建构自己的学科知识。

没有深度的课堂，必然是平庸、表层的课堂；没有温度的课堂，必然是机械、乏味的课堂。深度和温度的均衡分布，最有利于课堂教学效益最大化。当然，深度和温度的具体分布比例，要取决于学科的性质、学生的基础和教学的任务等因素。在课程制定、教材编写、教学设计过程中，二者都表现为明线和暗线、主线和辅线、显性和隐性两种形式。某些学科教学中，学科知识是以主线或显性存在的，而另一些学科教学中则是以学科活动为显性存在的。二者关系的处理应当充分考虑学科性质、学生自身特点以及学科核心素养的发展要求等多种因素，从而使学生能够真正通过学科教学过程，形成自己的学科核心素养。

三、学科核心素养形成的条件

《礼记·学记》云："记问之学，不足以为人师。"教师只拥有知识，就只能给学生知识。作为形成学科核心素养的主要条件之一，学科教师自身的智慧和素养将会对学生素养的形成产生深刻影响。学科教师应当打破知识教学的传统模式，顺应素养教学发展趋势的要求，积极找准角色定位，尽快将自己转变成素养型学科教师。

教学过程这种学科活动的完成，离不开两大主体参与——教师和学生。因而理论上，教学质量是由师生双方的智慧潜能、责任心、积极性等多方因素共同决定的，任何一方角色的缺失都将导致教学过程不能达到预期效果。然而，在实际教学中，教师对学生的发展有主导性乃至决定性的影响，教师参与学生学习以及生活的方方面面，因而教师的智慧和素养将是影响学生学习质量、生活质量以及身心成长的重要外在条件。

素养来自知识技能，又高于知识技能，素养是智慧，是文化，是精神。教师的核心素养包括学科素养和教育素养。

（一）教师学科素养

学科教师的态度将直接影响学生对待所接触学科的态度。一名优秀的教师能够通过展现自己对学科内容的热情，唤起学生对学科的兴趣和热爱。诸多实践表明，教师通过向学生传达学科教学中所体验的积极意义和价值，并邀请学生参与这些正向体验并分享，从而帮助学生认识学习活动的内在价值；对自己所教的学科始终保持热爱，也是教师学科素养的重要体现。学科素养在内容上是指学科教师对潜藏在学科知识之中或之外的学科文化、精神、思想、方法以及观念的整体把握和综合感受。就学科知识本身而言，素养表现在以下几个方面。

1. 深刻

所谓深刻，即能入木三分、一针见血。优秀的学科教师能够对教材内容和教材的编写意图进行深入剖析和独立钻研，并能够准确挖掘出其中隐藏的内涵和精髓，也就是所谓的"深入浅出"。当对教材方向把握准确、对教材内容钻研深入时，教师能够从关键点出发，将课程内容讲得简单易懂，有时可能只需要一句简练精辟的话，就能够使学生醍醐灌顶，迅速解决其学习中遇到的困惑，而"一语破的""一语解惑"指的正是这种情景。

2. 独到

所谓独到，就是独具慧眼。优秀的学科教师能够从教材的平凡之处发现新颖的关键点，他们的真知灼见往往能够将课堂内容设计得精妙绝伦、独一无二，而学生在上课时也会像欣赏一幅画、一首诗一样投入课堂中。教师要做到独到性，其心理上要拒绝模仿，要充分发挥自己的创造性思维，这种思维具有首创性和独创性特点。也就是说，既要做到顺序第一，也要包含任何有新奇之处、独到之处的观点、理论、见解和方法。独创性思维是教师实现教学创新的源泉，教学不具有独到之处的教师，往往具有从众的特点，他们经常"人云亦云"，没有质疑也没有想法，最终只能沦为平庸。

3. 广博

广博者，知识广阔博大也。苏霍姆林斯基在《给教师的建议》中说："教师所知道的东西，就应当比他在课堂上要讲的东西多十倍，以便能够自如地掌握教材，到课堂上，能从海量的内容中选出最重要的来讲。""在你的科学知识的海洋里，你所教给学生的教科书里的那点基础知识，应当是沧海一粟。"

优秀的学科教师应当博览群书、学识渊博。他们不仅对自己所教的学科领域有足够了解和专业掌握，还对其他古今中外的知识有所涉猎，他们始终保持着良好的学习习惯，一直努力在知识的宽度和深度上提升自我，因而面对课堂内容能够做到旁征博引、游刃有余，并经常通过一些独具见地的想法、妙趣横生的征引、谈吐不凡的气质，深深地吸引学生，激发学生的学习兴趣和参与热情。这样的教师和教学活动能够使学生感受到教学的艺术魅力，有助于提高学生的核心素养。

（二）教师的教育素养

教育素养的形成主要来自三个方面：教师通过尊重、理解、掌握教学规律和学生的学习规律，在技术上进行成熟而合理的贯彻和运用；教师信赖学生的学习潜能，对其学习能力进行保护和开发，对其独立个性给予尊重和欣赏；教师对自己的教学事业、对学生的学习始终保持高度责任感。

1. 形而下的角度分析

教育素养是一种教育方法。有学者说过，平庸的教师只是叙述，较好的教师是讲解，优秀的教师是示范，伟大的教师是启发。启发不仅是一种教育手段，还是一种重要的教育素养。真正启发的产生必须具备一定的前提条件，即教师本身具有足够优秀的教育素养，包括对教材内容具有足够的熟练度、深刻的见解，只有这样才能在课堂上做到引经据典、游刃有余，充分发挥主观能动性，使课堂教学充满感染力和号召力。此外，教师能够在课堂中进行合理的设计和布局，尤其是擅长激疑布惑，对学生的探索欲起到引导作用，又能够适时地进行答疑解惑和提示点拨，从而真正使学生受到启发，提高课堂教学质量和学习质量。教师如果一味地照本宣科，就无法做到启发性教学，更无法提升学生探索未知领域的兴趣和能力。

2. 形而上的角度分析

教育素养是一种教育智慧，其突出的表现就是教育机智。教育机智是教师在教学实践活动中一种随机应变的能力。乌申斯基曾说："不论教育者怎样的研究教育学理论，如果他缺乏教育机智，他就不可能成为一个优秀的教育实践者。"

课堂教学不仅仅是简单的人与人的交流，因为它充满了诸多可能性和问题而变得十分复杂。无论多优秀、想法多周密的教师都不可能在课前将所有可能出现的教学问题一一进行设计，而具备教学智慧和教育素养的教师，会在面对这些非预期的教学问题、突发事件或意外情况时，灵活发挥个人经验，随机应变，因而不会因为处理不恰当或者束手无策，而使教学进程陷入困境。

教学灵感是教学机智的上乘表现，是教师用整个生命与课堂活动相撞击而产生的创造火花,是一种典型的突发性、突破性的创造活动。灵感可遇不可求。从根本上讲,教学灵感主要来自教师自身过硬的教育理论素质、丰富的教学经验、积累的教学机制、其他方面的高素质和高修养等。尤其在现代教育目标的要求下,教师应当注重培养以下方面的素养。

(1)信息素养。教师的专业化发展要求其在信息素养方面必须具备以下能力,即具有对新信息进行获取的意愿,从实践活动中出发,主动对新信息进行查询和探究;具有对所获取信息进行分析和辨别的能力,能够正确评估和筛选信息的合理性;具有支配信息的灵活性和自主性,对信息的接受和拒绝具备良好的掌控力;具备利用信息有效帮助自己表达个人思想的能力,并能够和他人就某一事物交流彼此的信息和见解。

(2)创新素养。教师专业化发展对其创新素养的要求主要包括:在教育过程中发挥想象力、保持好奇心;鼓励学生发挥自己的创新主体角色,在学习过程中充分发挥学生的创新思维;营造鼓励创新和适当冒险的教学氛围,并对学生的失败给予勉励;在教学中注重培养学生自主学习和探究反思的能力;积极开发学生的创新潜能、激励学生的创新欲望,并为其进行创新活动提供必要的时间与空间支持;将每一次教学过程都当作自己创新思维的实施和检验。

(3)跨学科素养。教师除了对自己所教学科的专业知识有系统而扎实的掌握之外,还要培养自己跨学科的能力和素养,对学科所设计的生活常识及专业知识等进行多层次涉猎,从而对不同学科之间的联系和渗透作用进行深入探究。

(4)媒体素养。教师不仅要对传媒本身具备辨识、评价和巧妙运用的能力,还要对传媒的大量信息进行合理而科学的选择、辨别、质疑、评估以及理解。

(5)社会参与和贡献素养。教师具备特殊身份及接触和占有知识的便捷条件,应当充分发挥和利用自己相关的资源优势,积极参与社会事务,成为公众的引领者。这些事务既可以是社会事务,也可以是政府事务,如对学校周边环境进行积极维护和建设、为社区居民提供关怀和服务等,既有助于学校提升自我的知名度,有助于促进社会发展,更是自我价值的体现。

(6)自我管理素养。教师应当具有自我教导、自我约束的能力,能够通过内在力量约束自己的行为,而不是依靠外部力量的管制。自我管理素养主要包含以下内容:目标管理,通过设定明确的目标而坚定自己努力的方向;时间管理,通过区分工作的轻重缓急,从时间上进行合理的统筹安排,避免拖延现象;沟通管理,通过了解沟通对象的特点,针对其采取相应的沟通方法，并对可能影响沟通的问题进行及时妥善解决；情绪管理，通过对自我情绪进行控制，保证在面对复杂事务时采用冷静的态度，避免情绪失控而发生一些不当行为；健康管理，通过锻炼身体和情绪疏通，使自己保持身心健康。

四、学科核心素养形成的保障

传统教育模式下，考试评价对教学方向和教学内容起到直接的决定作用。因此，通过对考试评价进行改革，将学科核心素养作为考试评价的基础导向，才能够直接保障核心素养在教育培养中的重要地位。

（一）考试评价改革的理念及目标

对考试评价的理念进行改革，主要从以下两方面展开。

1.确立统一的学业质量标准

保证教学和考试评价在总体方向和具体内容上具有一致性，否则教学过程会变得混乱无序，在无法保证教学质量的前提下，无法形成真正的学科核心素养。目前，我国高中课程标准修订的最新版本中，已经明确提出了核心素养学业质量的统一标准，从而保证教学内容和评价指标是一致的。具体的学业质量标准指学生在完成基础教育或者结束各个学习阶段的教育之后，所必须具备的学科核心素养，且这些素养应达到某一具体水平。

基于学科核心素养的学业质量标准则是指：对学生在完成某个学科的学习或某学科的某些模块的学习之后，应该具备的学科核心素养以及在这些素养上应该达到的具体水平的明确界定和描述。各学科的学业质量标准实际上是学科核心素养与学科具体内容的结合，或者说是学科核心素养在学科各个模块上的体现。学业质量标准既是考评的标准和依据，也是教学的标准和依据，从而使学科核心素养通过学业质量标准进入考评，进入教学，并使两者在方向和内容上保持一致。

研制学业质量标准是实现教学与考评一致性的重点和关键，也是本次课程标准修订的重大突破和创举。现行课程标准对学生学什么和学多少讲得比较详细，但对学到什么程度要求不够明确，也不够清晰，因而难于量化和分级。这样存在两个问题：一是学科教学活动不好把握，容易出现偏难、偏深等教学问题；二是评价缺乏统一、具体、可操作的能力表现标准，各地各校不同教师评判学科教学质量的标准不一致。研制、建立学业质量标准，就是要着力解决这两个问题。学业质量标准有利于教师确立正确的标准意识、目标意识和质量意识，从而让教师从容地按照学科核心素养形成的过程和学生学习的规律，循序渐进地进行教学。

2. 将过程评价和终末评价相结合

通常情况下，考试评价可以根据时间和功能的不同，分成过程评价和终末评价两大类。过程评价是针对学生在日常学习过程中的具体表现进行评价的，主要功能是及时发现问题并予以纠正、反馈，从而促进学生进步。对核心素养的形成而言，日常学习过程中的积累十分重要。因此，应当重视和发挥过程评价的功能，将过程评价与终末评价相结合，建立起科学合理的核心素养发展评价体系，从而使评价系统突破"绑架"教学的模式，真正用于诊断和改进教学问题，能够真正为教学和学习所服务。终末评价指在某一课程或某一学习阶段完成之后，进行的学业质量评价，通常用于对高中学生的学分及学业水平认定、高校的招生录取等。

考试评价体系应当围绕核心素养发展的目标，建立学习质量统一标准，根据不同学习阶段的特点和表现设计评价方法，将过程评价与终末评价相结合，从而保证所构建的核心素养发展评价体系真正具备科学性、合理性，最终帮助学生形成自己的学科核心素养。

（二）考试评价改革的要点

考试评价改革主要从提升核心素养的命题改革与有力推进综合素质的评价两个方面进行。

1. 提升核心素养的命题改革

试题的命制包括立意、情境、设问三个方面，立意是试题的考查目的，情境是实现立意的材料和介质，设问是试题的呈现形式。

（1）立意。所谓"千古文章意为高"，可以说，立意是文章的灵魂，也是命题的灵魂。要确立以核心素养为本的命题理念，致力于考查学生学科核心素养的发展水平，即有价值的学业成就；要改变强调碎片化知识和孤立技能的习得，改变过分关注确定性解题过程和标准答案的现状；要重点关注学生综合运用（跨）学科思想方法和探究能力，以及运用结构化的知识、技能及价值观念，创造性地解决复杂的、不确定的现实问题的能力。

具体来说，要从关注碎片化和固定化学科知识的获取，到关注复杂学科问题的解决；从关注对学科知识的复制和理解，到关注学生自身对知识体系的构建和解读；从关注学习内容，到关注学习方法。命题人员应当根据学业质量标准及核心素养内涵的要求，明确评价目标和评价内容，并充分认识不同学习阶段、不同课程内容的学业要求，从而在具体内容及学生实际的基础上，制定合理的预期目标和评价标准，最终突破传统学业质量评价，以学科知识为出发点，以对知识点的掌握情况为评分标准的评价体系，突出核心素养的主体地位。

（2）情境。核心素养的形成离不开情境，核心素养的考查也离不开情境。应对各种复杂的、开放的现实情境，不仅是学生核心素养形成和培养的途径和方式，也是评价学生核心素养发展水平的重要依托。学生在学校所"获得"的很多学科知识或技能，之所以无法迁移到现实生活中去，关键就在于学校学习活动所依存的情境被过于人为地简化和抽象化，失去与现实生活的连接。教师和命题人员要深刻认识到复杂的、开放性的真实生活情境在评价核心素养中的重要价值和作用。

情境要实现生活问题与学科问题、原始问题与课本习题的统一。所谓原始问题，是指对自然界及社会生活和生产中客观存在的、能够反映科学概念和规律本质且未被加工的科学现象和事实的描述。而课本习题则是把科学现象和事实经过一定程度抽象化后加工出来的练习作业。

核心素养的考试和评价题目应来自真实生活而不是凭空想象。好的试题情境在内容上应该是学科性和生活性的有机统一，要防止戴帽子和机械叠加的做法。真情境是问题的真正来源，假情境只是问题的外套。好的试题情境在形式上应该是语言简洁、表述有趣、结构新颖的。

（3）设问。解决问题的过程充分体现了一个人的综合能力，尤其是思维能力。通过设问不仅可以促进素养形成，还可以参与素养评测。好的问题应当兼具灵活性、开放性及深度，即不能依靠死记硬背，而是在深刻理解的基础上灵活运用；鼓励有创造性、有个性的回答；能够充分体现学科的本质，对学科的思想观念、思维方式，甚至其精神和文化内涵方面都要有理解和感悟。此外，核心素养命题的基本要求是：第一，立意具有层次性及方向性；第二，情境具有真实性；第三，设问体现思维活动并具备开放性。

2.有力推进综合素质的评价

综合素质评价主要反映学生德、智、体、美全面发展的情况，是学生毕业和升学的重要参考。建立规范的学生综合素质档案，客观记录学生成长过程中的突出表现，注重社会责任感、创新精神和实践能力，主要包括学生思想品德、学业水平、身心健康、兴趣特长、社会实践等内容。严格程序，强化监督，确保公开透明，保证内容真实准确。从评价的类型和方法来讲，综合素质评价主要采用表现性评价和成长记录评价。

第一，表现性评价。所谓表现，指的是学生把自己的想法、感受、态度等内在素养通过体态、动作、图画、语言、符号等媒介表达出来，它可以是学习过程中的表现，也可以是呈现出来的结果。而表现性评价就是指通过观察学生在完成实际任务时的表现来评价学生已经取得的发展成就。表现性评价不仅能够评价学生"知道什么",还能评价学生"能做什么";不仅能够评价学生行为表现的"结果",还能评价学生行为表现的"过程";不仅能够评价学生在课堂中的表现,还能评价学生在模拟真实或完全真实的情境下的表现。

有效实施表现性评价,关键在于设计科学合理的表现性任务。表现性任务是与表现性评价紧密联系的一个重要概念,是指在表现性评价过程中,评价者要求学生完成的具体任务。因此,保障表现性评价具有信度和效度的前提是制定合适的表现性任务。通常,教学情境中的表现性任务主要包括结构性表现任务、模拟表现任务、创作作品、研究项目、调查实验和口头表述六种类型,教师应当根据实际教学情境,选择一种或几种表现性任务。当然,在选择表现性任务时,教师除了要考虑评价内容的特质以外,还要考虑学生的发展水平和时间、空间与设备条件的限制。

表现性评价主要有以下几种方式。

(1)口头测验。口头测验主要用于考查:采用特定的语言进行回答的能力;根据所给信息进行整合并提出相应问题的能力;阐述观点并提出论据的能力;进行口头表述的概括及逻辑思维能力;理解知识的深度和广度;其他特殊表现,如气质、态度、情感等。

(2)论辩或辩论。通过论辩不仅可以评估和考查学生的表达能力,还能反映学生的随机应变能力、论证的逻辑性、思维的敏锐性、言语的深刻性、回答问题的针对性以及知识储备等能力品质。教师在课堂中应用论辩方法前,要提前准备相应的论题,同时为了能够在有限时间内对学生的表现情况进行记录和评价,教师要制定和运用合理的行为评价表。

(3)短文题考试。短文题考试即通常所说的论述、问答、概述等题型的考试,它可以有效地评价学生对某个问题或某门学科的理解程度。

(4)写作能力的测验。作为一种高级的认知活动,写作能力一直受到教师的广泛重视,而通过写作测验,可以有效评价学生的文字组织能力、语言表达能力、想象力、资料整理能力、逻辑组织能力、事实描述能力等多方面的写作技能。一般可以将写作题材分成作文、科学论文两大类。

(5)过程反应类题目。这类题目要求学生将答案以及演算或推论过程清晰地表述出来,目的是对学生的解题思路和思维方法进行评估,有助于把握学生的一些学习困难点或者其学习特点,通常包括证明题、作图题、数量关系的计算题等。

(6)对实验技能的考核。这种评价方式是一种围绕教学内容,对学生实验相关设备或材料的操作技能的综合性评价方式。通常，学校在课程设置上会包含多种实验课，通过与教学理论课相结合，可以使学生直接在实验操作中获得体验，从而提高其认知层次，促进其操作技能和心智技能的综合发展。在此过程中，学生能够逐渐树立起积极向上的学习态度。同时，不同的学科因其性质不同而存在多种表现性评价方式。

第二，成长记录评价。所谓成长记录，是指在教育目标的要求下，学校将学生在不同学习阶段的作品或者其他方面的成绩进行整理和收集，从而对学生在自身发展中的优势或不足之处进行科学合理的解释和分析，并对学生的进步和努力给予肯定，对于不足之处激励其自我反思，从而促进学生不断进步。成长记录评价的特点包括以下几点。

（1）学生作品是成长记录评价的基本组成部分。和传统评价方式的不同之处在于，成长记录是对学习过程和结果的描述，而其评价主要基于对学生在不同阶段的作品进行收集并综合评价，从而体现学生的进步和成就。形象地说，成长记录评价方式是一个容纳能力强大的口袋，传统的评价方式是简单粗暴地把各种评价结果全部收装起来，但成长记录则是有层次地将学生发展的资料进行收集和分装。

（2）对学生作品收集的过程是带有目的性的。成长记录评价对学生作品进行收集的渠道、方式、内容以及对这些资料的分析，都会受到成长记录创建及使用目的的影响。因此，应当根据特定的目的进行作品收集。例如，当以展示学生最优秀的学习成果为评价目的时，应当搜集学生最为满意的作品；当以分析学生在某一阶段学习过程中表现出来的优势或不足为评价目的时，应当搜集学生的阶段性和过程性的作品；当以评估学生发展水平，并在不同学生个体之间进行比较为目的时，应当将搜集的内容进行结构化或者半结构化。

（3）成长记录评价给学生提供了一个可以对作品发表意见或反思的平台。成长记录的重要功能之一是，学生通过参与成长记录的创建和使用过程而实现自我反思和自我评价。学生根据评价要求和评价标准，对自己学习作品中存在的优势及不足之处进行反思，从而有助于明确学习目标、改进学习途径、优化学习过程，并逐渐培养自己追求进步的强烈信心。

成长记录评价体系应当始终以促进学生成长为基本导向，在该原则的指导下记录和分析学生的成长情况。一方面有助于学校和教师能够对学生的成长规律进行把握和掌控，从而根据学生的学习特点不断开发其学习潜能；另一方面对学生而言，成长评价体系可以帮助其培养积极向上的学习态度以及追求知识的动力，并对自己的学习树立自主和负责的意识，从而真正促进学生学科核心素养的形成和发展。

第二章 学科核心素养形成机制与核心素养教学观

第二节 核心素养教学观——立德树人

"立德""树人"教学观，紧跟习近平总书记新时代中国特色社会主义思想，使人之为人的德行本然素养观内化于心、外化于行，真正使国家、社会、家庭、学校"立德树人"价值取向融为一体，方有"不教自成方圆"的"树人"效果。

一、教学的对象与目的

在教学目标中，一直存在着两种不同的价值观问题——学科本位还是人本位，是教育界一直存在的问题。学科本位论是将学科放在顶端，凌驾于教育与人之上，这里是将学科放在中心，以学校教育、课堂教学为基础，促进学科发展、为学科培养学科的后备人才。学生的生活学习围绕学科和成绩运转，使学生成为发展学科的工具。

学科本位论将学科凌驾于教育之上，凌驾于人之上，这种教学理论背离了基础教育，不足以贯彻义务教育的使命与基本性质。现在，教学环境需要做到以学科为本的理论转向以人的发展为本的理论，改革教学环境做到价值观的转移。学科本身并无错误，错误在于指导思想。在学科教学方面，我们依然要注重学科的发展规律，要重视和体现学科知识，但是在学科基础上，我们也要学会以人的发展为基础，学会遵从人的个性与全面健康发展。

在以人为本的教学过程中，我们要清楚地认识与实践以下两点。

（一）教学的出发点与归宿

首先要以学生的个性发展为基础，在保障学生的健康、幸福和内心的自由的前提下，进行获得知识、培养能力、提高成绩等学科教学。

在现有的体制下，追求分数是不可避免的，但是，任何时候人们都不能以牺牲学生的健康、幸福、品行为代价来换取所谓的高分，这样不仅得不偿失，也会使分数异化变成毫无价值的东西，最终造成对人性的扼杀。对教师而言，至关重要的就是学会尊重和宽容。每个学生的潜能和素质不同，个性和兴趣不同，知识和能力的基础不同，追求和理想也不同，教师在鼓励或要求每个学生都学好学科内容的同时，一定要尊重和宽容那些学得慢的，甚至根本学不了或没有兴趣学的学生。

教师在教学中，有责任引导和启发学生做好自己的人生选择，让学生无论是在现在还是在将来，都过得有尊严、有意义、有幸福感。正如傅树京教授所指出的，教育的真谛在于："首先，教育应该让学生有价值感。教育是

培养人的活动，在这种活动中，知识、技能的传授固然重要，但教育最本质的内在性是使学生产生强烈的价值感，让他们变成有意义、有价值的人。当教育不能使学生产生价值感时，这样的教育就违背其初衷。其次，教育最核心的价值是要让学生对未来充满希望。当学生早上醒来时，他期盼来到学校；当学生走在上学路上时，他期盼坐在教室里；当学生遇到困难时，学习会帮助他渡过难关；当学生产生疑问时，学习会帮助他解决问题。最后，教育应该让学生变成快乐的人，它包括两层含义：一是要让学生具有寻找快乐的能力，让他们有追求幸福生活的信心，产生深层的生活激情，让他们真正成为富有生活情趣的快乐的人；二是应该带给学生快乐，这种快乐可以体现在评价的结果中，也可以体现在学习的过程中。既没有结果又没有过程的快乐是失败的教育。"①

（二）教师在课堂教学中关注的中心

既然教师是教人而不是教书，那么教师在课堂中的关注中心当然是人，也即学生。学生是课堂的中心，教师的眼睛要看着学生，心里要想着学生，并根据学生的学习状态组织、实施和调整教学。课堂上以学生为中心，需要教师高度关注学生的学习状态。学生的学习状态可以从以下几个方面进行评价。

1. 情绪状态方面

在教学过程中，教师不能仅仅关注学生获得的知识，能力的发展，还需要注重学生求知和获得能力时的情感体验。在课堂教学期间，教师需要注意学生的情感，观察学生是否有浓厚的兴趣，是否对学习的过程充满求知欲与好奇心；是否能够通过调节和控制保持较长时间的学习兴趣。

2. 参与状态方面

在学生的主动程度、广度和深度方面分析学生的状态。在主动程度上，需要细心观察学生在课堂中是否积极主动地思考和发言，积极参与学习和讨论，教师可以从中观察到学生是否主动。在参与深度方面，观察学生的行为、认知度和情感等方面；在参与广度方面，观察学生在活动中是否有口、手、脑等感官类参与。

3. 交往状态方面

师生之间的交往状态往往在教学过程中体现，做到学生学和教师教的统一。考察学生的交往状态需要看师生之间的合作是否良好；能否协调、沟通各自想法，为了某一个目的联合力量；是不是有着大量交流和信息的反馈；

---

① 傅树京. 教育应给予学生快乐、价值和希望[J]. 教育测量与评价（理论版），2013（2）：1.

学生在课堂与教师的交往是否彼此尊重与信任，交往的氛围是否让学生感觉比较民主与轻松，教师和学生之间能否和谐地面对问题，学生敢于发言、提问和发表自己的不同观点；对学生自信心和好奇心是否有很好的保护等。

4. 思维状态方面

学生的全面发展中，思维能力的发展是重中之重。思维状态的评价需要在课堂上关注学生是否参与足量的智力活动。其中，主要表现在学生面对问题时是否努力思考，并且是否有着自己的想法，敢于提出问题，质疑问题；学生在回答问题时，是否能明确表达自己的观点，有条理、流畅地回答问题。

5. 生成状态方面

教学活动在新课程的理念中，需要动态生成。我们现在要做到让学生的理解过程丰富多彩，不再是以前简单的知识转移过程，而是自我思考，以自身的经验发现与学习的过程。

学习状态已经是教师教学工作的重点，一堂课的教学质量与教学水平，更多的决定于学习态度。为了尊重学生，教师需要对学生保持紧密关注。没有对学生保持一个良好的关注和尊重状态，教师将不会营造出适合的教学环境。

二、知识的育人价值以及精神意义

知识不是为学科而存在的，也不是为认识世界而存在的，归根到底它是为人而存在的。挖掘知识的育人价值和精神意义，是教学从知识导向走向素养导向的基本前提。

（一）知识的育人价值

知识是教育活动得以开展的一个"阿基米德点"，教育活动离不开知识。没有知识，教育活动便成为无源之水、无本之木。实际上，知识是个体成长的精神食粮，它蕴含着极其丰富的育人价值，是教育的个体性价值得以实现的一个必要条件。这里强调的是知识之于教育活动的育人性、本体性价值，而它正是所要阐述的内容。

1. 基于育智价值

知识可以对个体的智力产生积极促进作用，知识可以开发智力、增长智慧，由此可以看出，知识有极高的育智价值。知识是智慧的结晶，是人类在不断实践活动过程中总结出来的，它不仅可以正确反映客观事物的运动规律，还可以正确反映客观事物的发展规律。

"学而不思则罔，思而不学则殆。"顾名思义，学习而不思考，人会被知识的表象蒙蔽；思考而不学习，则会使人精神疲倦而无所得。在教育教学方面，除了要让学生学习知识，还要学会思考。每个人的智力发展水平、思维方式都不尽相同，所以，学生接受教育的过程中，学习到的知识、领会知识中的内涵及知识中隐含的智慧也是不同的。学习知识的过程，也是智力的活动过程，只有把个体的思维与知识生产的原始过程相结合，才能获得真知。

知识有育智价值，学习知识不仅可以让学习者的知识体系变得丰富、充实，还可以促进学习者的智力发展。其具体体现在三个方面：①在知识本身内容方面，学习是获得知识的主要途径，学习过程是智力价值体现的过程；②在学习者学习方面，学习可以提升个体的内在价值，使个体的智力得到锻炼与发展；③在综合角度方面，学习者不断学习知识、丰富知识体系，将知识不断内化成灵活解决问题的智慧。

2. 基于育德价值

知识是人类智慧发展的结晶，是人类最可贵的经验宝藏，是人类文化发展、思想道德进步的体现。"美德即知识"是苏格拉底在公元前已经提出的重要命题，是道德哲学的一个基点。苏格拉底认为，人的所有行为有善恶之分，是因为每个人所受的教育、接受的知识是不同的。正确的知识是人类认识自己的阶梯，可以引导人们建立良好的道德品质。

亚里士多德曾说过："如果人们不相信一件事是最好的事，他们就不会去做这件事；如果他们这样做了，那只是出于无知。"由此可以看出，知识在教育中的育德价值。教育可以传授美德，美德是从教育中衍生的。在教育实践中，有人受过高等教育，但是道德败坏，而有人接受教育很少，却思想品德高尚，这说明我们的道德教育方法太过机械，只是将理论中的思想道德灌输给了学生。没有实践，实际效用不明显。学习知识是美德的来源，人们只有正确理解、接受知识，掌握知识的内涵；正确地认识美德与知识的关系、美德在人发展中的作用，才能成就美德。

苏格拉底对"知识德育"的恶果早有阐释。"明知故犯"只是表象，实际上是"不知不应犯而犯"。对此恶果他并不否认，也不否认应该把德育的中心引向学生，引向生活，引向生活中的学生。但是，这里需要强调的是，不仅德育不可能摆脱关于知识的认知性教育，而且关于知识的认知性教育本身就是德育的基本形式、基本载体和前提条件。有研究者指出："在一个人思想品德的形成发展中，道德认知的提升对道德过程的良性推动具有关键意义。道德认知内化道德情感，没有理性的规导，情感的发展会步入盲目之境；道德认知是道德意志实现的基础，有没有形成自觉的道德意识，是判断个体的行为是否成为真正的道德行为的重要依据之一。"①

道德是人的一种社会规定性，知识是德育的必要条件，知识教育对于道德意识的形成具有决定性的作用：知识镌刻着人类探索真理的艰辛、科学精神的奥义以及勤奋刻苦的意志，包含着科学家、思想家、文学家崇尚真理、热爱生活、追求人生幸福的道德情感。学习和掌握知识，可以提高人的精神文化修养，净化人的心灵，使人具有高尚的情操和趣味。"知识的精神化育价值表现在知识不仅是人类认识活动的结晶，而且是人类道德理想、精神品质的体现，人类在探究知识的过程中所展现出来的尊重事实、依据事实、反映事实、敢于冲破教条的束缚、批判谬误、破除迷信的科学精神，为人类自由和解放、为维护真理而敢于牺牲的献身精神，高度的社会责任感和谦虚诚实的品格以及团结协作、共同奋斗的团队精神，对于知识的学习者来说具有深刻的、能够触及心灵的精神化育作用。"②

3. 基于育美价值

知识的育美价值体现在可以提高人的精神生活质量、决定人的生活品质；可以使人在生活中发现美、追求美、鉴赏美、创造美。然而，这种被称为审美的能力，并不是先天就有的，而是人在不断成长、不断接受知识教育的过程中激发出来的。形成审美能力的这个过程，被称为美育。

个体审美能力的提升，也是个体文化知识积累的一个过程。日本学者今道友信说："对任何作品，如果没有理性的理解阶段，就不能算其为欣赏。"可见，没有较高的理论知识做基础，任何审美都只是外在的感觉。美育教育也就是审美能力的培养与训练，在经济文化多元化发展的今天，美育学科教育内容也在不断拓展，比如生态美学、电影美学、摄影美学等门类的学习，都离不开美育与智育。

知识本身不仅具有认知价值，也具有审美价值。"知识不仅是认知的媒介，更是精神态度、价值伦理的载体，传导着人类千百年来对世界的认识，也运载着人类在探究知识的过程中所表现出来的精神气质、审美情怀和价值追求。科学知识是人类认识客观世界的产物，但人类在探寻科学知识的过程中所表现出来的追求真、善、美的精神，所展现出的人的本质力量，能够让人受到心灵的震撼、精神的激励。至于原本就可以直接与之进行心灵对话、精神交流的人文知识，对于陶冶人的情感、净化人的心灵、形成完整人格方

---

① 成双凤，韩景云. 走出知识德育的误区 [J]. 江苏大学学报（高教研究版），2005（1）：64-68.
② 辛继湘. 课程评价改革的当代知识论基础 [J]. 课程·教材·教法，2005（6）：17-20.

面具有独特的作用，其价值远远不只在认知方面。"①

在科学发展史上，许多科学家的重大发明或发现都是以审美作为向导的。"美积淀在知识之中，并借助知识的结构美、内容美、形式美、逻辑美、理性美、意境美表现出来。"② 一个人的知识越丰富，思维能力越强，对美的领悟也必然越深刻。这是知识具有育美价值的实际意义所在。

人在德、育、体、智、美等方面，全面发展均需要知识的储备，知识不仅可以使学生提升创造力，还可以提升学生的执行力。让学生参加教育活动，是让学生学习不同的学科，获取不同的知识，这些知识的教育价值可以促进学生不断完善，实现全面发展。

（二）知识的精神意义

教育是人与知识关系的重要促进力量，选择学习具有价值的知识，可以促进知识与人的双向转化。人与知识的关系，简单来讲是人学习、认识、利用知识，从而达到完善自我的目的；知识还可以说是一个人对事物认知的表现。维特根斯坦认为，无论是发明的还是发现的，知识都是客观存在的。而人是以主体形式存在的，知识是以客体形式存在的。知识是作为客观的事实存在的，是人对知识认识对象的正确表现。

亨利·吉鲁作为美国当时理论课程的批判代表曾经说过："传统课程范式中的知识主要被作为一个客观'事实'的领域而对待。"从中可以看出，在传统课程中，知识被认为是客观存在的。这样一来，在人形成自我意识的过程中，知识则被排除在外。

从反映论的角度来理解知识的最大问题是容易导致知识的外在化。德国哲学家、教育学家爱德华·斯普朗格指出："与人的生活和个体精神没有关联的知识是无生命的知识，知识必须转向人的内在精神才有意义。"③ 所以，如何改变学生固有的知识体系，让知识被学生理解并与学生的认知结构相结合，从而转化成内在精神，才是知识对人的意义所在。

后现代知识观强调人与知识的存在关系和意义关系，即知识对于人的意义。"这种意义关系应该比认识关系更基本、更深层、更具包容度。首先，它不排斥学习者对课程知识的认识，但这种认识更强调生成性、体验性、文化性，强调学习者对知识的个人心理意义的建构。其次，更为重要的是，它强调课程知识对学习者的精神意义，强调知识的价值不仅仅在于提高认识、发展能力，还应使学习者感受到生命的充实性和意义性，能够对个体有意

---

① 辛继湘. 课程评价改革的当代知识论基础 [J]. 课程·教材·教法，2005（6）：17-20.
② 潘洪建，吴中才. 知识价值：教育学的视野 [J]. 扬州大学学报（高教研究版），2004（4）：9-12.
③ 邹进. 现代德国文化教育学 [M]. 太原：山西教育出版社，1992.

的生活给予滋养、护持。"①

"在这里，知识与人的关系完全是一种非功利的关系，人无须为功利的目的而服从知识；人主要是出于对生活意义的追寻或为了意义世界的充实而与知识交往的，学习知识不以'占有知识'为目的，而以个体精神的成长为目的。知识的意义性使人有可能不是出于功利的目的而追寻知识，而是为了精神的成长而追寻知识，在这样的过程中，个体精神自由是有足够保障的。"②

知识的意义性在于树立以人为本的正确教育观念，释放学生的心智、改变学生的思维，教导学生正确地认识人性、人情与生命。麦克·扬曾说过："从涂尔干到帕森斯的大多数社会学家都将教育当作社会化特定知识、技能和价值观念获得的过程。因此，教师的问题就变成了如何设计更有效的传递技能和知识的方法，以传递给尽可能多的学生，而不论这些技能和知识是什么。"学习知识不只是对知识表层符号的认知，传授知识的过程也不能像移动库存一样，直接将知识移位到学生的脑海里，而是师生在教育情境中，围绕知识的主题，相互交流而实现的创造性、发展性的教育过程。教师要不断发掘、拓展理论课程内容的深度，开发学生的潜力，关联学生与知识，从而实现知识的意义。

三、立德树人的主要途径

每个学科不仅具有自己的符号表达、知识体系和思维方式，也都有自己内含的价值性和道德意义。这同样是学科知识的一种内在属性，是与学科知识相伴随的内在特征，是人的世界观、人生观和价值观的构成性因素。从教学实践的角度来讲，要强调以下几方面。

第一，充分挖掘学科知识特有的道德教育资源。

第二，学科教学要融入学生的生活和行为，课堂教学要转化为学生课外的成长行为，延伸到学生的日常生活当中，并逐步变成他们的成长自觉。

第三，学科教学要进入学生的道德和心灵世界。学科知识的增长过程，也是学生人格正常、和谐、健康的发展过程。只有利用学科知识对学生进行不断的熏陶，知识才能进入学生记忆深处，到达学生的灵魂深处，让知识成为其生命中的一个关键要素。随着知识量的不断增加，学生变得更加有爱心、更加富有同情心，更加有责任感，更加有教养。

第四，要结合学科教学有机地进行价值引领。价值引领的目的就是培养学生正确的价值观。从学校教育的角度讲，价值观是做人做事的观念、准则

---

① 李召存. 课程知识的生存论透视 [J]. 教育理论与实践, 2006（15）: 33-36.
② 郭晓明. 课程知识与个体精神自由——课程知识问题的哲学审思 [M]. 北京: 教育科学出版社, 2005.

和规范，是一个人信念、信仰和理想的基石，决定着一个人的精神品性。教师要在教学中结合学科特点和内容对学生进行价值引领。不同学科中蕴含着具体丰富又不尽相同的价值内容及形态，是学生建立价值观、人生观、世界观的基础。

学科教学可以按照学科蕴含的不同价值目标，分为以下三个类别。

第一，具有显性价值目标的学科教学，也是通过文字内容的描述，直接显现出价值目标。如高中学过的《包身工》一文，这篇文章是通过对事件的描述，直接表达主人公反对压迫、维护正义的显性价值。

第二，具有隐性价值的目标学科教学。这类学科主要通过客观事实的描述，反映出客观存在的现实情况、现实规律。这类学科需要教师善于挖掘课本内容隐藏的价值因素，把课本内容中的表象价值与隐性价值相结合，引导学生建立正确的价值目标。

第三，不具有价值目标的教学。这类教学并不是单纯的知识传授，它可以通过以学校组织、教师和学生共同参加的活动形式，培养学生树立正确的意识并提高能力。

任何科目的教学不是为学科而教，而是为培养人的道德素养而教。个体参加学习、接受教育不仅为了学习知识，提高能力，还为了改变原有的思维、生活方式与培养积极向上的思想道德品质、树立正确的人生观、价值观。

正如德国著名教育哲学家雅斯贝尔斯所说："教育是人的灵魂的教育，而非理智知识和认识的堆积……在学习中，只有被灵魂接受的东西才会成为精神的瑰宝，而其他含混晦涩的东西则根本不能进入灵魂中而被理解。"[1] "教育是极其严肃的伟大事业，通过培养，不断地将新的一代带入人类优秀文化精神之中，让他们在完整的精神中生活、工作和交往。……对终极价值和绝对真理的虔诚是一切教育的本质，缺少对'绝对'的热情，人就不能生存，或者说人就活得不像人，一切就变得没有意义。"[2]

爱因斯坦在《培养独立思考的教育》讲稿中曾说："用专业知识教育人是不够的。通过专业教育，他可以成为一台有用的机器，但不能成为一个和谐发展的人。要使学生对价值有所理解并且产生热烈的感情，那是最基本的。他必须获得对美、对真、对善的鲜明的辨别力，否则，他——连同他的专业知识——就更像一只受过很好训练的狗，而不像一个和谐发展的人。"

---

[1] 雅斯贝尔斯. 什么是教育 [M]. 邹进, 译. 北京：生活·读书·新知三联书店, 1991.
[2] 雅斯贝尔斯. 什么是教育 [M]. 邹进, 译. 北京：生活·读书·新知三联书店, 1991.

第二章　学科核心素养形成机制与核心素养教学观

第三节　核心素养教学观——基于课程意识和学科本质

将"核心素养"和"学科素养"的培育这一整体性教育目标整合、落实到教学之中，这是新的一轮课程革新的指导思想。课堂教学中，教师应该在语言、文化、审美、思维几个方面展开，也就是体现在情感、态度、价值观、审美和文化几个方面，从而培养其核心素养。

一、课程意识

课程意识是相对于传统的教学意识而言的，两者的区别表现在以下几方面。

首先，战略与战术。从教学目的的角度讲，教学意识一般只着眼于眼前，注重学生一时的得失。而课程意识则面向未来，注重学生的可持续发展，从学生发展的角度来看待和处理课堂教学的内容和要求。

其次，开放与封闭。从教学内容的角度讲，教学意识是个相对封闭的概念，一般只着眼于教科书。而课程意识则是个相对开放的概念，强调课程资源的利用与开发。

最后，生成与预设。从教学运行的角度讲，教学意识注重预设性的活动，课程意识则强调生成性的活动。教学改革唯有进入课程意识层面，才有可能取得实质性的突破。

从概念本身的内涵来说，教师的课程意识指的是教师对课程意义的理解、对课程本质的把握，以及对课程价值的定位，从而将其内化于自我意识系统之中并现实性地指导自我课程实践的课程哲学。它指"在一定的课程观指导下，教师对课程与教学问题的系统认识，是教师在课程活动中对教学观、知识观、学生观及其课程意义的综合反映，包括作为课程主体的教师个体在课程理念、课程参与、课程实施与评价等方面所持的独特认识"。[①] 课程意识或显或隐地规定、检视、省察着教师的教学观念和教学行为。教师有什么样的课程意识，就会形成什么样的课堂风貌和教学风格。所以，教学改革的必要前提就是确立正确的课程意识，基于课程意识的教学是指向核心素养的必然要求。就其来源而言，教师的课程意识来自教师对课程的认识和定位，特别来自教师对课程与知识关系的理解以及对课程与教学关系的理解。

（一）课程与知识的关系

第一，课程是知识。在英语世界，课程（curriculum）一词最早出现在

---

① 王志林. 论课程意识与教师个人知识的创生 [J]. 全球教育展望, 2008（10）: 35-39.

斯宾塞《什么知识最有价值》一文中。这意味着"课程"这个词一开始就是跟知识紧密联系在一起的。把课程的本质看成知识，不仅是一种比较传统的观点，也是目前比较有代表性和普遍性的观点。这种观点的基本思想是，学校课程的主要使命是使学生获得知识。在学校里，知识是按学科分类的，因此，又可以说，课程即学科。实际上，这也是更常识化、影响更大的定义，如《中国大百科全书·教育》对课程是这样定义的："课程是指所有学科（教学科目）的总和，或学生在教师指导下各种活动的总和，这通常被称为广义的课程；狭义的课程则是指一门学科或一类活动。"

在这种观点支配下的课程通常表现出以下特点：强调受教育者掌握完整而系统的科学知识，往往分科开设；以相应学科的逻辑、结构为基础来组织其体系；外在于学习者个人生活，并经常凌驾于学习者之上；学习者是课程的接受者，教师是课程的说明者、解释者。这就是典型的学科本位和知识中心主义的课程观。从历史发展的角度看，这种课程观有其进步的一面，即便在现代，也有其合理的一面，但是，站在时代的高度，可以明显地发现它的局限性和弊端。对学科知识的完整性和专业化的强调已经越来越成为基础教育的一种通病，关注知识而不关注人，使教育背离自身的宗旨。

第二，课程是经验。这种课程定义把课程视为学生在教师指导下所获得的经验或体验，同时也包括学生自发获得的经验或体验，它是基于对前一种观点的批评和反思而出现和形成的。将这种观点加以系统化、理论化并付诸实施，同时也将其推向极端的人是杜威。在杜威以后，人们拓展经验对课程的意义，即把学习者的经验与个体的个性发展结合起来。学生在社会情境及学校中自发获得的经验，或体验的重要性，体现的是晚近的课程理论。学习是一个过程，学生通过学习，积累更多的学习经验，然后通过整个学习过程，使得自身的学习经验得到更好的实践，这样自身经验不仅变为自身知识，还促进了自身的发展。这就是理论课程的基本思想。

这种课程基于以上观点，表现特点：①学习者是课程的参与者和组织者，不能让学习者受到不公平的对待；②实施形式依照学习者的实践活动；③基于学习者的视角出发与设计；④将学习者的主体角色进行突出和强调，使得学习者在课程中得到更好体验。"课程是知识"的观点是"知识导向的教学"的理论基础；而"课程是经验"的观点则是"素养导向的教学"的理论基础。当然，凡事不可走极端，知识和经验不是决然对立的关系，实际上，素养是在知识与经验的相互转化中生成的，正如所指出的那样，学科核心素养是学科知识与学科活动产生"化学反应"的结果。

（二）课程与教学的关系

对教学改革的深化，其中涉及一对需要正确处理的关系，即课程与教学。其中体现出矛盾主要方面的是课程，而主导因素则是课程观。教学观决定于课程观，教学改革的广度及深度因此得以确定。课程在传统教学论概念系统中经学科编制而成，是一种规范性的教学内容。所以，学科或各学科的总和，构成课程。教师没有对课程问题进行思考的权限，其主要任务是教学。教学对教育手段或过程的规定，是学校采用什么方式教学，其中学校教育涉及的实体或内容是课程规定。

教学的计划、方向及目标是课程，对教学之前和教学情境中展开预先规定，而教学的过程是对课程加以有效地客观传递。但是，课程不应得以调整及变革，教师仅传递及阐述既定课程，学生只吸收并接受既定课程，以上便是传统课程倡导的教学观。这种教学观使得课程处于故步自封、死板教学的境地，不能充分发挥师生的主体性。

当课程由"专制"走向民主，由封闭走向开放，由专家研制走向教师开发，由学科内容走向学生经验的时候，课程就不只是"文本课程"，还是"体验课程"。

课程在内容及意义层面存在着本质不同。师生作为课程的主体及创造者，对课程的开发需要共同参与，这决定了在特定的教育情境中，师生理解经自我给定的内容，而且对给定的内容蕴含的意义解读，进而对给定内容加以持续创新及变革，从而使得课程从自身转化而来。其实，教师对课程的内容和过程进行传递及执行，教学过程变成持续建构提升课程意义、不断转化生成课程内容的过程。基于这样的背景，教学改革便作为师生对主体性的追求，获得解放和自由，甚至成为推动课程发展及改革的能动力量。

二、广义教学与狭义教学

从课程内容的角度来看，教学有广义教学与狭义教学之分；从课程形式的角度来看，教学有课堂教学与课外活动之分。基于课程意识的教学要求从狭义教学走向广义教学，并注重课外活动的价值。

（一）狭义教学向广义教学转换

所谓狭义教学模式，即学生学习的核心是掌握书本知识，利用知识教学的模式促进学生的全面发展。这种教学模式利弊相存，其中利的一面是重视对学生智慧的培养或个体发展，而弊的一面则是将这种功能作为知识的附庸或者知识的从属，对学生素养的发展与知识之间的差异性进行混淆。从某种意义上看,对书本知识的获得并非能够促进学生素养的发展。如下为广义教学及狭义教学之间的不同解析:课程资源作为广义教学对象,包含重要的教材,这一概念的提出得益于新世纪课程改革,教学范式最为本质的转变,来自教材资源的转变;狭义的教学的根本目的是如实地传授教材内容,其教学内容设定为书本知识,根据考试要点安排教学内容,这造成学生对书本的习题可以很好地掌握,而不能很好地学习书本知识,对一些实际问题缺乏解决能力。

所学内容在课程资源概念出现后,学生便接触到丰富多彩的内容,其中内容涉及师生间的日常生活、交往、各种媒体及教材等,学习的资源较为宽泛,只要是有助于学生获取感受、经验、信息及知识等路径,皆可作为学习资源。教师在教学过程中,除了使用教材,对课程资源的过程加以开发并利用,还需要拥有的几种教学能力:①培养学生合理利用网络资源的能力,有效增加并丰富学生的学习经验;②对学校的运动场馆、各种专用教室、图书馆、爱国主义教育基地、博物馆、校外的科技馆等校内外场馆的资源进行大范围利用;③对乡土资源加以开发利用,让学生积极参与课外实践活动,从而使学生拥有的知识向实践能力转化;④为了提高教学过程的生长点,需要教师对学生的困惑、问题、见解、创意、感受及经验充分捕捉、发现及利用。

教师不仅是课程实施的首要条件资源,还对课程资源的利用、积累、开发及鉴别起到决定性作用,课程资源取得的成效由教师的素质决定。教师将自我的学习情感、学习方法等融入教学过程,继而使自身的优势得到发挥。

所谓广义的教学,是将学习重心从课本及课堂中,扩展至丰富多彩的生活世界中,是一种面向生活的教学模式;是学生日常生活的高度体现,将学生想象的未来世界、熟悉的现实世界及具有的经验世界进行联系,使学生的生活认识和体验得到整合、拓展及深化,从而使生活与实践成为学生个人发展的源泉。这种教学模式重在培养学生发现生活、发现问题的能力,从而培养学生可持续发展、学以致用、独立思考的能力及意识。此外,这种教学对"教学就是在教室里上课"这一传统观念进行了突破,教室不再是学生学习活动空间的限制区域。相反,生活及社会的各个领域都可作为学生学习的活动领域,而教科书也不再是限制学生学习活动的对象,学生的学习活动对象扩展至整个社会。

(二)课堂教学与课外活动

基于教学的时间和空间,教学通常被称为课堂教学。这种教学模式属于学校教育中最为基本的活动,它能够有效促进学生的发展,既是美育、体育

第二章 学科核心素养形成机制与核心素养教学观

及德育的基本教学途径，又是智育的主要教学途径。另外，学校的课堂教学与其他社会教育机构不同，该教学模式具有丰富的内容，是学校开展工作的基础。

丰富的教育活动不能仅靠单一的课堂教学，还要通过开展更多丰富多彩的课外活动，充分发挥教育功能。关于课堂教学，教师需要重视的是，让课堂教学的效果体现出最优化，教学效果和时间消耗是衡量教学过程能否最优的标准。改革课堂教学模式，可以使师生的创造性、积极性及主动性得到充分发挥，全面提高课堂教学效益及效率，最优化课堂教学，在规定时间内完成教学任务，逐步将学生从繁重的课业负担中解放出来，让学生能够拥有更多可支配的时间。

教师的重要使命是对课外活动价值的重新认识，对丰富多彩的课外活动进行构建。尽管课堂教学意识及作用较大，不过，学生的个性发展受到有限特定时、空要素及考试要求、班级的大小等因素的影响，这样会阻碍学生发展个性。然而，课外活动却可以弥补课堂教学的劣势。所谓的课外活动，是指把课程标准除外，遵循学生自愿的原则，自主参加各种教育活动的总称。它要与课堂教学活动处于并排的地位，同时起着互补的作用，而非主次关系。对现代学校教育的整体机构进行构成，这是两者教学模式共同作用的结果，两者缺一不可，缺少任何一方，都不能很好地发挥教育活动的功能性。除此之外，学生可以从课外活动中自愿选择课程，给学生提供表现自己个性、特长、爱好及兴趣的舞台，通过这个舞台能够让他们感受到个人的价值，并从中体会到自我成长的快乐及学校教育的意义。

课外活动遵循学生自愿参加的原则，基于学生的爱好而创设课程，具有很强的趣味性，使学生在轻松愉快的环境中，提升自己的积极主动性，让学习能力得到提升，学习兴趣得到激发。

课外活动的意义：一方面，其价值及意义独立于课程标准及课堂教学之外，有效促进学生的个性化发展及多样化成长；另一方面，与课堂教学实践和理论保持良好互动关系，对学生的课堂所学知识进行加深、巩固、消化。

全面完整、丰富多彩及生动活泼的教育及生活，是一所优秀学校应该给学生提供的内容。所谓真正的教学改革，除了在课堂上、学科上下功夫，还要使学生的生活水平得到提高，培养学生的兴趣爱好，不断把学生的学习潜力挖掘出来，培养个性化兴趣，使其身心得到全面发展。基于教学理论，课外活动及课堂教学活动，本质上是生活与科学两种世界的交互，两者之间是一种互补的关系。

传统教育暴露出来的弊端，是将学生束缚在科学世界或书本世界中，导致对学生的教育失去意义，学生的个人价值被磨灭，导致教育和人的正常秩序被打乱。对学生的教育，不仅仅要让他们学习学科知识，还要对生活、对人生有自己的体验，有自己的独特认知，有实践及交往；不仅要有课外生活，还要有封闭的课堂及班级。这些都能在无形中提高学生的学习兴趣，增强学习的主动性。基于教育的目的，学生共同发展及差异发展的关系，即课外活动与课堂教学之间的关系，共性的要求是共同发展。也就是说，教学的首要任务是学生要达到的基本水准，个性的体现是差异化发展。

学生保持多样化发展，基本涉及两个方面内容。①学生在特长、爱好及兴趣等方面表现出的差异化；深化教学改革的核心是学生以共同发展为基本前提，实现自身的个性化发展。②学生在发展水平、速度及潜力等方面的差异化；教学改革走向核心素养的必然要求是，使学生保持快乐的生活，个性得到充分发展，接触生动活泼、形式多样及富多彩的教学内容，走出课堂、走向课外，走出课本，走向生活。

三、教材的意义及作用

基于课程意识的教学，强调广义的教学，强调课程资源的重要性，但这绝不意味着可以抛弃教材。教材毕竟是课堂教学的根本，正确地认识教材和对待教材，是保证教学改革质量的绝对前提。

（一）教材的意义

教学有三个基本的要素，即教师、学生和教材，它们对教学都发挥着不可替代的作用。教师和学生是教学中"人"的因素，对教学质量当然具有绝对影响。但是，从哲学上讲，过分强调"人"的因素容易把教学引向主观唯心主义的误区。实际上，除了"人"的因素外，"物"的因素在教学中的地位和意义也不能忽视。

从教育的普及性和全民性角度来讲，教材的地位和作用越来越重要。从教学活动的运行机制来看，作为一种教育途径，教学相比其他途径在系统地传授知识和技能以及培养学科学习能力上有着无可比拟的优越性。而这种优势依靠的主要是教材。教材是教师执教的依据，也是学生学习的依据。从教学实践来看，边缘化教材和误读教材是导致课堂教学质量低下和教学改革乱象的根本原因。课堂教学的核心任务就是要解决教材与学生的矛盾。

基于教材本身，教材既是集学者、多数专家等科学水平及智慧，又代表课程标准，是学科知识的精华所在。其实，教材本质上是学者及专家基于学生身心发展规律及教育目的，而展开编写及研制，适合学生各学习阶段进行

第二章　学科核心素养形成机制与核心素养教学观

学习的文本。从这些视角看，教材理应成为教学工作的中心和关键。在教学实践中，确立教材的中心地位、基础地位，既要防止把教材边缘化，又要防止矫枉过正。

把教材边缘化有两种倾向：一种倾向是塞入、补充大量拓展资料、信息。这些内容可能是学生感兴趣的、密切联系生活实际的、与课文内容紧密相关的，但是，这一做法可能导致学习劳而无功。教学是有时空限制的，要将课堂有限的时间用在对教材本身的教与学上。另一种倾向是匆匆把教材内容教完、讲完，在学生还没有深入理解和领会的基础上，就进行大量的练习，实施题海战术。

把教材神圣化也有两种倾向：一种倾向是教学内容的窄化，只教教材里的内容；另一种倾向是教学内容的圣化，一切以教材的内容、观点和表述为问题的解答标准，为思考的导向标准。

（二）教材的全面诠释

全面正确地诠释教材是教师的第一基本功，也是提高教学质量的基本前提。

从教学的角度来讲，教师要引导学生正确地解读教材，防止误读和浅读。既要鼓励学生对教材进行个性化和批判性的解读，又要防止和克服偏离教材主旨和主流价值观的随意解读；要准确地、深入地挖掘教材的内涵，充分地学习、领悟、吸收和内化教材的智慧，防止和克服浅化教材的行为，避免只在教材表面上做文章，避免将认识停留在简单的记忆和理解层面。

培养学生创新精神和促进学生个性发展的重要策略，体现在教师不仅要给予学生自主发挥个人见解的空间，还要通过对文本创造性、个性化、自由化的解读，尊重学生在课堂学习过程中的个人感受。但是，由于学生自身认识能力存在局限，就不可避免地会出现各种主观性偏差，教师对此必须加以引导和纠正。因此，教师既要激励学生进行多元体验和多元理解，又要引导学生尊重文本主旨并追求共通见解，正确处理一元标准与多元解释、个性解读与文本原旨、独特认识与共性认识、多元文化与普遍价值的关系。

任何文本都有作者设定的特定空间，有自觉的创作意图，具有某种确定性特征，或者具有确定性和不确定性相统一的特征，因此，对文本的理解要有正误、是非之分，就要防止对文本的任意解读或明显误读，正如德国接受美学家沃尔夫冈·伊瑟尔所说："文本的规定性严格制约着接受活动，以使其不至于脱离文本的意向和文本结构而对文本意义做随意理解和解释。""对文本的内容、形式、语言运用、个性特点，可以多层面、多角度理解，答案

可以多种,不必强调'唯一',但正误、是非,要组织学生辨别清楚,对学生明显的常识性错误尤应指出。对文本的明显误读,有时是因为离开文本的整体性,或文本的具体写作背景,或文本所属文体的基本特征而造成的。任意解读和误读,不是真正意义的创造性阅读。教学中应避免把非语文的内容带进语文课,不从文本出发,而是脱离对文本的反复阅读,用游离于语文本体以外的生活和实践来代替语文。"[①]

(三)教材使用的观点

国家从宏观上对教材进行了整合,对教材的重视程度超越了以往。核心素养与教材相辅相成,互相彰显。

1. 教材是最基本的课程资源

教材依据课程标准编写,并经过严格审查,是课程标准的直接而全面的体现。与其他课程资源相比,教材具有相当大的特殊性,在很大程度上反映着国家的意志,代表着国家对基础教育的基本要求,为基础教育树立一个基本的、统一的标杆和尺度,是政策性很强的课程资源。所以,对教材进行教学基本地位的确立,需要充分认识教学质量及学生学习的提高具有的工具性及基础性作用。用好并尊重教材,有效减轻学生的学习负担,提高其学习的积极性。

2. 用教材教好教材

基于教学论,将教材作为教学内容的依凭及例子看待,从而对教材进行创新、延伸及超越,这是"用教材教"。"教教材"是将教材作为教学内容,将教学目标设定为对教材的理解及掌握。超越和创新是教学的终极目的,但是,对教材本身正确的理解及把握是前提及起点;教材是学生在课堂上学习的主要对象,课堂教学的主要任务是教材和学生之间的矛盾。

四、学科本质的教学观念

教材是课程资源的核心,学科本质则是学科内容体系的核心。要抓住教材、抓住学科本质,抓住学科教学的核心。学科本质是学科核心素养的基因和内核,基于学科本质的教学是走向核心素养的必然要求。

"本质"是相对于"现象"而言的,学科本质自然就对应于学科现象。从结构上看,学科本质指的是学科的深层,学科现象指的是学科的表层。本质决定现象,现象反映本质,两者具有内在的统一性。但是两者的关系又非常复杂,不是必然统一的。

---

① 方智范. 高中语文必修课与选修课教学实施的若干问题[J]. 语文建设,2006(10):4-6+51.

第二章　学科核心素养形成机制与核心素养教学观

学科核心素养来自学科知识。严格说来，它实际上来自学科知识所内含的学科思想方法。从这个角度说，基于学科本质的教学就是基于学科思想方法的教学，而学科思想方法的核心是学科思维，所以基于学科本质的教学也就是基于学科思维的教学。以数学为例，基于数学本质的教学绝不只是要求学生掌握系统的数学知识，更重要的是让学生形成数学思想和数学思维，达到会用数学的眼光观察现实世界、会用数学的思维思考现实世界、会用数学的语言表达现实世界的学习目的。

基于学科本质的教学在理论与实践上要着力解决好以下两对关系。

（一）学科知识与学科思想方法的关系

学科方式是一种思维策略或模式，是人们学习学科知识及应用学科知识的方法。人们通过学科活动，形成对学科基本问题的看法，这就是学科思想。同样，学科思想也是一种一般性观点，是人们对学科知识及方法做深入认识及概括的基础上形成的，作为一种导航器帮助人们分析并解决学科问题。学科思维的硬件是学科方法，而学科思维的软件是学科思想，两者虽然都是以学科知识为基础的，但都比学科知识高，并且与学科知识形成紧密相连的辩证统一性。

思想方法源自学科知识，学科知识的产生基于思想方法。所以，教师在教学活动中，既要突显学科思想的教学内容，又要把学科知识落实到位，并促使两者共同促进。对落实学科思想方法的贯彻，是学科教学功能的体现，基本上遵循提炼及渗透原则，其中提炼是基于教学内容的角度，对学科思想方法客观反映于学科知识，而基于教学方法的角度，学科知识概括、转化及升华为学科思想。

渗透与提炼同属于一个过程的两个不同方面，其中一个方面，及时提炼及概括学科知识隐藏的学科思想方法，从而在坚实的知识基础上，促使学生的思想方法得以扎根于此；另一方面，通过思想方法指导及渗透知识教学，从而让学生可以高层次、自觉地理解并掌握知识。通过相关实践可知，学科思想及知识具有同等重要的地位，这样便可以促进学生对学科的认知结构进行有血有肉的认识，帮助学生养成良好的学科素养。

（二）学科知识与学科思维的关系

知识是人类从实践活动中得来的，是对客观事物及其运动和变化发展规律的正确反映。这种反映是人类智慧的结晶，是通过众多头脑长期的、反复的、曲折的、深入的思维，并最终通过人类的悉心研究和思维才产生的。总

之，知识是思维的产物，没有思维就谈不上知识。但是，由于编写的特殊性，教材直接呈现出来的往往只是学科知识，而省略隐含在其中内涵丰富的学科思维过程，从而使学生误以为不经曲折的、反复的思维，也能径直获得知识。

心理学家指出，不经思维而获得的知识是"假知"，不能转化为学生的智慧。为了实现学科知识与学科思维的同步发展，在教学中必须强调以下两方面。

一方面，积极展示学科知识发生、形成的历史和现实背景，让学生了解本学科领域的一些重要的概念、法则、定理、命题在历史上是怎样被提出的，又是经过怎样曲折的、反复的认识才达到今天这一水平的，它的更高的水平或发展趋势又是怎样的。最重要的是，让学生的思维卷入这一发现过程，而不是简单地重现历史。

另一方面，引导学生通过展开独立而充分的思维活动来获得学科知识，引导学生把书本上的知识想清楚、想明白，以至想"活"。要给学生提供提出各种疑问、困难、障碍的机会，并及时帮助他们解决，切不可贪图方便，以讲解乃至直接的灌输代替引导和启迪。

第四节 核心素养教学观——以学生学习为中心

以学生学习为中心的核心素养是当代中国学生提升自身能力、顺应社会发展应具备的必备品格和关键能力。以学生学习为中心，不仅是顺应当今世界教育变革的发展方向，也是实现立德树人的有力措施，更有利于加强我国教育在国际上的影响力。

一、重构教学关系

教学改革必须围绕教学原点展开。作为教学意图宗旨的本质呈现，教学原点既是教学安身之根，也是教学立命之本。只有从教学原点出发，思考教学改革的主题，寻找教学改革的路径，才能保证教学改革在正确的道路上行稳致远。

教学行为是一项双边活动，是教师"教"与学生"学"二者之间的有机结合。教与学的关系贯穿教学活动始终，既是教学理论研究的重点，也是教学改革关注的中心。对于人类发展以及个体成长而言，"教"的存在是条件性的，"学"的存在是本源性的，"教"服务于"学"，"学"反哺于"教"。有学者这样论述两者关系的基本状态："教学的根本目的、出发点和归宿都要

第二章 学科核心素养形成机制与核心素养教学观

体现、落实于学的状态，教的必要性建基于学的必要性，教的现实性取决于学的可能性，教的准备依存于学的准备。整个教学的着眼点在于学的态势。这样，教与学的关系表现为：学是处于规约的地位，它规定着教学的可能性质与进程，体现着教学的总体预想效果；而教则是关系的次要方面，处于辅从地位，教的目的、任务、内容依存于学的目的、任务、内容，教的过程符合、适应于学的过程的内在逻辑，教的任务是否完成要看教学目标是否达到，而后者则落实、体现在学的终态上。"[①] 所以教学改革要正本清源，教与学的关系就必须恢复到其本义上。要真正落实以学定教，实现少教多学、教学相长，这就是基于学习的教学。

教学改革和研究必须从学的角度来推进。从现实角度讲，"深化课堂教学改革是十多年来新课改一直强调的，但现在改革进入全面深化阶段以后，课堂教学改革的重点和核心在哪里？答案是教与学关系的根本性调整。从总体上来说，目前课堂教学还没有普遍地实现根本性的转变，它所期待的那种新型的课堂还没有普遍地建立起来，根本问题就在于——还没有有效地调整好教与学的关系，课堂还没有从根本上实现由以教为主向以学为主的转变。"[②]

新型课堂必须实现从教为主向以学为主的转变，具体而言，可以有下面几种途径。

首先，要致力于培养学生自主学习和自我教育的意识与能力。鼓励学生掌握学习的主动权，培养自身的学习兴趣和学习能力，这既是当代教学改革的前提和基础，也是未来教育范式革命的支点与表征。

其次，要致力于打造新型课堂文化，激发学生的学习潜能。现代学生不应该接受填鸭式教育，而应该在新型的课堂文化中，发现自身的学习潜能，发展自身的健全人格，发挥自身的创新思维，培养自身的坚定信念，提高自身的组织能力，保障自身的切实利益。

最后，要致力于建构以学为主的课堂教学结构体系。课堂教学活动的设计务必要做到尊重学生自主学习的立场，以学生学习为主线，仔细观察学生通过文本解读实现问题解决的具体方式。在这个由片面浅表到全面深入的过程中，学生将会经历由不知不会到熟知都会的思维转变。这种以学生学习为主线的学习中心课堂教学法，在组织形式上结合了学生个体与小组班级的授课优势，与传统教学采用的全班集体教学方式相比，这种多元化的授课方式，更有利于学生积极主动地学习掌握丰富多样的知识，培养自主学习兴趣，提高

---

① 张广君. 多维视野中的教学关系 [J]. 教育研究, 2003（6）: 73-78.
② 田慧生. 落实立德树人根本任务全面深化课程教学改革 [J]. 课程·教材·教法, 2015, 35（1）: 3-8.

自身学习能力。此外，以学为主所建构的知识体系，多元立体结构清晰，完整系统内容充实，从而真正实现了课堂教学从以教为主向以学为主的转变。

二、先学后教的教学模式分析

"先学后教"的教学模式，即"培养正确的学习方法"的教育理念。倡导学生要成为课堂主体，充分显示学生的主体地位，发挥教师的主导地位，营造和谐友好的师生关系，进而培养学生的自主学习性。

（一）先学后教的特性

先学后教的特性主要体现在"先学""后教"两个方面。

1."先学"

先学后教的先学部分主要表现出以下特性。

一是师生位置发生转变。传统的教学模式是教师的教学在前，学生的学习在后。先学后教的方式，实现了对传统模式的彻底颠覆，使得教师为学生服务的理念日益深入人心。

二是学生的独立性增强。先学鼓励学生独立阅读、思考，从完全依赖教师，到逐渐摆脱对教师的依赖，学生学习的独立性增强，可以在教师教学辅助下，自主解决学习中遇到的问题。

三是学习进程彰显差异。先学需要学生自主把握学习进程，自由选择预习方式，由于学生的基础水平和能力层次不同，对于相同内容的理解程度深浅不一，导致先学的质量效果迥然相异，这种进程差异为教师开展课堂教学提供了宝贵的资源基础。

2."后教"

先学后教的后教部分主要表现出以下特性。

一是教师的教学行为更有针对性。相比传统的课堂教学需要教师主导整个教学活动，先学后教模式要求教师要直面学生先学阶段提出的问题，并给予针对性的解答。针对性教学是实现由教向学转变的关键，教师后教有助于形成教师少教、学生多学的良好局面。

二是学生的参与积极性大幅提升。先学是学生参与后教过程的基础，先学可以帮助学生明确自身的思想困惑，让学生带着问题进入教师的讲堂，并通过与教师的问答互动，激发自身的求知欲。先学后教形成的师生互教互学氛围，是课堂教育永续发展的动力源泉。

三是每个学生都能得到全面发展。先学后教的课堂模式，立足于解决学生身上存在的各种发展问题，从而帮助学生在自主学习与教师的辅助指导下，

实现自身的全面发展。苏联知名心理学家维果茨基针对教育与发展的关系，创造性地提出的两种见解：第一，学生的现有发展水平由已成秩序所致，主要表现为学生独立解决问题的能力；第二，学生的最近发展水平体现为学生需要在教师的辅助下，通过模仿教师的行为，才能完成学习任务。因此，学生的学习发展，与其说是借助于自身的已成经验，不如说是依靠自身正在发育成熟的机能。在教师的辅助下实现自身的发展，是真正适合学生的发展方式。先学后教的课堂教学模式，为教师关注学生提供了广阔的时空、平等的机会和公开的平台，因而有助于学生巩固所学、探索未知。

（二）先学后教的流程

先学后教的流程主要包括三个环节：先学环节、后教环节和练习环节。

首先是先学环节。学生提前预习教材的先学环节，是所有教学环节中最为关键的环节，也是实现课堂有效教学必不可少的重要步骤。如果没有学生预先温习教材的前提基础，教师在后教环节的提问与讨论流程都将因缺乏针对性而失去现实意义。先学环节应该鼓励学生积极开展课程预习，并完成规定的先学作业。此外，先学可以在教师的辅导下进行，也可以由学生按照教材导读提纲的要求进行，还可以由学生自主独立进行。

其次是后教环节。学生在先学环节存在的困惑，可以在后教环节通过提问的方式同教师探讨解决。后教环节通常采用同桌、小组和全班交流的方式，展示问题并解答问题。在问题的公开展示过程中，所有的学生都会因参与讨论问题而受益。此外，作为教师开展针对性教学并提高自身执教能力的关键，后教环节中的问题交流过程，应该重视挖掘学生思想的异同点、创新点和闪光点。

最后是练习环节。课堂练习一方面可以帮助学生运用先前理解的新知识，并在运用知识的过程中，加深对知识的理解与记忆；另一方面，课堂练习能够反映出学生在理解运用新知识过程中存在的问题与不足。此外，为了方便教师当堂反馈学生的作业完成情况，并对学生练习中出现的问题予以纠正，课堂作业应该在教师的辅导下完成。

（三）先学后教的立论依据

从人的深层属性说，人既具有主观能动性，又要尊重客观规律性，是能动与受动的统一，是独立与依赖的统一，是主体与客体的统一。对立因素之间的相互制约，正是人类世界丰富多彩的根源所在。人之所以区别于动物的地方，就在于人有主观选择的权利。更加注重依赖性的学生，可以选择传统的先教后学的教师授课模式；尊重自身独立性的学生，可以尝试先学后教的新式学习方法。人的深层属性差异是两种教学手段存在分歧的根源所在，也是决定两者优劣的原始动因。

传统教学是建立在学生依赖性的基础上的，因此最终培养的也是学生的依赖性。先教后学的基本假设是："教是学发生的前提条件；教师不教，学生就不能学习。基于这种观念的教学实践的格局是：学生的学习是跟随教师而行的，课堂上基本没有学生独立、自主学习的时间；同时，这也很容易造成教师对学生的控制，对应地，学生很难表现自己的自主、选择和创造。另外，由于是先教后学，教师的教很容易出现没有针对性和无效的情况，因为，在学生实际学习之前，教师永远无法完全把握学生学习的问题或困难所在。"①

教师先教，学生后学，导致学生只能遵从教师的指引了解世界未知之谜。可以说，在这种模式下，学生的学习方式完全受制于教师的教学行为，进而导致学生是被教师支配控制的学生，是需要无条件服从教师的学生。在学生面前，教师具有不容置疑的威严。由此培养出来的学生，独立思想完全丧失，多数成为温室花朵。无视学生的独立能力，打压学生的独立要求，窒息学生的独立空间，正是传统教学模式培养毫无独立思想特性学生的症结所在。

先学后教是建立在学生独立性的基础上的，独立性既是出发点又是归宿。著名教学论专家江山野先生指出，学生的独立性包含以下四层意思。"第一，每个学生都是一个独立的人。正如每个人都只能用自己的器官吸收物质营养一样，每个学生也只能用自己的器官吸收精神营养。第二，每个学生都是独立于教师的头脑之外，不以教师的意志为转移的客观存在，因此，绝不是教师想让学生怎么样，学生就会怎么样的。第三，每个学生都有一种独立的倾向和独立的要求。在学习过程中，突出表现在：学生觉得自己能看懂的书，就不想再听别人多讲；感到自己能明白的事理，就不喜欢别人再反复提；相信自己能想出解答的问题，就不愿再叫别人提示；认为自己会做的事，就不愿再让别人帮助或多嘴。实际上，学生在学校的整个学习过程也就是一个争取独立和日益独立的过程。第四，每个学生，除有特殊原因者外，都有相当强的独立学习能力。其表现在：一方面，学生已有的知识和能力，许多课堂上没有教过的社会生活知识和能力，绝大部分都是他们在自己的生活和活动中独立学来的；另一方面，即便是教师教给他们的东西，也是靠他们已经具有的基础，运用他们已经具有的独立学习能力，才能被他们真正理解和掌握。只有承认、尊重、深刻认识、正确对待并积极引导和发挥学生的'独立性'，才能在教育和教学上取得优良成绩。"

---

① 陈佑清. 教学过程的本土化探索——基于国内著名教学改革经验的分析[J]. 当代教育与文化，2011, 3（1）：60-67.

从教与学的关系说，教学过程应该是鼓励学生从依赖到独立的过程，是从教到学的转化过程，是教师单向传授给学生独立思考的蜕变过程。伴随着教师主导力量的逐渐削弱，学生独立学习的能力得到加强，从而将教转变为学，实现先学后教。因此，先学后教既是教与学辩证关系的体现，也是教学规律的彰显。

学生有了阅读和思考的能力，应该鼓励学生积极主动阅读思考，在自主学习的过程中发现问题，探求真理，这既是教育规律，也是教育应该遵循的原则。在该规律和原则指引下的教学，可以主动培养学生的独立思考能力和独立学习能力。这种独立能力的生成与学生的年龄和所处的学习阶段是相对应的，也是决定学生学习效果和课堂教学质量的重要因素。

从教学与发展的关系说，前面有提到苏联知名心理学家维果茨基针对教育与发展的关系，创造性地提出两种发展认知理论。事实上，真正有效的教学方法和教育心理学机制，极度重视学生独立学习能力的培养。通过引导式教育，推动发展成果的创造性转化，并最终实现学生的全面发展，是教育与发展互惠互利的关键。

（四）先学后教的理论创新

基于对"先学后教"理论的梳理及比较研究，"先学后教"教学模式是在教学实践中经过几十年的实验与研究摸索出来的一种教学模式，它的提出、应用及研究极大地推动了我国基础教育向纵深方向的改革，改变了我国实际教学照搬西方教学模式的窘境。

1. 基于教师、教材、学生三者的关系

教师、教材、学生是课堂教学的三大基本要素，提高教学质量，这三个要素都缺一不可。对于教师、教材、学生三者的关系而言，"教师带着教材走向学生"是为了"学生带着教材走向教师"。在这三个要素确定的情况下，三者关系的处理就成为影响教学质量的关键。有什么样的教学观就对教师、学生、教材三要素及其关系的有什么样的理解。传统教学着重强调教师的主导作用，把三者关系定位为：学生配合教师（"教师带着教材走向学生"）；"先学后教"模式也显现出学生的主体地位，把三者关系定位为教师配合学生（"学生带着教材走向教师"）。

学生与教材是教学的对象。因此，知识、教学要求、教学目标（教材）与学生的矛盾就成了课堂教学的主要矛盾。而针对课堂的教学也是围绕这一对矛盾运动而发展的。教师与学生的矛盾、学生之间的矛盾都是从属于并为解决这对主要矛盾而存在和发展的。在教材与学生这对主要矛盾里，教材是矛盾的主要目标，学生是解决矛盾的主体力量，学生和教材之间矛盾的解决，主要还是依靠学生自身的主动性、积极性。这也就是说学生自己应该学会使用教材，独立学习，带着对教材的思考、疑惑和见解走向教师。而教师作为教学主要矛盾之外的"第三者"，就需要对解决这对主要矛盾发挥重要作用。

教师要给学生做出与教材对话的示范。在传统的知识教学中，教师是传道、授业的人，以这种教学观的角度看，教学是教师首先理解熟悉教材，之后再把教材的内容讲解给学生的过程。这时的教师成了知识的搬运工。将知识传送、搬运给学生成了他们的任务。这时的学生就像是只会接收信号的灯塔，他们的作用就是接收教师发来的信号。而不同于传统教学的这种教学观是把重点放到了"教"上，关键是教师对教材的教授情况。先学后教的教学模式中的主体是学生，学生要在教师教授前独立思考，提前预习，之后再带着自己在教材中遇到的问题与思考结果告诉教师，实现在教学过程中师生的真正对话。

在先学后教的教学模式中，教学的基础是学生对教材的认识与解读，形成学生本身对教材认识、解读、再学习教学模式，而这种方式也使教师、学生、教材三个要素的关系产生根本性的转变，教学质量也因此大幅提高。

2. 基于教与学、教法与学法的关系

对于教与学、教法与学法之间的关系而言，要实现"先教后学、以教定学、多教少学"向"先学后教、以学定教、少教多学"的转变。以学定教是先学后教的必然逻辑。以学定教，定出教的本质属性是针对性和提高性。首先，教师在教学过程中，要根据学生在预习过程中遇到的问题和难题进行教学，这是教学的针对性。其次，学生在预习阶段的学习有的可能似懂非懂，这就要求教师要让学生真正理解预习课本内容的方法，使教学更有深度。

在进行针对性教学时，教师依然不能放弃学生的独立思考，这个过程中，教师依然要发挥引导作用，学生自己可以解决的问题还是应鼓励他们独立解决，不能解决的可以通过合作的方式组织全班同学解决。因此，以学定教，定出教的内容，也定出教的方式。传统的全面系统的"教"会使学生缺乏独立的能力，教师越教，学生就越不会学。

先学后教、以学定教可以使学生独立学习与思考的能力不断提高。从而使教师教的变少，教学内容越来越精简，学生学的越多思考的越多，也就实现了少教多学，而少教多学体现在以下几个方面。

第一，时间方面。学生成为学习时间的掌控者，先学后教的模式对教师教的时间有严格把控，学习时间由学生自己支配，保证了学生独立自主学习的时间。

第二章 学科核心素养形成机制与核心素养教学观

第二，内容方面。学生成为独立思考者，学生通过自己的学习来理解掌握教材内容。在此过程中教师要遵循"三不教"原则：凡学生自己能看懂的，不教；学生看不懂但自己想又能够弄懂的，不教；弄不懂，但经过同学之间讨论能懂的，不教。这样就能够实现教学内容主要由学生自己掌握、教学问题主要由学生自己解决、教学目标主要由学生自己达成的教学目标。

第三，性质方面，教师成为引导者。引导学生主动学习，独立思考，创新学习。学生在主动学习的过程中教师要有必要的鼓励、点拨，这样学生才有内在的动力与情感的支持，才能实现学习效率的最大化。

3. 基于学与学、学生与学生的关系

对于学与学、学生与学生的关系而言，要实现个体学习向合作学习的转变。学习的方式强化了学生对自己学习的责任感，和对自己同伴学习进展的关心。合作学习，能充分调动学生学习积极性，使每一位学生都有了主动学习和创新的机会。学生的好胜心理和集体荣誉感，使得他们在分配到任务后，都能自发地积极完成。在这期间，学生始终抱有主动、积极的心态，使学生由原来的被动听讲变成了主动学习者、研究者、参与者，从而有了"我要学"的强烈愿望。小组合作学习给他们提供了一个独立思考、发现和解决问题的空间，更能体现学生的主导地位。

相互合作是为了实现共同的目标，因为有这个目标，合作学习要比个体学习的效果更好。先学后教的模式成功的一个重要原因就在于，它充分利用了合作学习的教学组织策略。通过先学，每个同学对教材的知识有一定的认识和理解，彼此的交流和互动就有基础和前提；通过先学，基础不统一的同学之间的差异和分化进一步扩大，互帮互助就成为实现最佳效果的重要条件。

先学后教的模式使合作学习的功能得到更充分的发挥，主要表现在下面两方面。

一方面，课堂讨论不仅能外在地体现学生的主体性，而且在其过程中反过来又能内在地增强学生的主体意识，"发展学生自己教育自己，自己管理自己的能力，就会调动起学生极大的热情和积极性，使学生的主体意识得以保护、完善和提高"。在其过程中，学生认识到在实践基础上、教师帮助下和同学间的相互交流中主要靠自己才能解决问题，学生就会形成"不唯师"的品格，这种品格不仅对学生学习方面有重大的意义，而且对他们的人生也有长远的意义。

另一方面，学生要选择合适的伙伴与自己结对，从而实现互助学习。在教学中可以让优等生与学困生结对子，以优等生的良好学习习惯为示范，帮

助学困生优化学习方法，还可以让优等生每天督促学困生按时完成作业等，从而培养学困生良好的学习习惯，而优等学生在帮助学困生的过程中自己的能力也得到提升；中等生与中等生结对子，共同克服困难，找出双方的差距与不足，向优秀行列迈进；优等生与中等生结对子，在优等生的帮扶下，使中等生取得更快的进步；让书写认真的和书写马虎的同学结对子，让书写马虎的同学从中认识到书写马虎给自己带来的不良后果等。让学生在相互帮扶的过程中体验学习的乐趣，让学困生在帮扶中找回自信，激发学生学习的积极性。

学生相互教学有四个优势："其一，学生是学习活动的主动参与者。学生相互教学使每一个学生都能深入学习过程，激发学生的学习欲望。其二，教学的针对性强。一些学生针对不会的问题发问，另一些学生针对提出的问题解答，是一对一的个别化教学，教与学的效率都很高。其三，学生的思维被激活。在课堂上学生的地位是平等的，这有助于形成争论的氛围，学生的思维在辩论中被激活，学生对问题的理解更深入。其四，能够减少学业水平的分化。在学生相互教学中，'潜能生'的问题得到及时解决，不会因为知识链上的漏洞而影响下一阶段的学习。这种学习方式有利于提高学生成绩。"①

合作学习过程还具有更丰富的心理意义和教育意义。这不仅促进同学间在学习上的互相帮助、共同提高，也增进同学间的感情交流，改善他们的人际关系。在先学后教的课堂教学中，使教师、教学、学生融为一体，从而激发学生学习的积极性和主动性，提高课堂质量。

三、有效地促成学生核心素养的形成

核心素养的培育是国家各类人才全面发展战略的具体办法，是为了完成立德树人根本任务的主要战略，同时也是我国教育能够顺应世界教育改革并提升我国教育竞争力的当务之急。

（一）"完整的学习"相关理论

相关"完整的学习"理论包括：活动的角度、学习结果的角度、解决问题的角度、儒家观点。

1. 基于活动的角度

以活动的角度看，"活动的、合作的、反思的学习"是"完整的学习"。学习本身是一种实践活动，是一个学习者与自身对话、与他人对话、与世界对话的过程，这个过程包含"构筑自身""构筑伙伴"和"构筑世界"三个

---

① 刘永春. 名校课堂教学的对比分析与启示 [J]. 当代教育科学，2010（16）：38-41.

层面的实践活动。学习这一实践活动具有文化性和认知性的特征,如果把学习者看作学习活动的主体,把要学习的知识看作学习活动中的客体,可以把学习活动看作一个主体客体化、客体主体化相互作用的过程。在这个过程中,主体不断对客体进行吸收、同化,而客体也逐渐内化成客体不可分割的一部分。学习者与自身对话、与他人对话、与世界对话体现着学习者与自我世界、学习者与社会世界以及学习者与客观世界的关系。

学习者与自我世界和客观世界的关系。从这个角度出发看待学习,可以认为学习是一种构建自身人性的特殊实践活动,这一实践活动的作用对象是学习者本人。学习者在这一实践活动中,既扮演着主体的角色,也体现着客体的特征,在主客体角色的相互作用下,学习者审视自身,自我反思,实现自身的完善、发展和改造,也就是所谓的"积极推进已有心智结构按所需要的方向发生相应变化,实现预期目的对象化、现实化"。也就是说,学生通过学习,改变外部客观世界的同时,也改变其自身的内部世界。

学习者与社会世界的关系。从这个角度出发看待学习,可以认为学习是一种社会性、交往性的实践活动。通过学习活动的沟通与交流,学习者可以从中构建各种社会关系,其中包括朋友之间的伙伴关系、学生与学生间的同学关系、学生与教师间的师生关系等。

2. 基于学习结果的角度

美国教育家威廉·H.克伯屈提出了"同时教学"的理论,他认为学习是一个复杂的整体活动,包括主学习、副学习和附学习三项内容。①

第一,主学习。主学习指的是为完成主要学习目标而进行的学习活动,是整体学习活动的核心和教学目标的直接体现。主学习学习的具体内容根据教学内容的性质而不同,可以是具体的知识理论,也可以是某项技能,甚至是某种思想。

第二,副学习。副学习是指与功课有关的思想和观念,即学生由主学习引起的连带学习。克伯屈认为这种学习多半是从偶然的机会中获得的。

第三,附学习。附学习又称辅助学习,是指教学时所形成的态度。教育的意义不仅体现在知识理论的传播上,情感教育、道德教育、人格教育等关于学生品质素养的教育,同样至关重要,而附学习的作用正体现在这个方面。在威廉·H.克伯屈看来,附学习的重要性甚至高过主学习和副学习。如果在教学活动中没有附学习的辅助,教育将失去其原本的意义,变成单纯的知识理论灌输。

---

① 威廉·H.克伯屈. 教学方法原理——教育漫谈[M]. 王建新,译. 北京:人民教育出版社,1991.

显然，克伯屈的"同时教学"原则或者同一时间内实现"三项学习"的理论与三维目标导向的教学理论是一致的。三维目标之间的关系表现为："第一，'过程与方法'可以作为'知识与技能'生成的导控保障系统；'情感、态度与价值观'可以作为'知识与技能'学习的动力支持系统而体现其价值，从而实现高效和优质的'知识与技能'学习；第二，'知识与技能''过程与方法'可以作为实现'情感、态度与价值观'培育的凭借与途径，作为'情感、态度与价值观'养成的方法与手段；第三，'知识与技能'情感、态度与价值观'可以作为一种教学资源，服务于过程的体验与反思、方法的习得与训练。"

3. 基于解决问题的角度

基于解决问题的角度看待学习，可以把学习看作经验过程、思维过程、探究过程、问题解决过程的统一。美国著名教育家、哲学家，实用主义教育奠基人之一的约翰·杜威将这些过程归纳总结为五个环节，被称为"思维五步"或"教学五步"。

学习的第一环节——让学生处于特定的情境中。当学生处于一个包含着需要学生探究、思考问题的情境中时，会自然而然地产生一系列相关问题，这有利于学习兴趣的激发和学习主动性的培养。

学习的第二环节——确定情境中的问题所在。在该特定情境中，学生发现并确定问题所在，展开对问题的思考。

学习的第三环节——根据已确定的问题提出解决问题的假设。学生通过互相沟通、交流、讨论、分析，找到解决问题的可能方案。

学习的第四环节——对已提出的假设进行推论。通过各种方式，推理假设的可行性。

学习的第五环节——对假设进行验证修改。将经过推论的假设放到情境中验证，并根据结果做出相应修改。

4. 基于儒家观点

儒家认为，完整的学习过程包括博学、审问、慎思、明辨、笃行五个环节。其中博学即广泛地学习，审问即详尽地提问，慎思即谨慎地思考，明辨即充分地分析、判断与辨别，笃行即坚持不懈地将知识付诸行动。"学问思辨行"思想脱胎于孔子的学思行相结合的思想。孔子不但主张学思并重，认为"学而不思则罔，思而不学则殆"，还主张知行统一，应"讷于言而敏于行"。

《礼记·中庸》在继承孔子学习过程思想的基础上，首次系统地提出"学

第二章 学科核心素养形成机制与核心素养教学观

问思辨行"的学习过程思想，认为一个完整的学习过程应包括"博学之，审问之，慎思之，明辨之，笃行之"五个阶段或方面，系统总结每个阶段可能产生的问题并提出解决问题的理想标准："学"阶段的主要问题是，还没学会、没学透就不再学习；"问"阶段的主要问题是，还没问明白就不再追问；"思"阶段的主要问题是，还没得出结论就停止思索；"辨"阶段的主要问题是，还没分辨清楚就不再辨析；"行"阶段的主要问题是，还没收到成效就不再实行。据此提出如下教学建议："有弗学，学之弗能弗措也；有弗问，问之弗知弗措也；有弗思，思之弗得弗措也；有弗辨，辨之弗明弗措也；有弗行，行之弗笃弗措也。"

明代王阳明则结合自己"知行合一"的学说，对"学问思辨行"的思想进行详细解说，将其诠释成学习、做事的五个过程或方面："以求能其事而言谓之学，以求解其惑而言谓之问，以求通其说而言谓之思，以求精其察而言谓之辨，以求履其实而言谓之行。盖析其功而言则有五，合其事而言则一而已。"①

（二）核心素养的"完整的学习"

从认知加工的角度来说，完整的认知过程包括信息输入、信息加工、信息输出三个环节，而完整的学习过程也可划分为阅读、思考、表达三个环节。其中，阅读即信息输入，广义的阅读包括读书、读图、读"物"；思考即信息加工，广义的思考包括思维、想象、直觉等；表达即信息输出，广义的表达包括口头表达、书面表达，涉及知识的呈现、迁移、应用等。不同学科，阅读、思考、表达的内容和特点有所不同，但所有学科的学习过程都要经历阅读、思考、表达这三个基本环节或程序，唯其如此，学科学习才能形成学科核心素养。

1. 阅读、思考与表达的实质

佐藤学认为："学校应成为'学习共同体'，在教室中要实现'活动的、合作的、反思的学习'，即让那种与物与教材对话，与学生与教师对话，与自我与自身对话的学习成为教学的中心。"② 可以说是对完整的学习过程以下三个环节的精辟概括。

第一，阅读就是与文本对话，这意味着要让学生在自己的头脑中重建文本，而重建意味着，作为读者的学生要"读进去"，要读出意义来，读出趣

---

① 王阳明. 传习录[M]. 北京：中国画报出版社，2012.
② 佐藤学. 静悄悄的革命——课堂改变，学校就会改变[M]. 李季湄，译. 北京：教育科学出版社，2014.

味来，不能老是被关在文本的大门外，不能老是隔岸观火般看着作者在文本中述说一切。

第二，思考是与自我对话，强调自我的参与，把自己也作为认识的对象。学生不仅要以读者身份与文本对话，还要以作者身份与文本对话，这个过程也就是自我对话的过程。

第三，表达是一种与他人的交流和分享。表达指将自身思维通过语言、动作、表情等方式传达出的一种行为，表达的目的是传达自己的思想，这意味着表达需要听者或读者作为接收对象。如果没有接受对象，则不是表达，而是"自说自话"。表达是一个智慧、见解、经验、认识的分享和讨论过程。

阅读、思考和表达组成"完整的学习"，其中阅读代表着"完整的学习"中吸收的部分，思考代表"完整的学习"中探究的部分，表达代表"完整的学习"中讨论的部分，三者相辅相成，缺一不可，共同成为有逻辑、有结构、有系统的学习。

2. 阅读、思考与表达的教学环节

阅读、思考与表达是组成"完整学习"的三个部分，也是教学活动中的三个阶段、三个环节。三者逐层递进，有了阅读环节才能进行思考，有了思考环节才能进行表达。

第一，阅读环节。"作为阅读教学，在课堂上，能让学生多少次与教科书的语言发生新鲜的接触，这是决定教学成败的事。"[①] 在以听讲取代阅读的传统课堂教学中，"教学成了给学生'喂'教师消化好的知识的过程，学生与原生知识、真实现象之间直接会面、发生挑战的机会被取缔，久而久之，学生失去对新知识的消化能力、对新现象的透视能力，教学活动沦为地地道道的授受与识记过程。"[②] 为此，把引导学生完整地、全面地、独立地阅读教材看成课堂教学最具本质意义、最具基础性价值的教学环节。

第二，思考环节。学习者要在阅读的基础上，进行深度思考。通过思考解决阅读环节中发现的问题和疑问。只有通过思考才能对问题和疑问有更深层次的理解，对学习内容产生自己的观点和见解，这样才有利于提高学生学习效果和课堂质量。传统教学模式，往往会忽略学生的主体地位，整个课堂完全由教师掌控，教师把教学内容灌输给学生，学生没有独立思考的机会。这种情况不仅影响学生主观能动性的发挥，还会让学生变得死板，失去独立

---

① 佐藤学. 静悄悄的革命——课堂改变，学校就会改变 [M]. 李季湄，译. 北京：教育科学出版社，2014.
② 龙宝新. 走向核心知识教学：高效课堂教学的时代意蕴 [J]. 全球教育展望，2012，41（3）：19-24+62.

思考的能力。随着教育改革的不断深入,以后的教学活动中一定要杜绝这种情况发生,教师应积极引导学生在阅读环节之后进行深入、独立的思考。

第三,表达环节。表达环节是以学生独立思考、得出个性化见解和观点为基础的。如果没有独立思考的环节,每个学生都是被动地接受教师的见解和观点的,所有学生都没有个性化思维观点的产生。在进行思考环节的前提下,学生通过表达把自己对学习内容的见解和观点传达出去,通过倾听获取其他同学对学习内容的见解和观点,并对自己的见解和观点进行更正、补充和完善,在互相分享、互相交流、互相帮助的氛围下,提升自身的认知水平。

阅读是思考的基础,思考是表达的基础,阅读环节、思考环节以及表达环节共同组成以素养为导向的教学活动的通用范式。但是,根据教学任务、教学阶段、教学内容的不同以及教师和学科的差异,这一基本范式会产生许多具体的变式,如"简约式""灵活式"。简约式一般以阅读、思考、表达的一两个要素为重点组织教学,而灵活式则以阅读、思考、表达三个要素的随机组合展开教学,凸显教学的随机性、灵活性和创新性。

3. 阅读、思考与表达的基本要素

课堂教学并不应该只是理论、知识的灌输,还应注重学生能力的培养和素质的提升,每节课中要预留出学生阅读、思考和表达交流的时间。阅读、思考和表达既可以是教学中的三个要素,也可以是教学活动中的三个环节,如果把阅读、思考和表达作为教学中的三个要素,则在教学过程中教师有更多创造发挥的空间,具有一定的弹性和自由性;而把阅读、思考和表达作为教学活动中的三个环节,虽然没有"要素说"开放自由,但更易于操作。到底是要素还是环节,要根据教学的实际情况、学生的能力基础以及学科的特性来权衡。对于阅读、思考、表达这三个环节或要素的实际运用,下面是笔者对阅读教学模式的思考。

阅读教学模式可以有效培养学生的开放性思维能力,通过初读、听读、思考、表达、背诵、模拟表演、写一写、讲述等要素或环节,可以有效培养学生的开放性思维能力、写作能力和表达能力。

第一,初读。学生通过对一篇新课文的初读,了解课文的主要内容,并对课文中的生字、生词有了初步了解和认识。初读可以解决学习中一些较容易化解的困难。在这个环节,学生可以完全按照自己的理解和感悟阅读,对锻炼学生的开放性思维有很大帮助。

第二,听读。教师按照自己的理解读课文给学生听,学生通过听读教师的示范,和自己的理解及感悟进行对比吸收,从而对课文有更进一步的了解。

第三，思考。在对课文有了一定了解之后，学生进行深入思考，并通过思考找到问题，再根据问题进一步思考，对于经过自己思考后还不能解决的问题，可以找同学讨论、找教师帮忙，学生除了对课文本身的思考外，还要思考实际生活与课文之间存在的联系。这一环节有利于提升学生思考问题、解决问题、理论联系实际的能力，是对开放性思维的进一步锻炼。

第四，表达。把自己对课文的理解、感悟和思考以及得出的结论、受到的启发表达出来。

第五，背诵。背诵可以帮助学生更好地理解课文，通过背诵经典、名句和名篇，学生可以锻炼记忆能力、学习写作方法、积累写作素材。常用的记忆方法有理解记忆、目的记忆、注意记忆、兴趣记忆等。这个阶段具有自主性和开放性。

第六，模拟表演。通过对课文描述的情境、故事、过程等的模拟，表演诠释自己对课文的理解。对课文的表演可以让学生感同身受，进一步加深对课文的理解，表演的过程同时也是一个思维发散的过程。

第七，写一写。写的内容没有限制，可以是自己的感悟、受到的启发、学到的知识等。

第八，讲述。学生可以把课文中讲到的故事、自己学到的东西以及遇到的人和事讲述给父母或朋友，既锻炼开放性思维，又能提高表达能力。

四、直接面向文本和事物的学习

从学习对象来说，原生态的学习指的是直接面向文本和事物的学习，不需要过多的、不必要的加工环节和教师过多的解读、点拨、指导、讲解；从学习主体来说，原生态的学习指的是学生积极运用原始的经验、思维、情感的学习，即个性化解读的学习。

（一）关于直接面向文本的学习

学生与教材的矛盾是教学的主要矛盾，学生直接面向教材的学习是解决这一矛盾的主要途径。

从语文学科来讲，语文学习需要的是直接的读和想，而不是烦琐的语文分析。学生读的是原汁原味的文章本身，想的是依据文章进行的提炼，在这样的读和想中，语文知识积累丰富，阅读能力、思维能力、创新能力提高。阅读如此，写作也是一样。写作是要学生直接写出自己的所思、所想、所感，同样不需要教师过多"指导"。

（二）关于直接面向事物的学习

马克思主义理论认为，人的认识来自实践，同时实践也是检验认识的唯一标准。人的认识是人们通常所说的知识，教材上通过简约、抽象的语言、文字、图表、符号将知识呈现出来，把抽象的认识形象化，把实际事物理论化，方便学生学习和掌握。然而，学生需要掌握的并不是课本上的文字、图表和符号，而是它们背后所代表的、所呈现的实际事物以及其运动、发展、变化规律。如果只注重书面内容的学习，而忽略知识真正含义的掌握，则是"死读书，读死书"，这样的学习是没有意义的。直接面向事物本身的学习，是透过课本、教材学习到的实际事物以及其运动、发展、变化的规律。

夸美纽斯曾认为，一切知识都是从感官知觉开始的。"在可能的范围内，一切事物应该尽量放到感官跟前。一切看得见的东西都应该放到视官跟前，一切听得见的东西都应该放到听官跟前……假如有一件东西能够同时在几种感官上面留下印象，它便应当和几种感官接触。"他认为这是教学中的"金科玉律"。虽然这种论述未免有绝对化之嫌，但的确也反映教学过程中，学生认识世界的一个重要规律：直观可以使抽象的知识具体化、形象化，有助于学生感性认识的形成，并促进理性认识的发展。

就自然学科而言，要特别强调实验与观察在学习中的作用。只有建立在实验和观察基础上的学习，才能真正走进科学的本质。就人文学科而言，所谓"世事洞明皆学问"，生活本身就是最好的学习素材和学习资源，善于从生活中学习，才是素养型学习的本质表现。

（三）关于学生生活、学习、情感和兴趣方面的学习

核心素养要在真实的生活情境中进行，要通过多元化的学生主体的学习方式，把知、情、行、思、信等要素融合统筹落实，让学生感受、体会和领悟到蕴含在学科知识内容和意义之中或者背后的精神、价值、方法论、生活及文化意义。

1. 关于学生生活方面的学习

学习是主客体的相互作用，是学生内在经验的改造和组织。从学生角度讲，学习过程是学生从经验到理论、从生活到学科、从常识到科学的转化和上升的过程。原生态的学习必须基于学生的经验、生活和常识。只有从学生的经验、生活和常识出发，知识才会扎根在学生心里，才会转化为学生的素养。

2. 关于学生学习方面的学习

学习的核心是思维的参与，原生态学习的核心是学生原生态思维的参与。

所谓学生的原生态思维，即学生未经教师指导和未被课本同化的原始思维、本真思维、独立思维，当然也包括学生在教师和教材的启发下产生的个性化见解、想法。要鼓励、保护、尊重，当然也要改造、提升、完善学生的原生态思维，因为这是学生创造性思维发展的源泉。

教学的最高境界是让学生产生"精彩的观念"，实际上是学生原生态思维的展现。对学生的原生态思维，不能简单地用"对与错""是与非"加以评判。

原生态思维意味着学生在学习中不盲目接受来自教材或教师的现成答案与结论，不唯书、不唯上，敢于自觉地根据自己的理智做出分析和判断，主动建构对课程知识的理解。其突出表现为学习者所具有的质疑精神、批判精神和探究精神。

3.关于学生情感和兴趣方面的学习

教学过程是理智与情感交融的过程，原生态学习不仅是学生经验、思维参与的学习，同时也是学生情感参与的学习，这里最重要的是学生的真情实感。要尊重学生真实的情感，只有真实的情感表现才能实现真实的学习。当然，如同原生态思维需要改进、提升和完善一样，学生真实的情感也需要澄清、梳理、引导和丰富。

第三章
教师职业素养理论与创造型教师职前培养

  教师职业专业化发展是世界教师教育发展的趋势和潮流，也是我国教师教育改革的需要和方向，教师专业发展问题已不再仅仅为理论工作者所关注，它已经成为教育政策制定者、教育决策者和广大教师所关注的焦点，尤其是在不断推进的新课程过程中，国家对教师专业发展问题的关注已经提到了前所未有的高度。本章重点阐述现代教师职业及其能力体系构成、教师职业道德及其专业发展概述、创造型教师的内涵与创造教育目标、创造型教师职前培养模式与实践探索。

第一节　现代教师职业及其能力体系构成

  对现代教师职业能力进行客观、全面的量化评价是职称评审、岗位考核、绩效考评的关键环节。

一、现代教师职业

  关于教师职业认知的定义，简单地讲就是对教师职业的认识。但职业认知并不能简单地等同于职业认识，因为认识是人脑对于客观事物的能动反映，是意识的表现形式之一，是一个不断发展、接近真理的纯粹的探究过程。而关于教师职业认知，不仅重视对于职业的认识过程，更强调教师个体对于这个职业与自身关系的评价，正如研究者所言："教师职业认知是教师从教育活动对其自身的满足程度出发，对教育活动的主观评价。"这一定义更加强调教师对职业的认知已经不再停留于简单的认识阶段，而更多地关注这个职业对自我需要的满足程度,即"与我的关系"的评价,因此比较适用于界定一个成熟教师的职业认知。教师职业认知是指主体在生活、学习、工作和交往中形成的对教师职业的基本认识和评价,是一种主动或被动认识职业的过程或活动。当然,这里的职业评价也是跟主体的需要密切相关的。

教师职业认知是教师或准教师从事教师职业所必备的基本认识,是教师职业信念形成的基础。正确的职业认知是构成教师职业信念的重要因素,是从事职业活动的起点,没有正确的科学的职业认知就不可能形成坚定的职业信念。而对师范生而言,正确的教师职业认知对其今后一生的教师生涯显得特别重要,它是学生走上教师岗位后工作的基础,也是学生认识社会的一个最基本渠道。准教师在走上教师岗位之前,还没有形成关于教师职业的全面的、系统的、正确的认识和评价,他们会想方设法对即将从事的这一职业进行全面了解,以便在心理、知识储备、职业预期等方面做好准备。显然,如果一个人突然进入完全陌生的领域,会在心理上产生不安全感,会感到无依无助、茫然不知所措,这是一般人普遍存在的一种正常的寻求安全的心理趋向的表现。因此,准教师的培养部门(主要是指师范院校)应该加强教师职业生涯教育,培养学生的职业意识,全方位地向师范生介绍我国教师职业的性质、现状、特点、社会地位及职业规范等,让学生在学习期间便能够形成对教师职业比较全面和完整的职业认知,增强从教意识,树立正确的教师职业观,树立热爱教育事业、勇于担负时代使命的职业信念。

(一)现代教师职业的性质以及特征

教师是一种古老而永恒的职业,它伴随着教育的产生而产生,也将伴随着人类的进步而发展。教师职业也经历了从经验化、自由化到现代教师专业化的过程,因此,教师职业已经具备了专业化的一切特征。20世纪60年代中期,世界上许多国家对教师"量"的需求逐渐被"质"的需求代替,对教师的素质尤其关注。自20世纪80年代以来,教师专业化则形成了世界性的潮流。现代教师职业已经是一种专业,且具有较高的行业标准,这就是教师职业的基本性质。自1994年1月1日起施行的《中华人民共和国教师法》明确规定,"教师是履行教育教学职责的专业人员",这是我国教育史上首次在法律上确认了教师的专业性质。现代教育要求教师"有较高水平的专门知识和技能,掌握学科领域发展的趋势;需要经过较长时间的专业训练,包括所教学科的教学实习;有系统的职业道德,要求敬业爱生;有较高自主权,组织教学,创设学习环境,有较强的判断力评价学生和自身;有教师管理组织,实行教师资格证书制度管理;终身学习,不断更新专业知识和教育教学技能"。可以说，教师已不再是以授课为谋生手段的教书匠了，而是从事教育教学工作的专业人员，是人类文化科学的传播者和人类灵魂的塑造者，在社会的延续与发展中起着桥梁与纽带的作用。

从不同的视角看教师职业，可以发现教师职业的不同特点。如《当代教育学》把教师职业特点归纳为两点。①职业角色的多样化。教师具有的职业角色有："传道者"角色、"授业解惑者"角色、示范者角色、管理者角色、父母与朋友角色、研究者角色等。②职业训练的专业化。教师的专业训练主要包括专业意识、专业态度、专业知识、专业技能、专业品质五个方面。也有人把教师职业的特点归结为：教师职业具有工作对象的特殊性和多变性，学生成长的导向性和示范性，工作内容的超前性和创造性，教师职业的崇高性和不可替代性。

教师职业在古代和现代有着不同的特点，"教师职业的特点直接受到不同时代教育发展水平的影响，同时，社会发展的经济水平制约着教育发展水平。教师职业的特点变化必须放到社会大环境中去考察，必须考虑来自教育内部和外部直接的和间接的影响"。因此，教师职业的特点要从其职业的表现上来进行归纳。它既带有历史遗传的色彩，又反映时代变迁的影响。综合二者，现代教师的职业特点主要有五点。其一，职业形象的准公共性。教师虽然不像政治家、演艺人员那样是完全的公共性人物，但也经常在学生、家长、社会的注视之下，因此教师必须善于塑造并维护自己的正面形象。其二，职业角色的多样性。其主要包括教书育人角色、行政管理角色、心理导向角色、自我定向角色等。其三，职业环境的相对封闭性。教师的工作主要在学校完成，其工作活动的范围就是学校之内。其四，职业绩效的模糊性。由于教师的工作是培养人才，而人才的培养需要一个相当长的周期，因此，教师的工作绩效很难在短时间内得以体现。一个人上小学需要 6 年，上中学需要 6 年，上大学需要 4~5 年，读研究生成为高级专门人才则需要 3~6 年，就教师个体而言，都只出现在学生成长过程中的某个阶段，因此其工作绩效一时无法明确体现出来，但培育出来的人才则是全体教师共同辛勤劳动的结晶。正如中国古代思想家管仲所说："一年之计，莫如树谷；十年之计，莫如树木；终身之计，莫如树人。"其五，职业待遇的福利性。教师的劳动成果无法以经济指标量化，教师的劳动待遇也带有相当的福利性。所谓福利性，主要指教师的待遇相对稳定。

（二）现代教师职业在社会上的地位

教师职业的社会地位主要指教师职业在社会各行业、各职业总体中所拥

有的社会资源量及所处的位置。衡量和评判一种职业的社会地位的主要指标包括职业的经济收入、掌握和参与的政治权力、文化资源的分配与创造等，即经济待遇、社会权益和职业声望三个方面。而在当今社会，人们往往把经济待遇看成地位高低最重要的指标，所以学生择业看重收入的现象十分普遍。随着社会工资水平的全面提高和社会福利事业的发展，这种偏见最终会消亡。事实上，评判一种职业的社会地位还应该看更多的因素，如职业的社会功能和社会权益等。

1. 教师职业的社会功能

职业的社会功能简单地说就是职业对社会的作用和贡献，作用越大其社会地位也就越高。古往今来，教师职业的作用有两个方面：一是教书育人，促进人的成长和发展，教师不仅要传授知识给学生，要培养学生的能力，还要塑造学生美好的心灵和健全的人格；二是传承文明，促进社会的延续和进步，教师通过教育活动传承和创造人类文化，推动人类社会的发展。教师的作用和贡献是显而易见的，因此，教师被誉为"太阳底下最崇高的职业"。

2. 教师职业的社会权益

教师的社会权益是社会赋予教师在履行职责、从事职业活动过程中的权力，以及教师个体在社会中享有的合法利益，包括教师的政治待遇、专业权力等。政治地位体现在教师的身份、对权力的掌握或参与、获得的荣誉等方面。关于教师的身份，在许多国家中，中小学教师都被视为政府公务员，具有政府公务员的政治待遇。自1985年开始，将每年的9月10日定为我国的教师节，以表示对全体教师的尊敬和感谢。已经颁布且实施多年的《中华人民共和国教师法》，为我国尊师重教提供了法律依据，也为提高我国教师的地位提供了有效的保障。在2010年全国人大会议期间，全国人大代表、华中师范大学教授周洪宇在向会议提交的建议中提出，中国可以建立独立的教育公务员制度，将取得教师资格证书并获得教师职位的公办教师的身份确认为教育公务员。随着我国政治体制的改革和完善，教师的政治地位和待遇将会不断被提高，教师在工作中表现突出或成绩优异就会受到全社会的尊重，就会得到各级政府给予的各种荣誉和奖励。

教师的专业权利是教师作为专业人员所获得的一种特殊权利。它不同于教师在教育活动中的权威，这种专业权利是指教师在学校和教学活动中所具有的独特的教育教学权、专业研究权和指导评价权等。教育教学权指教师在其受聘的教育教学岗位上具有的实施教育教学活动权、教育教学改革和实验权两项权力；教师的专业研究权是指教师在教育教学活动中自由从事科学研究、学术交流、参与专业学术团体并在学术活动中自由表述自己的意见和学术观点的权利；教师的指导评价权是与教师在教育教学过程中的主导地位相适应的一项特定权力。

3. 教师职业的经济待遇

经济待遇是指社会给予教师的物质报酬，包括教师的工资、带薪假期、退休金等福利，它主要是由教师劳动的性质所决定的。经济待遇的高低，在很大程度上决定了一种职业在全体社会职业中相对地位的高低，决定了该职业在社会职业中的排行。因此，世界各国在教师的地位问题上都普遍重视教师的经济待遇，并不断地以改善教师的经济待遇作为提高教师地位的一项重要举措。目前，我国中小学教师经济待遇已有了明显提高，《中华人民共和国教师法》规定，教师的平均薪水不低于或者高于公务员的平均水平，教师除薪酬外还享有教龄津贴和其他津贴；教师住房实行优先优惠政策等。

4. 教师职业的社会声望

教师职业的社会声望是教师通过教书育人和对科学文化知识的传播被社会承认而获得的社会评价。古往今来，教师一直被尊为"先生""师父"，享有极高的社会声誉，在中华文化传统里，教师被奉为礼的化身、道的代表、德的典范。深受儒家思想熏陶和浸润的教师以一种深沉、神圣的社会责任感和使命感，自觉地充任起传统思想道德文化的传承者和践行者。这种将教书与育人、正人与正己并重，以自身道德主体的完善与挺立来垂范、昭示他人的传统师表形象，赢得了崇高的职业尊严和良好的社会声誉，显示出巨大的人格魅力。

新华社北京 2004 年 9 月 10 日专电："中国科协'中国公众科学素养调查'课题组公布的一项调查报告表明，在被调查的 14 种主要社会职业中，教师的声望最高。调查表明，58% 的公众认为教师的声望最高，其他依次是科学家、医生、军人或警察、法官、政府官员、工程师、律师、企业家、农民、运动员、艺术家、记者、工人。"

（三）现代教师职业资格

教师职业的准入制度在我国主要是指教师资格制度。由于教师职业所具有的专业性质，为了保证教师能够有效地进行教育教学活动，切实履行法定的责任和义务，我国的教师职业准入已经建立了严格的资格制度。实施教师资格准入制度是由教师职业的专业性和特殊性决定的。教师职业的专业性包括学科专业素养与教师专业素养两个基本的方面，因此，提高教师职业的专业性应该从这两个方面来规定，以强调教师专业的特殊性。

《中华人民共和国教师法》第十条"国家实行教师资格制度"规定："中国公民凡遵守宪法和法律，热爱教育事业，具有良好的思想品德，具备本法规定的学历或者经国家教师资格考试合格，有教育教学能力，经认定合格的，可以取得教师资格。"第十一条规定了各类教师资格的学历条件；第十三条规定了教师资格认定的机构。这表明我国教师资格制度已经具有了法律地位。1995年12月12日，教育部颁布了《教师资格条例》，对教师资格的分类与适用、教师资格条件、教师资格考试、教师资格认定等都进行了规定。2000年9月23日，教育部又发布了《〈教师资格条例〉实施办法》，对资格认定条件、资格认定申请、资格认定、资格证书管理等做了详细规定和说明。至此，我国已建立起了基本完备、规范、系统的教师资格制度体系。当然，从目前来看，还有待进一步建设和完善，2010年7月29日颁布实施的《国家中长期教育改革和发展规划纲要（2010—2020年）》（以下简称《纲要》）就明确提出教师资格制度改革和完善的方向。《纲要》提出"国家制定教师资格标准，明确教师任职学历标准和品行要求。建立教师资格证书定期登记制度，省级教育行政部门统一组织中小学教师资格考试和资格认定，县级教育行政部门会同人力资源社会保障等部门按职责分工依法履行中小学教师招聘录用、职务（职称）评聘、流动调配等职能"；"完善并严格实施教师准入制度，严把教师入口关"，"完善教师退出机制"。目前，有的省份已明确规定了教师资格的定期复核制度，建立了相关的教师资格退出机制。如湖北省于2011年提出新要求：教师每隔5年参加一次资格认证考试，未通过考试者将无法继续担任教师，湖北将完善教师退出机制，实施教师资格的定期审核、登记制度。此外，海南、北京、广西等省（市、区）也都提出了将建立和完善教师退出机制，严格教师资格审核制度。

1. 教师职业资格考试的特征

"教育大计、教师为本"，教师队伍的素质与能力对实现教育现代化的百年大计起到决定性作用，教师资格"国考"与以往"省考"相比，有着鲜明的特征。

（1）打破了"双轨制"，实行教师资格的"单轨制"。"省考"时期，全国各地区大多实行获取教师资格的"双轨制"，即师范院校毕业生自动获取教师资格，非师范院校毕业生和其他符合学历要求的社会人员通过参加考试获得教师资格，而新政策规定所有人员必须通过参加"国考"才能获得教师资格（2017年起对部分师范院校的考试方式有所调整）。

（2）实行全国统一命题，体现考试的权威性。"国考"一改过去分省命题难度不均、缺乏科学性的弊端，全国统一命题，更有利于公平、公正，体现证书的含金量和国家公信力。

（3）"国考"的教师教育取向更加鲜明，结构更加合理。"国考"更强调教师培养中的育人取向、能力取向和实践取向。与以往"省考"中所有类别和方向只考教育学及教育心理学相比，新的"国考"笔试科目的类别全，既强调对考生文化素质、职业认知、教育理念、综合素质的综合考察，又重点强调教育教学基本能力测评、学生指导、班级管理的具体教学设计和课例分析等，而面试则通过结构化面试、情景模拟等形式考查考生的教师基本素质及教学能力。

（4）"国考"更加具有开放性。"国考"对应届大学生（大三开始）全面开放，使非师范生同样享有进入教师队伍的机会，考试成绩打破省际壁垒，全国通用，极大地激发了考生的报考热情。

2. 对教师职业资格考试管理的建议

（1）完善考试办法，重视培养过程。据调查，大多数参加面试的非师范专业考生并没有教育实习的经历，他们即便面试合格，也难说具备了真实情境下的教育教学能力。

不少考生从辅导机构、培训班获得的一种"假性教育教学能力"，这种能力只会把"应试"的本事最大化。为解决此类弊端，教育部门应当重设教师教育（师范教育）专业课程，重视准教师的培养过程。比如，可要求教师资格申请者，先具有资质的专业机构（比如高等师范院校）修满教师教育专业课程的学分，以此作为笔试报名的条件。同样，可规定考生在笔试合格后到学校参加教育教学实习，相关过程性资料在面试前提供，以此作为报考面试的前提。

（2）采取"定点限位"，合理控制规模。目前，基层考试机构无法预知本地教师资格"国考"的报考规模，要等报名结束才知分晓。报考人数再多也要硬着头皮去协调安排考点考场，这就特别被动。实际上，教师资格"国考"可参照全国英语等级考试和计算机等级考试的组织模式，根据可用资源，规定考点、限定考位、分配额度，先报先得、报满为止。如此标准化考点的安排难度和考官难请的风险将大大降低。

采取"定点限位"考点报考模式，适度控制考试规模有据可依。以2017年为例，扬州市师范生为878人，全市招聘教师数不足千人，而报名考生却近万人。从需求侧看，学校每年实际需求教师的总量远小于参加教师资格考

试取得合格成绩的考生量，大多数考生取得教师资格证并没有用武之地。

（3）优化考务管理，提升组考质态。考务管理亟待优化，必须把分散的资源整合起来，集中优势解决同类考务问题。比如笔试，在考场安排上可采取分卷不分场的形式，一场安排多科目考试，缓解考点安排难问题。考官难聘是另一瓶颈，以2018年1月扬州市国家教师资格考试面试为例，报考小学社会、高中地理仅1人，按照标准需分别选聘、安排小学社会学科和高中地理学科各3名考官，考官比考生多，考官工作量得不到体现，考官评审支出还不能少，非常不经济。其实面试可以采取科目定点到区市的集中形式，比如全省初中化学、生物都安排在Y市面试，高中历史、政治都安排在T市等，以解决面试考官遴选难的困扰。又如，面试试题的保密性，现行做法是两天分别导入不同试题光盘，但同一天的上、下午题目仍会重复，达不到预想效果。而在抽题系统设计按时间段分割提取，完全可采取一次性导入形式。再如，考生信息核对问题，因面试考生在候考室、抽题室均已核对过信息，只需在备课纸上加印考试号，考官组长在面试系统上输入相应考试号即可，这样既保护了考生信息，又简化了实际操作。还有考官信息保护问题，也急需制定相关制度加以约束和管控。

（4）改进管理平台，提高工作成效。一要提高报名阶段的自动化程度。建立身份信息判别系统，避免身份证姓名等基础信息出错。整合嵌入学历认证系统，学历真假在管理平台里通过技术手段自行判断。二要提高审核阶段的便利程度。完善照片合规检查系统，采用智能算法检查判断考生的照片是否符合标准证件照要求。改进审核操作功能，审核过关应与打印功能捆绑，结束后自动提交并计数。完善考生参考记录，考生历次参考记录和成绩情况应该前后贯通，自动获取、调用及判定有效期，同时要限制报考多科面试的投机行为。三要完善考务管理平台按需定制机制。考点考场分配、学科学段设置等要灵活配置、按需调整、精准对应，降低考生错报概率。四要建立考官选调平台。打造并完善考官选调APP平台，建立考官库，实现查增改删；开发信息反馈确认系统，通过短信、语音电话和APP三条路径通知考官并实现确认；研发抽取记录模块，将考官参与情况、请假情况、历次评审质量、工作量统计等记录在案，实现考官遴选便捷、高效和保密。比如，扬州市教育考试院已经完成B/S架构下的考官选调平台研发，对考官信息维护、随机抽取、及时反馈、增量调整、批量短信通知等做到了按需执行，极大地提高了保密性、公正性以及工作效率。

著名教育家朱永新在《我心中理想的教师》中写道："理想的教师，应该是一个胸怀理想，充满激情和诗意的教师。一个理想的教师，他应该是一

第三章 教师职业素养理论与创造型教师职前培养

个天生不安分、会做梦的教师;一个优秀的教师,必须具有远大的理想,不断给自己提出追求的目标,同时又要有激情。对一个成长中的教师来说,教育的每一天都是新的,每一天的内涵与主题都不同。一个理想的教师,应该是一个自信、自强、不断挑战自我的教师;一个理想的教师,应该是一个善于合作,具有人格魅力的教师;一个理想的教师,应该是一个充满爱心,受学生尊敬的教师;一个理想的教师,应该是一个追求卓越,富有创新精神的教师;一个理想的教师,应该是一个勤于学习,不断充实自我的教师;一个理想的教师,应该是一个关注人类命运,具有社会责任感的教师。"

二、现代教师职业能力体系

教师职业能力是教育人才培养的关键,直接影响教育整体目标的实现,教师职业能力体系包括:教学能力、教育管理能力、教育研究与创新能力。

(一)现代教师职业的教学能力

在国际竞争日趋激烈的 21 世纪,各国都把教育看作国家现代化发展的基石,教师的素质和水平作为决定教育质量的关键因素,成为各国教育改革关注的焦点。教师的专业知识、专业技能和专业情意三个方面的发展水平决定了教师素质和水平的高低。其中,教学能力是教师专业能力的集中体现,是影响教学质量和效果的决定性因素。

目前对于教师教学能力有各种各样的理解,并提出了各种各样的能力结构框架。就能力结构而言,有人从教师教学的基本职责来提出教师教学能力的结构;有人从教师活动的过程来提出教师教学能力的结构;有人从教师的有效教学的特征来反求教师教学能力的结构等,其中,根据教学活动过程和任务来研究教学能力构成的研究占主导地位。比如,孟育群认为教学能力包括:①认识能力;②设计能力;③传播能力(包含语言表达能力、非语言表达能力、运用现代教育技术的能力);④组织能力;⑤交往能力。[1] 郑其恭等认为教学能力包括教学的组织与设计能力、教学的实施与调控能力、教学的检查与测定能力。[2] 罗树华、李洪珍则将教学能力具体划分为掌握和运用教学大纲的能力、掌握和运用教材的能力、掌握和运用教学参考书的能力、编写教案的能力。笔者在上述学者关于教学能力构成体系论述的基础上经过分析认为,教学能力是教师专业能力的核心,是最能够体现教师职业素养的能力体系,因此,笔者从教师职业素养角度出发,结合教学活动的过程和任务,认为教师的教学能力是教师为达到教学目标、顺利从事教学活动所表现出的

---

[1] 钟祖荣. 现代教师学导论——教师专业发展指导 [M]. 北京:中央广播电视大学出版社,2001.
[2] 胡重庆. 反思性实践者范式下教师专业发展研究 [M]. 成都:巴蜀书社,2013.

一种心理特征,包括:①教学认知能力;②口头表达与板书能力;③教学资源组织与设计能力;④课堂教学综合实施能力;⑤现代教育技术能力;⑥开展第二课堂活动能力;⑦教学反思能力。①

认知能力是基础,主要指教师对影响教学的课程系统和教学系统各要素的认识和理解能力,教学认知能力的高低深刻影响着教师职业素养其他诸项能力的发展和水平;口头表达与板书能力、教学资源组织与设计能力、课堂教学综合实施能力、现代教育技术能力、开展第二课堂活动能力共同构成教师的教学操作能力,是教师在实现教学目标过程中解决教学问题的综合实践能力;教学反思能力是将教师本身和教学活动作为认识对象,对教师职业素养的诸项能力进行反思与评价的综合能力。上述能力互为关联,组成教师教学能力的一个粗略的能力框架。

(二)现代教师职业的教育管理能力

教师的教育管理能力对于学生集体的发展至关重要,也对实现有效的教育教学起到保证作用,教师通过艺术的教育管理方法来帮助每一个学生实现健康发展。因此,教育管理能力是每一个教师应该具备的一项重要能力。

1. 学生教育引导能力

国际国内环境日益变化,信息技术不断发展,知识和信息的传播在空间和时间上都发生了变化,学生接受知识和观念的途径也更加广泛,这使学生的身心发展特点都发生了变化。灌输式教育、命令式教育、封闭式教育与时代特点、学生的个性彰显和学生逆反心理形成了巨大的矛盾。如何在复杂而又竞争激烈的社会环境中教育引导学生,成为每个教师应该终身研究的课题。这就要求教师抓住新课程改革的契机,转变教育理念、完善知识结构,从学生思想、知识、能力、心理各个方面入手提高学生的教育引导能力。

2. 人际沟通协调能力

美国教育哲学家杜威曾阐述过关于沟通的教育价值,"确保分享某些共同的认识,可以保证相近的情感和理智倾向的形成""沟通不仅可以交流现有经验,实现人生经验的扩展,同时引导沟通者吸收对方经验,以便把自己的经验明智地告诉对方,从而使双方经验所有改变"。可见,教师的人际沟通对于教育教学成果及教师的个人发展至关重要。教师的沟通对象主要是学生、同事、学生家长以及家庭成员。根据人际沟通过程论的观点,教师在与不同的对象进行沟通时所持有的目标、角色、情境不同,所以教师在沟通过程中所采取的态度、沟通方式以及技巧都有较大的差异。

---

① 靳希斌. 教师教育模式研究 [M]. 北京:北京师范大学出版社,2009.

3. 参与教育管理能力

教育管理就是管理者通过组织协调教育队伍，充分发挥教育人力、财力、物力等信息的作用，利用教育内部各种有利条件，高效率地实现教育管理目标的活动过程。学校教育管理是一项综合、复杂的系统工程，涉及领导班子建设、教师队伍建设、学校规章制度建设、校园环境文化建设、教学管理、学生管理等多方面内容。教师参与到教育管理当中是学校教育管理体系中的重要环节，这就要求教师具备一定的参与教育管理的能力（主要包括教学管理和德育管理两个方面）。

（三）现代教师职业的教育研究与创新能力

新课程改革倡导为学生的终身教育发展奠定基础。教师作为学生学习发展的引领者，就应具备相应的教育研究与创新能力。教育评价能力、教育研究能力和知识更新与教育创新能力共同构成教师的能力体系。

1. 教育评价能力

评价是一种价值判断的活动，是对客体满足主体需要程度的判断。教育评价是根据一定的目的和标准，采取科学的态度和方法，对教育工作中的活动、人员、管理和条件的状态与绩效，进行质和量的价值判断。

20 世纪 80 年代以来，世界各国对课程的结构、功能、资源等各个方面重新进行思考和定位，进而展开了一系列轰轰烈烈的课程改革，越来越多的国家开始意识到：实现课程改革的必要条件之一，就是要建立与之相适应的评价体系和评价工作模式。我国新课程改革是一次深层次的、全方位的变革。课程评价作为基础教育领域的一个重大主题，显然也包含在本次课程改革的范围之内。

2. 教育研究能力

教师的教育研究能力，是指教师在教育教学过程中，具有从事与教育教学有关的各种课题的实验、研究与发明创造的能力。教师要成为一名教育家，就必须勇于实践，勇于创新，积极从事教育科学研究和实验。没有研究意识和习惯的教师，就不能提高自身的工作能力，也不能适应社会发展的需要。教育研究是教师的立身之本、发展之本，有助于改进教师的教育教学工作，有助于教师专业文化的提升，有助于发展教师的反思能力。教师的研究能力和探索精神对于提高教师思想素质、改变旧的教育观念、建构创新教学模式具有重要作用。教师只有积极从事教学实验与研究、不断探索新的领域，才能深化教育教学改革、发展和创造新的理论，才能在教育教学过程中不断融

进本学科或相关学科的科研新成果,将学生领进科学研究的前沿阵地,培养出具有创新意识和实践能力的高素质创新人才。

教育研究,包括实证性研究和思辨性研究两类。实证性研究是指目的明确、条件完备、操作规范的各项教育教学实验;思辨性研究是指从新的角度,用新的思维方式和方法,研究已有资料,从而得出新结论的研究。

3. 知识更新与教育创新能力

21世纪是一个网络化的时代。计算机技术和互联网络的广泛应用,不仅使信息传递的速度大大加快,也逐渐改变着人们的生产、生活、工作、交往以至思维方式。2001年教育部颁布了《基础教育课程改革纲要(试行)》,指出要"改变课程实施过于强调接受学习、死记硬背、机械训练的现状,倡导学生主动参与、乐于探究、勤于动手,培养学生搜集和处理信息的能力、获取新知识的能力、分析和解决问题的能力以及交流与合作的能力"。教师作为新课程的培养主体应具备知识更新与教育创新能力。

第二节 教师职业道德及其专业发展概述

教师的工作是辛苦的,职业特点要求教师在工作上不计时间、不计名誉、不计报酬,传递人类文明,培育社会人才。正因为如此,教师受到的赞美也是很多的。有人说教师是人类灵魂的工程师,长年累月辛勤耕耘,塑造人的美好心灵;有人说教师是"春蚕",抽丝到尽,至死方休;有人说教师是"蜡烛",燃烧了自己,照亮了别人;有人说教师是"人梯",用自己的肩膀,把学生高高举起;有人说教师是"园丁",用知识的雨露,浇灌幼苗并使之茁壮成长……"春蚕""蜡烛""人梯""园丁"等,是人民教师的光辉形象。把自己的青春献给人民的教育事业,甘为"春蚕""蜡烛""人梯""园丁",正是人民教师高尚师德的表现。

一、教师职业道德

百年大计,教育为本;教育大计,教师为本;教师大计,师德为先。教师是人类文明的传递者,承担着教书育人的光荣职责,既要有深厚的理论知识功底和过硬的教育教学能力,也必须有较高的职业道德修养。

我国一贯重视教师职业道德建设,《中小学教师职业道德规范》对教师的职业道德提出了明确要求。

(一)爱国守法

热爱祖国是每个公民的神圣职责。祖国是我们生活的地方、成长的摇篮。我们常常把祖国比作母亲，为我们提供优厚条件，哺育我们健康成长。不论我们的命运和机遇如何，个人的前途与祖国的发展都休戚相关。在中华民族的历史中，爱国主义历经千百年积淀，造就了中华民族深厚的道德情感，成为维系中华民族团结、激励中华民族奋进的重要精神力量。

遵纪守法是每个公民应尽的义务。法律和纪律是依据社会发展的需要制定的，是在社会发展的过程中形成的，也是社会有序运行的基本保证。城市有交通法规，才能保证道路交通畅通无阻；学校有教学纪律，才能保证教学活动正常开展；社会有各种法律和纪律，才能保证社会生活有序运行。

可见，爱国守法是对全国人民共同的基本道德要求。教师作为学生健康成长的教育者、引导者，爱国守法自然更为重要，应该是教师职业道德的基本要求。

(二)爱岗敬业

爱岗，就是热爱自己的工作岗位；敬业是尊重自己的职业，认真对待自己的工作，不怕苦、不怕累，做好自己分内的事。

爱岗和敬业是一体的、密不可分的，爱岗才能做好工作，敬业正是爱岗的体现。

爱岗敬业，要求教师乐于奉献，热爱教育事业，有责任心和耐心。爱岗敬业的教师，才能全身心地投入教育事业，在平凡的岗位上默默耕耘，不求名、不求利，不计较个人得失；才可以顺应时代发展的要求，不断完善和提高自身素质，提升教学水平，培养出适合社会发展需要的综合型人才，自觉地担负起培养社会主义接班人的重任；才能在未来发展中，不断钻研，为祖国和社会的发展贡献自己的力量，创造良好的教学环境，提高治学水平。所以，爱岗敬业是对教师的基本要求，是一名教师不可缺少的职业素质，在今后的工作中，教师要认真履行爱岗敬业的要求。

(三)教师关爱学生

关爱学生，要求教师有热爱学生、诲人不倦的情感和爱心。常言道：亲其师，信其道。爱是教育学生的起点和基础，是打开学生心灵大门的钥匙。教师只有对学生献上爱心，才能赢得学生的尊重、信任，才能奠定良好的感情基础，营造良好的教育氛围，才能使教育工作卓有成效。

关爱学生是师德的灵魂。①关心爱护全体学生，平等公正地对待学生；②

尊重信任学生；③对学生严慈相济，做学生的良师益友；④保护学生安全，关心学生健康，维护学生权益。

（四）教书育人

教书育人，要求教师遵循教育规律，实施素质教育。循循善诱，诲人不倦，因材施教，培养学生良好品行，激发学生创新精神，促进学生全面发展。韩愈《师说》中"师者，所以传道授业解惑也"，一直被尊奉为教师角色与基本职责的经典解读。所谓"传道"，主要是指教师通过教学，让学生学会生存发展之道、做事从业之道、为人处世之道以及人与自然和谐相处之道等；所谓"授业"，是指教师通过教学，传授给学生科学文化知识和技能；所谓"解惑"，顾名思义，是帮助学生解决学习过程中所遇到的疑难问题，不仅解决学生知识学习中的困惑，还应该关注学生的身心全面健康发展，帮助学生解决成长中的各种困惑，引导、促进学生的成长。

《中华人民共和国教师法》规定："教师是履行教育教学职责的专业人员，承担教书育人，培养社会主义事业建设者和接班人、提高民族素质的使命。"可见，教书育人是教师的天职，是教师这个职业与其他职业的根本区别所在。

（五）为人师表

为人师表，要求教师以身作则，言传身教。孔子说过："其身正，不令而行，其身不正，虽令不从。"教师是学生学习、模仿的对象，教师的一言一行、一举一动会对学生产生潜移默化的影响。因此，教师在教育教学过程中，必须以身作则，为人师表。凡是教师要求学生做到的，自己首先应该做到；凡是不要求学生做的，自己坚决不做。教师要处处为学生做出榜样，事事给学生做出表率。

（六）终身学习

终身学习，要求教师为了适应社会发展、教育发展和实现自己个体发展的需要，坚持不断学习。随着社会的进步和发展，终身学习的思想观念日益成为社会及个人可持续发展的现实要求，终身学习在整个世界范围内成为潮流。尤其是教师，其职业特点和自身的专业发展对教师的终身学习有着更高要求，终身学习已经成为教师的一种基本责任和义务。

教师应该树立终身学习的理念。一方面，根据当前社会和教育事业发展的要求，教师不再扮演"教书匠"的角色，教师不仅要向学生传播科学文化知识，更重要的是要提升学生的整体素质，使学生形成正确的人生观、价值观，要不断丰富教学资源，潜心钻研教育。要做到这些，需要教师自身不断学习，从提升自身素质出发，承担起多种教学任务。另一方面，要顺应当前教育事业发展趋势，打破以往学科之间严格的界限，强调综合和开放；开放的教学模式不同于以往的教学方式，要求教师能够灵活应对各种课堂状况，解决学生提出的各种问题，让教师备感压力，同时也是促进教师改进教学方式的动力。因此，教师要树立终身学习的理念，在各方面提高自己，查漏补缺，在教学过程中提高自己。

终身学习是教师自身专业发展的要求。教师专业化是世界教师教育的发展潮流，有关国际组织和各国政府把终身学习作为教育改革和发展的重要目标，积极推进教师专业化进程。在我国，教师专业化问题同样受到国家的关注，成为我国教师教育改革与发展的方向。

教师的专业发展有两条基本途径：一是外在的对教师进行有计划有组织的培养、培训；二是内在的教师个体自我完善与自主发展。应该说，这两条途径各有特点，在教师专业发展中具有重要的地位和作用，需要予以高度重视。对于教师个体，专业发展不能只是一个被动达到社会要求的过程，更应是一个主动发展、自我追求的动态过程。这要求教师必须终身学习，不断完善自我。

二、教师专业发展概述

"专业发展"被定义为增进教育者专业知识、技能和态度的过程和活动。相应的，教育者可以促进学生学习进步。专业发展有明确的特征：第一，专业发展是一个有意识的过程；第二，专业发展是一个持续的过程；第三，专业发展是一个系统的过程。

在教师专业化研究进程中，学者最初采用的是社会学角度的群体专业化策略，强调教师群体的、外在的专业化，后来逐渐将视角转向教师个体、内在的专业化，这种强调教师个体的、内在的专业化，被人们称为"教师专业发展"。

"教师专业发展"已经成为教育学术界一个比较重要的课题，相关文献比较多，国内外学者对"教师专业发展"这一概念主要有三种理解。第一种是指教师的专业成长过程。第二种是指促进教师专业成长的过程。第三种含以上两种理解，认为教师专业发展是一个过程，是教师内在专业结构不断更新、演进和丰富的过程；教师专业发展也是一种目的，其帮助教师在受尊敬、被支持的氛围中，促进个人的专业成长；教师专业发展还是一种成人教育，有助于增进教师对工作和活动的理解，关注教师对理论和实践的持续探究，关注教学工作在社会发展和个人生活中的意义。

一般来讲，教师专业发展指的是教师在职业生涯中，通过专业的训练和培训，不断提高专业技能，提升自身素质，将自己塑造成一名合格的专业教师，不断提升自身素质，加强自身学习，提高教学水平。这个过程中，教师内在的专业性不断得到丰富和提高。

综上所述，教师专业发展是教师个人素质不断提升、不断充实自身的过程。教师的自我完善和提升应该贯穿其职业生涯的始终，是一个连续的过程，教师不应该给自己设定时间界限，而应该始终坚持。教师现在所学的内容是今后工作必需的，是未来发展和进步的基石，教师必须在此基础上更上一层楼，不断完善和充实自己，使自己的专业技能进一步提高，应对未来职业发展的挑战，紧跟时代发展步伐。

第三节 创造型教师的内涵与创造教育目标

在知识经济时代，学校教育应当承担起促进学生创造力发展的使命。这是时代对学校教育提出的新要求，也是教师专业发展必然要面对的新诉求。

一、创造型教师的内涵

研究表明，学生的创造性与教师有密切关系。以美国学者托兰斯的研究为例，教师在创造性动机测验中的成绩与学生的创造性写作能力之间，存在一定的正相关，这表明教师创造性的高低对学生创造性的培养至关重要。然而，教师往往倾向于喜欢高智商的学生而不是高创造力的学生。

目前，学术界对于创造型教师这一问题并没有达成共识。比如，日本学者波多野完治认为："创造型教师不仅是不僵化的教师、心智灵活随机应变的教师，而且是不断渴求新知识、向往新事物的教师。"苏联教育家哈尔莫夫认为，创造型教师是指关于设计学生最近怎么发展，今后的一段时间又该怎么发展的教师。美国创造教育权威史密斯认为："创造型教师是吸取教育科学提供的新知识，在课堂中积极运用并能发现新的实际方法的教师。"

我国学者关于创造型教师内涵的认识基本源于史密斯的定义。例如，林崇德认为："创造型教师是指善于吸收最新教育科学成果，将其积极应用于教学中，并且有独特见解，能够激发行之有效的教学方法的教师。"[1] 吴安春和朱小嫚将"创造型教师"界定为："创造型教师是指在教育教学活动中，能用自己独特的教育理解、发现和创设各种有利的教育情境和条件，进而成

---

[1] 谭小宏，侯小兵，吕林. 创造型教师职前培养研究[M]. 成都：西南交通大学出版社，2017..

功影响学生，促使学生成为生命和谐的、可持续性的发展的人。"① 季诚钧所理解的"创造型教师"是"能遵循现代教育思想进行教育教学工作，能够创造性地解决教学问题并进行教育科研的教师"。② 这些定义从不同角度，勾勒出创造型教师的形象和特征。

从这些定义可以看出，创造型教师所做的工作不是重复式的机械性工作，他们往往将自己对教育、教学和学生的理解融入工作中，是思想型、开拓型的教育工作者。上述创造型教师的定义，显然是对传统"教书匠"的彻底颠覆，但是没有与创造教育和创造力开发紧密结合。刘道玉认为，创造型教师是"具备了各种创造性素质和能够胜任创造教育任务的教师"。张景焕将创造型教师定义为：具备培养学生创造力的理念、支持学生创造力的心理素质，掌握多种创造力培养策略，并能够将之灵活运用于教育教学中，能够采取有效的教育教学措施，培养学生创造力的教师。③

综合以上定义，可以做出如下界定：创造型教师是能够掌握和运用创造教育理论、策略、方法与技术，创设创造性学习环境，指导学习者有效进行创造力开发的教师。他们在教书育人工作中，能够积极吸收最新的创造教育研究成果，能够创造性地将其运用于教育教学之中，并能够用自己独特的教育理念，发现和创设有利的教育情境和条件，努力发展并培养学生的创造力。

二、创造教育目标概述

创造教育这一概念，是我国学者对西方创造力开发教育的一种本土化说法。开展创造教育首先应当明确的问题是"什么是创造教育"或"创造教育是什么"。

（一）创造教育的含义

目前，学者关于创造教育的定义众说纷纭，不同学者有不同的说法："从广义上说，凡是有利于受教育者强化创造意识、树立创造志向、培养创造精神、激发创造思维、增长创造才干、提高创造素质并开展创造活动而进行的教育，都可称为创造教育。"④

"所谓创造教育，是依据创造学的研究和创造学揭示的有关创造理论和方法，运用于教育实践，开发学生的创造力，培养和造就大批创造型人才的新型教育。简单地说，创造教育是依据创造规律开发学生的创造力、培养大

---

① 谭小宏，侯小兵，吕林.创造型教师职前培养研究[M].成都：西南交通大学出版社，2017.
② 谭小宏，侯小兵，吕林.创造型教师职前培养研究[M].成都：西南交通大学出版社，2017.
③ 谭小宏，侯小兵，吕林.创造型教师职前培养研究[M].成都：西南交通大学出版社，2017
④ 谭小宏，侯小兵，吕林.创造型教师职前培养研究[M].成都：西南交通大学出版社，2017.

批创造型人才的教育。"

"创造教育是指在学校教育中，贯彻提高学生创造力的原则，使形成学生创造性人格、创造性思维和解题能力成为教育目标重要组成部分的教育思想、教育哲学和教育实践。"

"所谓创造教育，实际应当包含两个方面内容：一是创造性地进行教育，即如何教育、培养学生的创造性，通过创造性的提高而达到提高学生创造能力的目的；二是教育创造学，即研究教育之中有关创造的问题。"综上所述，我们将创造教育定义为：它是通过具有创造性的教育活动，开发人的创造力的教育。

20世纪90年代，"创新教育"理念在我国兴起，引起了创造教育与创新教育的概念纷争。那么，创造教育与创新教育有何区别与联系？其主要有以下两种代表性观点。

第一种观点认为"创造"不等于"创新"。"创造"是无中生有，生产出没有的东西；"创新"是在原有事物上的开拓改革。因此，"创造教育"与"创新教育"是两种内涵不同的概念。

第二种观点认为"创造"与"创新"实质上是一致的，都是一种"弃旧图新"的活动，二者在词义上可以不加区别地互用。如用"创造精神"代替"创新精神"，用"创造能力"代替"创新能力"，不会引起词义上的误解。因此，二者是内涵相同、说法各异的两种概念。

在实际工作中，二者可以通用或混用。现阶段出现"创造教育"与"创新教育"并存的局面并不奇怪。创新教育与创造教育两个概念往往可以交替使用。

创造教育的出现和发展，与人们对传统教育弊端的反思分不开。正如1995年联合国教科文组织在《关于高等教育的变革与发展的政策性文件》中指出："在'学位＝工作'这个公式不再成立的时代，人们希望高等教育的毕业生不仅是求职者，而且是成功的企业家和工作岗位的创造者。"培养创造型人才的现代教育理念，是促使人们接受创造教育的基础。传统教育并不是不好，只是当其过分注重知识传承时，必然会使受教育者主动学习的能力减弱。

国内学者曾研究过创造教育与传统教育的区别，归纳起来，二者在教育思想、教育原则上有以下十点不同。

（1）创造教育是让学生学会自主学习，打破了以往被动地对学生进行知识灌输的教育模式。

（2）创造教育重视培养学生获取信息的能力，和传统教育侧重于知识积累和记忆的教学方式有本质的区别。

（3）创造教育为学生提供多种选择，鼓励学生提出不同的答案，传统的教育则倾向于给出统一的答案。

（4）创造教育在培养学生的思维能力方面和传统教育不同，前者更注重培养学生的发展思维。

（5）创造教育重在引导学生通过思考和探索得出一定的结论，重视获取知识的过程，传统教育则忽视过程，强调结果的正确性。

（6）在培养人才方面，创造教育多引导学生探索未知领域或不确定领域，传统教育模式则相反。

（7）在教学方法上，创造教育尊重学生个体的差异，发扬学生的长处，传统教育则强调整齐划一，不注重学生的差异性。

（8）在规范上，创造教育重视未来，传统教育则立足当前，重视传统教学方式。

（9）在学生能力培养上，创造教育着重于培养学生应对和变化能力，传统教育则倾向于培养学生适应社会的能力。

（10）创造教育强调现实世界是不断发展变化的，学生要学会探索和灵活应对，传统教育则强调前人经验的重要性，强调继承。

通过对创造教育和传统教育的比较，我们可以看出创造教育是对以往教育模式的一种突破和发展，打破了以往重视知识传承的教学模式，转向重视创新和发展。这种变化涉及多方面内容，比如教育的目标和理念、教学方法等。这是教育领域深层次的变革，是适应当前教育发展的需要，也是对传统教育模式的一种重新定位与思考。

从哲学的角度看创造教育的内涵和本质，能够更加全面地认识创造教育。创造教育是对传统教学模式的一种突破、一种重新思考。传统教育模式已经不适合当前发展的需要，必须进行改革，建立一套新的教育模式，大力发展创造教育。创造教育是对传统教育的一种变革，但它必须以传统教育为基础，吸取其中优点，纠正不好的方面；提倡和发展创造教育，不是推倒重来，也不是完全摒弃以往的教育模式，而是在原有基础上对其进行变革，以更好地适应时代发展的需要，不断注入新的发展动力。

（二）教育目标

教育目标是要培养什么样的学生，是不同类型和级别的学校对人才培养的一种计划。教育目的指的是各个学校人才培养的总体布局，具有全局性的意义。教育目标和教育目的是教育所要达到的目标和取得的效果，从这一点来看，二者是极为相似的：教育目的是学校制定的总体教育目标和规划，教育目标是各个学校教育设定的具体目标。它们都是学校对如何培养人才以及培养什么样的人才的一种规划和期待。然而,从适用范围和结构层次两方面看,二者又有一定区别。

教育目的的适用范围比驾驭目标更广泛,前者适用于各类学校,任何类型学校的人才培养方案。教育目标只是某一个或某一类学校制定的,对人才培养的规划和期待,范围比较狭窄。因此,教育目的和教育目标是"你中有我,我中有你"的整体与部分关系,也是一般与个别的关系。

教育目的具有统领作用,是不同类型的学校关于人才培养的总计划,它制约着教育目标的制定。教育目标是具体的,是教育目的的具体体现。所以,二者一个是总体,一个是分支。但是在某些特殊情况下,相对于各种不同的具体教育活动,教育目标也可以成为总体。

20世纪,许多心理学家和教育学家,对于教育领域中目标分类很感兴趣,展开了一系列研究,他们提出了许多不同的看法和观点,给出了不同分类,丰富和发展了教学目标等理论,这些观点对于教学目标的研究,提供了一定参考。在西方,人们倾向于把教学目标分为"事实、技能和态度"三个领域,这种分类方法曾经一直占据主导地位。尽管这种分类方法已经退出了历史舞台,但其为后来的分类研究提供了参考和借鉴,是其他分类理论的基础。

罗恩特里把教育领域中的目标分为三大类:求生技巧的目标、方法目标、内容目标。这三种目标是相互关联、密不可分的。布卢姆等人运用行为主义和认知心理学的相关理论,把教育目标分为认知、情感和动作技能三个领域。每一个领域可以作更进一步的切分,呈阶梯状分布,较低的层次包含在较高层次内,而且较高的层次是在低层次基础上发展而来的。每一个层次都有相对应的具体要求。

加涅的主要研究领域是学习心理学,他提出人们的学习不总是相似的,学习可以划分为不同的层次,他曾提出了学习的八个层次,每一层次代表不同的认知能力。为了把这种学习层次理论应用于教学,加涅又提出了"态度""动作技能""言语信息""智力技能"和"认知策略"五种学习结果,教师可以根据学习的结果进行教学设计。

日本某著名教育家认为,各国社会文化背景不同,教育传统不同,不能都照搬布卢姆等人提出的欧美式教育目标分类理论。他们借鉴布卢姆的理论,提出了具有东方色彩的教育目标分类理论,关于指导思想和研究成果对我国开展教育目标分类理论研究很有启发。学校教育至少要包含三种类型的教育目标:达成目标、提高目标和体验目标。

长期以来，我国教育界重视和突出"基础知识和基本技能"，形成"双基"教育模式，从而形成"双基"教学目标体系。这一体系在 20 世纪 80 年代以来的教育教学改革中，受到各方面批判，这种批判凭借扬弃性的精神和追求，催生出了"三基教学"，即基础知识、基本技能和基本能力教学。后来，人们开始重视儿童健康个性的形成和发展。在教学研究中，这一切引发我们思考和研究我国教学目标的建构问题，进而提出了"三基一个性"的教学目标体系构建设想。

以心理学研究成果为主要依据，学校创造教育目标总体结构是由认知目标、人格目标、群体心理目标和产品目标组成的有机统一体。

（三）创造教育目标的功用

1. 导向功能

创造教育目标为教育的具体实施指明了方向，给出了教育发展的预期目标和期待的结果，引领着教育的发展。创造教育目标无论对教师还对学生，都具有一定的指导意义。选择教什么内容、怎么教，采取什么教学方法等，都要根据教育目标确定。教育工作的展开必须围绕教育目标这个中心，不能偏离目标。

2. 选择功能

历史发展的积淀，为当今人们的学习提供了多种多样的经验，学生需要掌握的技巧也是多样性的，人们追求的是自身素质的全面发展。创造教育目标的确定，可以为选择教学内容提供指导，因为知识是无限的，我们不能一把抓，而要有所选择和取舍。此外，创造教育目标也可以帮助教师进行教学方式、教育途径的选择。

3. 激励功能

创造教育目标是对培养什么样的学生的一种规划，带有一定的主观性，所以其可以激励教育行为。对于教师，它可以激励教师采取一定手段，把教育目标变成学生学习的目的；对于学生，它可以鼓励学生积极参与教学。在教育活动过程中，教师要充分认识创造教育目标的重要性和对学生成长的关键作用，激励教师以创造教育目标为引领，不断充实和完善自己，提高自身素质。

4. 评价功能

创造教育目标指明了教育发展的方向，也为教学效果和教学质量的评估提高了一定的标准和参考。无论是评估教学过程还是评估教学的结果，创造教育目标都是参考的标准。但是，创造教育目标指导作用的发挥，必须要在学校的评价体系中有所体现。

（四）确定创造教育目标的原则

1. 目标要分级

培养的创造性应该有所区别，不能千篇一律。在基础教育阶段，要更加注意保全学生创造的心向和素养，在教育教学过程中进行研究型学习。高中、大学则可以侧重于产品目标的实现。将大学撰写的论文、创新产品下移到小学、中学是不适合的。中小学培养学生的创造性主要是在知识传授过程中，通过提问、质疑、思考这样的基础，实现创造性培养的。

2. 目标要分类

设置创造教育培养目标时不能一刀切，因为学生是有差异的。一是学生本身有差异；二是创造本身也有差异，科学的创造和艺术的创造本身有很大区别，所以不能以一个模式要求所有的学生。

3. 目标要辩证

教育具有文化传承的功能，但文化的传递不应该压抑学生的天性；鼓励学生发挥天才能力和个人的表达方式，而不助长他们的个人主义；密切注意每一个人的独特性，而不忽视创造，也是一种集体活动。因此，要将社会化和创造性两个目标很好地兼顾起来，使二者之间有一个张力。爱因斯坦曾说过，学校的目标要培养具有独立行动和思考的个人，他们应该把为社会服务看作自己人生的最高目标。

4. 目标要综合

西方文化和中国文化具有很大差异性。创造性也是一个文化的产物，西方的创造性和中国的创造性是不同的。在15世纪前，我们的创造性一直很高，有很多世界领先的发明创造。所以，在创造性的培养上，我们要吸取中国文化优势和西方文化优势，并尽可能将其统一起来。

（五）创造教育目标的价值

创造型教师能将创造与个人的教学、生活经历和本能相联系，经常创造出一些原初的并且对自己、他人或社会有意义、有价值的东西，使创造逐渐成为教师有效教学和个人生活中必不可少的一部分。

1. "成物"取向

创造教育的目标可以有多种价值取向。以美国为代表的西方创造教育，在其形成的初始阶段，比较注重创造工程教育，着力在创造发明方面培养出类拔萃的人才。从创造教育的目标价值取向角度看，是对"成物"的追求：20世纪80年代，我国引进西方创造教育思想时，对创造工程教育情有独钟。"成物"成为我国创造教育目标体系中的重要组成部分。

"成物"，简单地说是成就事物。创造教育将"成物"作为自己的教育追求，要求受教育者学会创造，能够在创造发明方面有所成就。以"成物"为价值取向的创造教育，在实践过程中主要表现为三方面：其一，教学内容以创造工程作为核心；其二，课程结构偏重"成物"科目；其三，教学评价注重创造作品水平。

2."成己"取向

在创造教育的发展过程中，我国学者在反思创造教育初期对"成物"追求的基础上，提出了"成己"的价值期望。特别是在强调素质教育的环境里，守望中国传统文化的"成己"思想，对我国创造教育的目标价值取向产生了重要影响。在创造教育的目标体系中，以发展人的创造性人格为核心的"成己"，具有重要地位。

我国创造教育在历经了创造工程教育阶段之后，开始注重对创造性人格的教育。创造教育中的"成己"期望，借用先哲"学问之道无他，求其放心而已矣"之语，使期望把其创造本心找回来，即实现创造本性之自觉。在实践过程中，创造教育的"成己"目标，是以培养创新精神为核心内容的。

第四节 创造型教师职前培养模式与实践探索

人才培养模式是教育的核心问题之一。它在相当大的程度上决定了人才培养的质量。将职前教师培养成为创造型教师，需要构建一套培养模式。为了建构具有适应性和有效性的创造型教师培养模式，可以借鉴现有的、相对成熟的创新育人模式。

一、人才培养模式概述

关于人才培养模式概念，学术界众说纷纭。所谓模式，是指一种科学认识手段和思维方式，它是连接理论与实践的中介，兼有理论与指导培养实践的两种价值。对高校而言，人才培养模式是教育质量的首要问题，改革人才培养模式是高校教学改革的核心内容。

在我国教育理论界，刘明浚等人于1993年首次对这一概念进行了界定。

他在《大学教育环境论要》中指出："人才培养模式是指在一定的办学条件下，为实现一定的教育目标而选择或构思的教育、教学式样。"同时，他还正式阐述了人才培养模式所应涉及的诸要素，包括"课程体系、教育途径、教学方法、教学手段、教学组织手段等"。其中，"课程体系是人才培养的核心要素，而其他要素则是为了使课程体系正确而有效的安排和施教，从而使培养目标得以落到实处。"① 上述观点主要从内容层面和操作层面，对人才培养模式进行了阐释。

在我国高等教育管理层面，教育部于1998年召开的第一次全国普通高校教学工作会议的主文件《关于深化教学改革，培养适应21世纪需要的高质量人才的意见》中提到，"人才培养模式是学校为学生构建的知识、能力、素质结构，以及实现这种结构的方式，它从根本上规定了人才特征并集中体现了教育思想和教育观念"，这是我国政府高等教育管理层首次对这一概念所做的陈述。

（一）国内人才培养模式创新过程

人才培养是高等学校三大基本任务之一，人才培养模式的改革是深化高等学校教育教学改革的重要环节。从近代开始，我国本科人才培养模式改革经历了"近代学习欧美模式"—"现代照搬苏联模式"—"当代既受苏联模式影响，又正在向欧美模式回归"的三个阶段。

近代大学以培养知识宽广深厚且深刻的人为宗旨，"通才教育"作为大学办学的核心理念和培养模式被提出。通才教育又称"普通教育"或"一般教育"，与"自由教育"同义，最早是对基础教育的概括性称谓，如今是面向所有大学生的一种非专业性教育或专业基础性教育。

19世纪初，以哈佛大学为代表的美国部分高校实行选修制，大学课程设置要求所有学生在致力专业学习的同时，对知识的总体状况也要有一个综合、全面的了解。选修制的主要内容涵盖了跨学科的多专业领域的基础性知识、技能和态度的教育；其教育方法必然不能局限于课堂上的知识讲授，还包括积极的教学互动和社会实践；其培养目的旨在培养积极参与社会生活、有社会责任感、全面发展的人。

自1949年中华人民共和国成立以来，高校对全面学习和照搬苏联的专业教育模式，进行了院系调整，逐步形成一种与高度集权的计划经济体制相适应的人才培养模式，高等教育人才培养模式发生了巨大变化，体现出鲜明的"专才"教育特征。

---

① 谭小宏，侯小兵，吕林. 创造型教师职前培养研究 [M]. 成都：西南交通大学出版社，2017.

第三章　教师职业素养理论与创造型教师职前培养

专才教育是指为培养某一特殊技能而进行的个性化教育培训。它以专业教育为核心，以培养专业人才为目标；培养口径相对较窄，培养规格单一，培养过程整齐划一。这种本科人才培养模式文理分割，重专业教育，功利主义倾向明显，使普通高等教育带有很强的职业教育特征。然而，在当前的知识经济时代，这种教育模式的弊端引起了越来越多有识之士的关注，要求对教育进行改革的呼声也越来越高。越来越多的人认识到，如果不对人才培养模式进行改革，国家的经济和社会发展将会受到严重影响。

（二）当代创新实践育人模式

自20世纪50年代以来，自然科学取得了突飞猛进的发展，科学、技术、生产日益结合为统一的体系，高等教育面临新的形势，实用主义教育逐渐暴露出不足，已不能适应社会发展的新形势。因此，高等教育人才培养模式的改革势在必行。

1.KAQ育人模式

随着社会主义市场经济体制的逐步建立，信息时代的到来极大地促进了中西方文化的交流、碰撞和融合。这些使得社会对人才提出了更高要求。在这一背景下，1995年浙江大学校长提出了知识、能力、素质并重与并进的人才培养模式，即KAQ模式。

人才培养模式随着时代的发展、社会的进步不断发生变化。当前，教育改革日益深化，在素质教育理念下，国家要求人才培养要知识、能力与素质全面发展，KAQ这种人才培养模式正好符合素质教育各方面发展的要求。

KAQ模式的名字来自知识（knowledge）、能力（ability）以及素质（quality）的英文首字母，指的是这三要素有机结合的人才培养体系以及这种人才培养体系的构建方式。以素质教育理念为核心，高校通过能力结构与知识结构的科学构建，帮助学生更好地获得、积累、吸收知识和理论，促进学生智力潜能的挖掘，培养学生创新、创造、创业的思维和能力，全面提升学生的自身素质。理论教育与社会实践相结合、人文教育与科学教育相结合、专才教育与通才教育相结合，是KAQ模式的具体构建途径。

KAQ模式要求知识、能力与素质三要素的有机结合，三者虽然处于不同层面，但彼此之间并不是孤立关系，而是紧密联系、互相影响、互相促进、相辅相成的关系，三者的有机结合是促进学生全面发展的关键。在KAQ人才培养模式下，知识培养起到奠基作用，能力和素质的培养需要依托知识培养，以知识培养为载体。"知识"一词涵盖基础知识、专业知识、相关知识以及实践知识，同时也是知识培养的内容。能力是建立在一定知识基础上，通过实践锻炼和训练养成的，没有知识和理论的指导，则无法获得与之相关的能力。

培养获取和应用知识的能力，是能力培养中的一个重要部分，为了提升学生学习知识的效率，需要培养学生获取知识的能力；知识应用能力的培养可以帮助学生吸收、内化相关知识理论，知识与能力间存在互相影响、互相促进的作用。狭义上，素质指后天形成的一种品质、素养，一个人素质的形成，是一个人通过社会实践与个体认识把外界获取的技能、知识内化成自己的素养、品质与生活习惯的过程，这个过程会受到教育以及环境的影响。广义上认为，素质不仅仅包含一个人的素养、品质与生活习惯，知识与能力也是素质的一部分。KAQ模式中，为了区分教学生"学会创造""学会学习"与具体知识、技能的教育之间的区别，学者并不认同广义上的素质定义，而是把素质看成和知识、能力平行的一个概念，KAQ模式认为素质是知识和能力发挥的保障和发展的前提，素质的高低决定了知识与能力在实际生活中发挥的效力，素质的培养与提高有利于知识的增长，有利于能力的提升。

知识、能力、素质三者之间具有内在、密不可分的联系。KAQ模式主张三者并重，缺一不可。KAQ模式不是一个静态的概念，对KAQ模式的认识需要随着社会和教育的发展而不断深化。KAQ模式不能局限在教育的某个层次，它应当体现在从最基础的小学教育到最高层次的研究生教育的各个层次之中。

2. 成功素质育人模式

20世纪中叶以后，由于科学技术和经济发展的巨大冲击，大学教育偏重于培养适合经济发展的技术人才，忽略人文素质教育成为世界范围内大学教育普遍存在的问题。21世纪国家对人才培养提出了更高的要求，即科学教育和人文教育的融合。哈佛大学校长尼尔·鲁登斯坦（NeilL. Rudenstine）认为，大学要重视对"人文"学问的传授。

高等教育作为人才培养的更高层次，所提供的教育不应该从物质层面进行衡量。高等教育应该提供最佳教育，包括较强的专业技能教育以及人格的完善，这种教育应该让人获得勇于探索、善于思考、勤于观察的素质，使人获取除自身专业知识外，其他领域的相关了解和鉴赏能力。素质教育是目前世界上的主力教育理念，紧随世界教育改革的步伐，我国大学也开始强调素质教育。

在素质教育理念的指导下，武昌理工学院（原武汉科技大学中南分校）率先把"成功素质"引入教学当中，开创了"成功素质教育"的先河。所有成功者都具备的特质是所谓的成功素质。成功素质教育是一种先进的高等教育理念，同时也是一种科学的人才培养模式。"成功素质教育"的目的是让学生通过高等教育具备成功素质，以便在毕业后能够很快适应社会、获得成功。

成功素质教育人才培养模式下的专业设计，应兼顾个人特质与社会需求，兼顾现在需要与未来需求，应围绕成功素质教育的目标进行，成功素质教育的目标是成功素质的培养。成功素质的培养包括：知识、能力、方法、品格以及观念五个方面，也就是所谓的"五大成功素质"体系。在成功素质人才培养模式中，学生的生涯设计是学生专业设计外的另一大要素，包括学生学业生涯设计、学生职业生涯设计。

成功素质人才培养模式以实用教育理念为理论基础。成功素质教育推行"99+1"和"一二三四"培养模式。"99+1"是指学校因材施教，99%的学生以高素质劳动者的方向进行培养，将学生培养成为政界、教育界、科学界、商界的高端精英，作为1%的学生培养方向，这是一种精英教育与大众教育有机结合的人才培养模式。"一二三四"指学好一个专业——学生自身专业；掌握计算机技能以及外语技能这两项基本技能；夯实普通话基本功、书法基本功以及写作基本功这三项基本功；塑造拓新、崇实、博学、笃志四项基本品质。

成功素质教育是专业教育和非专业教育的有机结合，两者在课程体系中的地位是同等重要的。在教学方式上要灵活，不能刻板地将课本知识灌输给学生，教师要深入课本知识，再把自己的理解加入教学当中。课程分配上追求科学合理，精炼基础课程，加强核心课程，突出实践课程。教师分配上，校内教师由专业教师和素质导师两部分组成，专业教师负责专业文化素质的培养，素质导师负责心理指导与锻炼、实践指导以及素质评估。

成功素质教育人才培养模式下，学生的评测不同于传统的考试模式。在"素质学分制"下，成绩包含平时成绩和期末考试成绩两部分，同时要求学生的评测兼顾专业素质和非专业素质两个方面。

与传统学生的评测相比，成功素质教育人才培养模式下，学生的评测主要有三点不同：①传统学生的评测注重笔试，忽略口试，而成功素质教育人才培养模式下，学生的评测两者并重；②传统学生的评测只有期末考试成绩，而成功素质教育人才培养模式下，学生的评测除期末考试成绩外，还包含平时成绩；③传统学生的评测只注重知识的考核，而成功素质教育人才培养模式下，学生的评测是对学生各个方面的全方位评估。

成功素质教育是对素质教育的新探索，针对现行大学素质教育的不足，将空泛的素质教育变得具有可操作性、系统性、针对性，构建起全新的以塑造学生成功素质为目的的办学模式、教学模式、训练模式、培养模式、测评模式等，从而形成全新的大学素质教育实践体系。

成功素质教育把理论联系实际看成教育的第一规律，特别重视实践在人才培养中的作用，强调在教学过程的设计上，把理论教学与实践教学结合，体现教学过程的实践性。在教学过程中，理论教学与实践教学应该相互交叉、相互渗透、紧密结合。

3. 大类招生育人模式

从20世纪70年代末到现在的40余年中，我国高等教育的办学条件、办学内容和办学要求发生了巨大变化，最主要的是旧的高等教育体制的基础计划经济逐渐被社会主义市场经济取代，包含本科生和研究生两个阶段的十年制高等教育体系已经建立并得到完善，创新意识成为优秀人才的必备标志。随着上述变化的发生，一些矛盾开始暴露，各高校开始进行教育体制改革的尝试和试验。

大类招生人才培养模式指的是高校招生计划的制定不考虑专业或专业方向，而是从学科（或系或学院）这个大类上规划。大类招生人才培养模式讲究通过学习帮助选择，通过选择完成学习。大类招生人才培养模式下，学生并不用急着考虑选择哪个专业，低年级时学生通过基础课程学习，对自己所选择的学科（或系或学院）有了一定了解；在进入高年级后，以此为基础结合自身特质在自己所选择的学科（或系或学院）范围内进行专业选择。

目前，大类招生已成为高校招生的趋势，"211工程"高校中已有超过半数的学校选择这种招生方式和人才培养模式。目前，大类招生已发展出四种不同的模式：①一级学科内大类招生；②跨学科的相近专业大类招生；③相同院系内跨专业大类招生；④跨院系大类招生。无论哪种模式的大类招生都有一个共同特点，即先进行基础学习，在了解后选择专业方向，这种人才培养模式，符合因材施教的教学理念，让学生有机会更加准确地选择适合自身人生规划的专业，有利于人才培养质量和办学效益的提高。

我国很多著名院校都实行了大类招生人才培养模式。北京大学以"加强基础、淡化专业、因材施教、分流培养"为原则和基准，进行了一系列本科教学改革，在对学生进行专业教育之前，先在低年级阶段实施通识教育。北大于2001年正式展开"元培计划"，学生进入学校后首先学习理科和文科的基础课程，专业知识的学习要等到入学一年半后才正式开始。

对于大类招生育人模式，复旦大学的教学宗旨是"通才教育，按类教学"，从尊重学生个性发展的角度出发，加强学科间的组合、交叉和渗透，把专业教学、基础教学和普通教学进行了有机结合。通过对哈佛等世界名校的学习和效仿，复旦大学成立了负责全校性课程的修读管理的低年级本科生文理学院。复旦大学的这种人才培养模式从根本上颠覆了以专业为核心的教育教学管理体系，充分发挥了其作为综合性大学的多学科优势，是一种以复合型、通才型高素质人才培养为目标的学生培养模式。

大类招生育人模式有着减少填报志愿的盲目性和培养复合型、创新型、高素质人才等诸多优势，是我国本科教育的发展趋势。从世界各国高校发展的经验看，美国耶鲁大学、斯坦福大学、密歇根大学等世界名校都实行不按专业招生的办法。可以说，大类招生是高等教育的趋势。但是，并不是所有的学校都适合大类招生。拥有相对较齐全的学科，各领域具有完备的师资以及相配套的教学计划，是实行大类招生的一个基本要求。一般来说，专业数较多，但招生规模却不是很大的学校，以及师范类、医学类等专业性比较强的特殊专业不适合大类招生。

二、创造型教师职前培育实践

在知识经济时代，人类知识的传递模式呈现出多维、非线性的特征。这对学校教育提出了新的挑战：知识重要，还是创造力重要？作为一名新时期的中小学教师，开发儿童和青少年学生的创造力比教会学生特定知识具有更重要的价值。传统师范教育模式将重心放在师范生的学科知识和教学技能上，而相对忽视了教师专业的核心内涵——让学生获得发展（尤其是创造力）。

下面以绵阳师范学院为例，详述创造型教师职前培育实践过程。

（一）创造型教师培育的主要工作

为培养高质量创造型教师，绵阳师范学院依托创新学院在实践中探索出"113"创造型教师培养模式，即建构1个培养体系、夯实1个理论基础、搭建3个教育平台。"1个培养体系"指以创新学院为主体，整合高校内外部资源所建构的创造型教师培养体系；"1个理论基础"指以培养创造型教师为目标，以教育质量研究、创造力研究、创造型教师研究为主题的理论体系，从而引领创造型教师的培养；"3个教育平台"指创造课程平台、创造实践平台和创造交流平台。

1. 整合资源，完善机制

整合资源，完善机制，建构以创新学院为主体的创造型教师培养体系。在以知识创新为鲜明特征的知识经济时代，培养创造型教师是基础教育给师范院校提出的新课题。绵阳师范学院坚持以生态系统观的方法论为指导，以

创新学院为主体，系统整合高校内部系统和高校外部系统的创造教育资源，营造良好的创造型教师成长环境。

培养创造型教师既是一项新课题，也是一项系统工程。"新课题"以前少有人尝试，也就难有经验可资借鉴。绵阳师范学院自20世纪90年代末期开始探索师范生科技创新教育实践，2008年成立创新学院，站在学校制度设计的高度确立了培养创造型教师的主阵地。其为"系统工程"，缘于创造型教师的培养需要高校内部与外部教育资源的有机整合。

近年来，绵阳师范学院一方面通过建章立制，理顺创新学院与专业学院、职能部门等内部机构的治理机制，另一方面通过互惠合作，建立创新学院与中小学校实践教育基地、企业实践教育基地、科技馆、博物馆等实践基地的伙伴关系，逐步建立起以创新学院为主体、高校内外部关系协调的创造型教师培养平台。

2.强化研究，夯实基础

强化研究，夯实基础，运用创造型教师理论研究新成果引领教育实践。理性的实践总是离不开理论思维。要培养高质量的创造型教师，首先需要在理论上展开研究。研究主要围绕以下三个方面展开。

第一，教育质量研究。教师教育是连接基础教育与高等教育的桥梁。师范院校身为高等教育院校，必须面向基础教育。《理解与行动：高等教育质量建设研究》（四川人民出版社，2015）一书从实践基础、理论基础、质量观念、质量维度、质量多样性、质量保障、质量改进、质量趋势八个方面，对高等教育质量的建设展开了全面而深入的研讨，从而为我们培养高质量创造型教师奠定了重要的理论基础。

第二，创造型教师研究。《浅谈创造型教师及其培养》（《教育与职业》2013年第3期）、《师范院校培养创造型教师的价值、困境及对策》（《当代教师教育》2014年第4期）、《青少年创新教育的社会支持体系建构与优化——以中国科技城的实践探索为例》（《学理论》2015年第29期）、《基于创新能力培养的大学生学业评价体系改革研究》（《教育与职业》2012年第18期）等论文，对创造型教师的内涵、价值、现状、培养策略等方面进行了较为深入的探讨。

第三，教师教育改革研究。近年来，教师政策和教师教育环境发生了显著变化，这些变化是我们培养创造型教师的客观基础，对这些方面的研究具有重要价值。关于这方面的研究有很多，如《学校—大学—联盟：教师教育机构转型的基本轨迹》（《中国高教研究》2013年第7期）、《面对教师资

第三章 教师职业素养理论与创造型教师职前培养

格新政 师范院校如何应对？》[《光明日报》2014-04-01(13)]、《师范院校办学定位的教师教育特色探析——基于全国107所普通本科师范院校"学校简介"的内容分析》(《黑龙江高教研究》2014年第5期)、《民族地区小学综合实践活动之教师专业发展问题研究——以四川省S州为例》(《教育与教学研究》2014年第6期)、《教师资格新政对师范生不利吗》[《光明日报》2015-07-14(13)]等。

3. 建设课程，改革教学

建设课程，改革教学，培养师范生促进学生创造力开发的知识与理念。课程是人才培养的重要载体，教学是人才培养的重要方式。建设创造课程体系、改革教学实施方式是培养师范生促进学生创造力开发知识与理念的重要渠道。绵阳师范学院建设的创造教育类课程有：创造学、创新教育学、中小学综合实践活动教学设计、科技创新综合实践、模拟公司与创业教育、智能机器人创新设计、慧鱼创意模型设计、技术发明实践、专利实务与开发、科研论文写作训练、创新思维训练等。

以"中小学综合实践活动教学设计"为例，该课程是面向全校各专业职前教师的2学分选修课程，主要培养职前教师指导中小学生开展综合实践活动的能力。新课程改革要求中小学从小学三年级开始开设"综合实践活动"课程，用以培养学生的创新精神和实践能力，但现实中缺少这样的师资，课程推进难度较大。绵阳师范学院立足师范院校实际，依托以创新学院为主体的创造型教师培养平台，采用多样化教学方式适应时代变革的需要。

以创造课程建设为契机，大力加强教材建设，绵阳师范学院创新学院先后编写了《创造教育导论》《应用创造学教程》两本教材，取得了良好效果。通过创造类课程的学习，职前教师能够初步具备促进儿童及青少年学生创造力开发的知识体系，并且在观念上逐步认同促进学生创造力开发的价值。这对扭转应试教育困局，推行素质教育改革，培养创新型人才具有基础性价值。

4. 注重实践，有效指导

注重实践，有效指导，培养师范生促进学生创造力开发的能力与情怀。要培养创造型教师，仅有知识与理念远远不够，还必须具有相应的能力与情怀，而这些能力与情怀只能在实践中得到锻炼和提升。绵阳师范学院以创新学院为主体的创造型教师培养平台注重理论联系实际，为师范生提供广阔的实践操作机会，并为其提供专业的教师指导，极大地提高了创造型教师的培养水平。

创新学院为全校职前教师提供的实践基地主要有：①机器人教育实验室；

②专利开发指导工作站；③科技创新与制作工作室；④学生创新创业俱乐部；⑤慧鱼创意模型实验室；⑥创意畅想俱乐部；⑦绵阳市青少年创新教育重点社科普及基地。

每个实践基地配备有专职指导教师，学校依托基地每年向全校学生发布学生科研课题申报指南和学生创新创业训练项目申报指南。"学生项目＋实践基地＋指导教师"三者有机结合，使职前教师能够有效将理论与实践联系起来，在创造中学习、在创造中成长、在创造中成为创造型教师，从而培养他们促进学生创造力开发的能力与情怀，切实履行当前提高基础教育质量的历史使命。

5. 加强交流，积极参赛

加强交流，积极参赛，引导师范生在创造成果展示与分享中不断超越。只有参与创造，才能成为创造型教师，这是学校引导和师范生自主选择的结果。职前教师基于各种动机加入学校培养创造型教师的项目中，学校应给予及时、正确的引导和激励，而内在激励是最为有效的。创造实践是培养创造型教师的主要思路，形成创造成果则是激励师范生成为创造型教师最有效的途径。

创新学院积极组织学生开展创造实践，力争形成一批创造成果，并积极争取各种展览、竞赛机会，让职前教师的创造成果能够得到充分交流与分享。近年来，绵阳师范学院组织职前教师参加师范生教学能力大赛、"挑战杯"大学生课外学术科技作品竞赛、高校信息技术创新与实践活动（NOC）等各类创新竞赛活动并取得了良好成绩。最重要的是，职前教师在这个过程中获得了高度的自我认同感和成就感，进而使个人对成为创造型教师的动机水平、知识水平、能力水平、情感水平都得到了大幅度提升。

（二）创造型教师培育的主要特点

第一，高校、中小学、社会机构协同创新，打造创造型教师培养新体系。面向创造型教师的培养目标，在加强职前教师学科专业知识教育的同时，需要建构新的人才培养体系，强化他们的创造教育素养。绵阳师范学院在探索创造型教师职前培养的过程中，借鉴了较为成熟的美国教师专业发展学校（PDS）模式。在此基础上，整合师范院校、政府部门、中小学校、社会机构的创新教育资源，建构了以创新学院为主体的网络化、联盟化创造型教师培养新体系。

第二，创造理论研究与教育实践紧密结合，奠定了创造型教师培养基础。培养创造型教师是时代的新要求，也是新课题。其不仅需要教育实践推进改革,更需要理论研究引领改革。绵阳师范学院在充分借鉴吸收国内外创造学领域新成果的基础上,对培养创造型教师的理论问题展开深入研讨,并在实践中对如何培养创造型教师进行了诸多有益的探索与尝试,从而在理论与实践之间,搭建起沟通的桥梁。

第三,创造课程、实践、交流全程一体化,拓展创造型教师培养平台。绵阳师范学院秉承创造型教师只能在创造中培养的理念,设计了覆盖"课程""实践""交流"三环节一体化的人才培养平台。通过创造课程培养职前教师促进儿童及青少年学生创造力开发的知识与理念;通过创造实践锻炼职前教师促进学生创造力开发的能力;通过创造交流提升师范生对成长为创造型教师的坚定信念与自我认同感。

(三)创造型教师培育的具体做法

培养创造型人才是当今教育的主要目标之一,创造型人才的培养要靠创造型教师。要培养创造型教师,就应充分发挥教师的自主性和创造性,构建有利于创造型教师培养的环境与机制。

1. 成立创新学院

绵阳师范学院从20世纪90年代末开始,在职前教师的教育实习中增加了第三项实习内容——科技教育实习。2002年,学校创立了"校内外专家—职前教师—中小学生"的三级辐射科技创新教育模式。2005年,学校建立了"学生自主创新设计中心",2007—2008年先后被批准为"四川省、绵阳市青少年科技创新教育基地"。2008年9月,独立建制的创新学院正式成立。至此,一个以"创新学院为平台,辐射到全校各个院系的创新教育优秀师资培养模式"诞生。2009年,该学院被四川省教育厅批准为"西部普通高校创新教育优秀师资培养模式实验区"。

创新学院是在绵阳师范学院党政领导的大力倡导和部署下建立的学生创新教育和创新实践的基地,面向全校二级学院各个专业中主修专业学有余力、有创新兴趣和积极性的学生,创新学院开设创新教育理论和实践课程,并鼓励学生参与辅导中小学生科技创新竞赛和"挑战杯"大学生课外学术科技作品大赛等竞赛活动,培养学生的创新思维、实践能力和合作能力等,探索学生自主学习和实践相结合的创新实践型人才培养模式。

多年的实践表明,创新学院的建立为学生开展科技创新实践活动提供了一个有效平台。通过学生自我学习和动手实践,逐步培养学生的实践能力和解决问题的能力。一批优秀的学生在创新实践活动中脱颖而出,带动了各个二级学院创新教育工作的开展,起到了很好的示范和带头作用。

创新学院为学生提供了个性化、实践性的培养方案和课程教学大纲。创新学院的课程，按照学校的研究专题、方向以及兴趣设置，分为研究型课程和实践型课程。研究型课程应注重科研方法、批判性思维以及扩散性思维的锻炼，其课程内容要有创造性，要兼顾传统的方法理论和不同的学术观点。实践型课程应注重学生实践能力的培养，课程要与实际的课题或项目结合，在课程中要让学生发挥主观能动性，锻炼学生学习获取知识与整合应用知识的能力。

2. 建设校外创新教育实践基地

为满足基础教育改革的需求，满足基础教育对师资提出的新要求，高师院校应和基础教育学校保持密切的联系，包括在中小学校建立大学生实习基地和课外活动基地等。

传统的师范教育实习主要包括两个方面的内容：一是以"上课"为主的教学实习，主要训练职前教师的课堂教学能力；二是以"当班主任"为主的教育实习，主要培养职前教师的教学管理能力。绵阳师范学院和绵阳市周边区县中小学校建立了密切联系，建立了职前教师实习基地，供职前教师进行专业实习，以提高其专业技能。

除此之外，绵阳师范学院突破了传统做法，从1998年开始实施科技教育实习。科技教育实习是指职前教师进入中小学校协助组织和实施科技创新活动，以提高基础教育、科技创新教育水平，积极协助中小学校开展科技创新教育活动。开展科技教育实习的中小学校主要包括北川中学、都江堰北街小学、平武县木皮小学、东辰国际学校等在内的20多所中小学。

科技教育实习的内容主要包括：邀请中小学生参与社会调查、科学研究，组织中小学生开展科技创新实践活动，指导中小学生进行小发明、小创作等。青少年创新活动成果可以参加中国科协、教育部等组织的青少年科技创新大赛，10多年成绩显著，在全国青少年科技创新大赛中取得了国家级奖20余项、省级奖80余项、市级奖200多项。

有近百名职前教师被评为国家级、省级、市级"优秀科技辅导员"。对在科技教育实习及青少年科技创新大赛指导中，取得优异成绩的绵阳师范学院职前教师，进行颁奖鼓励。师范专业大学生在指导中小学生开展科技活动中，自身的创新思维、实践能力得到了提高和加强，成为能够胜任素质教育的教师，成为许多中小学争相聘请的毕业生。

3. 建设师范院校创新教育师资队伍

为推进全校创新实践教育的开展，绵阳师范学院采取了多种举措大力加强创新教育师资队伍的建设。

在教师教学过程中，积极倡导教师参加创新教育师资培训项目，鼓励教师申报创新实践教改项目。同时，对指导大学生并取得实践成果的教师给予一定的支持和奖励。学校每年投入专项经费聘请著名创新教育学者开展讲座、培训，在实用基础上领悟严谨求实的精神、研究问题的方法和职业成功的真谛。

创新教育师资队伍，要求教师承担五个方面的责任：①对理论知识的教学；②帮助学生找到适合的学习方法；③培养学生的学习兴趣；④培养学生创新、探索、求实、严谨的求学态度和学术品格；⑤帮助学生培养应用技能、使用知识的能力。学校要完善激励制度体系，对专业能力强、教学效果好、创新思维开阔、教学观念先进的教师要给予一定奖励，在职务晋升以及职称等方面给予一定帮助。通过合理的激励可以促进教师内部的良性竞争，激发教师的工作积极性。

教师在大学生创新实践活动中起着重要的引导和提升作用。教师在"传道、授业、解惑"过程中，扮演的角色在很大程度上影响着职前教师的未来职业行为。因此，要培养学生的创新思维和实践能力，教师自身必须具备这方面的素质。位于四川省绵阳市的绵阳师范学院，多年来致力创新型教师队伍的建设，通过与英国、澳大利亚、美国、德国等教育发达国家的人才交流培养，以及与各大高水平院校的师资交流扩大师资规模、培养师资力量，提升师资队伍整体水平。

为认真贯彻落实 2010 年 4 月 22 日教育部关于"推进高等学校创新创业教育和大学生自主创业工作"视频会议精神，大力推进学校创新教育的工作进程，并多次举办教师创新能力培训班，邀请国内创造学和创新领域前沿知名专家授课，分期分批对全校教授、中层干部、在岗专任教师等进行系统培训。

学校已经邀请了中国发明协会名誉副理事长等人，对全校教师开展创新教育培训。这些培训不光让全校教师了解到全国创新教育发展的趋势，最重要的是，他们的演讲就像一把火，点燃了各位教师心中的火苗，教师把创新教育的火苗带向了每一位学生。

4. 参与学生学习方式的改变

高校中的教学活动，主要参与者包括大学生与教师，这二者也是教学活动的主体。从教和学两个层面看，教师是教的主体，学生是学的主体，我国长期以来一直强调教师在教学活动中的主体地位，忽略了学生同样是教学活动中的主体这一客观事实。这种情况下，很难发挥出学生自身的主观能动性。学生的"学"是相对于教师的"教"而言的。通过何种途径，促使学生进行有效学习，是教学过程中最关键的因素。

大学生可以采用探究性学习（HIBL）的方式学习，探究性学习是一种灵活、新颖的学习方式，其要求以学生作为学习活动的主体，以探索方式主动获取知识、应用知识、解决问题，并从其中培养科学精神，养成科学的思维方式，学到科学技能、方法，掌握科学知识观点。以探究性学习方式进行的学习活动中，教师不再是主体，而是作为一个引导者和启发者的角色融入教学活动中。这种学习方式将学生作为主体。

从学的角度出发，有利于学生发挥其自身的主观能动性。相较于传统的学习方式，探索性学习不仅注重学习的结果，更注重学习的过程，学习目标更加灵活，学习内容更加开放。由此可见，探究性学习具有自主性、实践性、过程性和开发性的特点，这与新课程改革的理念是一致的。因此，教师在教学的过程中，着重展示的是研究者的探究过程，而不仅仅是研究的结果，更重要的是要引导学生掌握探究的方法。

大学生学习中，要注重问题意识的自我培养和探索能力的自主提升。问题是一切科研的起点，问题意识的培养是素质教育中极为重要的一环。历史上所有重大的进步和变革，都是从问题出发，由问题引起的。例如，著名的万有引力定律，是从一个很简单的问题——"苹果为什么会从树上掉下来"引发出来的，问题的提出是社会进步、人类发展、科技革新的重要条件。因此，大学生学习中以及教师教学过程中要注重学生问题意识的培养。仅有问题意识还是不够的，大学生还应具备良好的探索能力和探索精神，这样才能从发现问题发展到探索问题、解决问题。提升大学生的综合素质，不能忽略其问题意识、探索精神和能力的培养。除此之外，还要培养学生学以致用的能力，以及勇于创新、独立思考、实事求是的精神。

5. 强化创新教育课程

开设哪些课程是创新教育的重点，而选择哪些课程是学生个性化发展的关键点。创新教育理论与实践涉及的内容十分广泛，如何针对地方师范院校学生的基础和特点，开设特色化的课程变得尤为重要。为体现实践性、发展性和个性化的原则，创新学院开设了一系列模块课程，其中包括发明创造类、青少年科技教育类、创业教育类等。学生可以根据自己的特长爱好，在教师的指导下，制定个性化的创新教育理论课程和实践课程模块。

发明创造类主要培养学生的创新思维和实践能力，学生经过两到三年的训练，基本能够自己撰写专利，并能帮助他人撰写专利，优秀的学生还可以到知识产权和专利代理机构就职。青少年科技教育类主要为培养有志于从事中小学科技教育的学生，使其具备科技创新活动的设计和组织能力。这方面的毕业生在基础教育领域非常受欢迎，尤其是在近年来基础教育"综合实践活动"课程师资比较缺乏的情况下。创业教育类主要针对部分对经商和创业有兴趣的学生，通过一定的理论培训，以及大量的模拟创业实践，学生可以进行创新成果转化或逐步走上创业道路。

在教学目标方面，要以培养学生创新意识，提升学生创新能力为目的。以创造学课程为例，其课程的开设面向两个不同的对象群，分别采用公开课和必修课的形式展开。公开课是面向全校所有学生，是全校通识教育的基本课程之一，其教学目标是开发学生的一般创造力和创新意识。作为必修课的创造学课程是面向创新学院创新实践班学员的，在创新学院中作为一门入学教育开展，其教学目标是进一步提升创新实践班学员的创造能力和意识。

在教学方法方面，要改变传统的灌输式教学方式。传统的灌输式教学方式中强调教师在教学活动中的主体地位，忽略学生同样是教学活动中的主体这一客观事实，学生被动地学，这种情况下很难发挥出学生自身的主观能动性，很难获得理想的教学效果。创新教育课程注重强调教师与学生的双主体地位，采用教师教学加学生讨论的教学方法。教师除负责理论知识的教学外，还要积极引导启发学生，帮助学生培养创新兴趣、创新意识和创新能力。

课堂中，教师可以合理采用多媒体技术辅助教学活动的进行，这样不仅有助于活跃课堂气氛，培养学生上课的积极性和主动性，还能够通过多方位的感官刺激，强化学生的记忆，提升课堂教学效果。课堂中不同专业的学生可以进行分组讨论，开展头脑风暴。

在课程考核方面，创新教育课程不只是一门单纯的理论课程，还具有极强的实践性。因此，创新教育课程的考核要兼顾学生理论知识和实践能力两个方面。创新教育课程的考核结果应来自课程设计阶段、教学过程中、期末考试中以及课外实践活动四个方面的综合考量。

在课程设计阶段，考察学生的创新性设计方案；在教学过程中通过课堂作业了解学生的掌握程度；期末考试时，以开卷的形式对学生的整体掌握程度进行考察；实践活动中，观察学生的实际表现以及各种创新、创造竞赛的成绩，并加入学生考核总成绩。

6. 创新教育的管理

绵阳师范学院为培养创造型教师而开展的创新教育，离不开学校管理部门的大力支持和管理创新。为推进学校创新教育的有效可持续开展，学校特成立了创新教育课程建设领导小组和创新教育专家团，为学校创新教育提供政策和专家支持。

关于学校创新教育领导小组，主要是从政策支持层面考虑的。为了进一步提高学校的教学水平，全面总结绵阳师范学院多年来在实践教学方面的成果，学校经过研究，决定成立绵阳师范学院创新实践课程建设领导小组。创新实践课程建设领导小组由学校副校长担任组长，各个二级学院的院长担任小组成员，领导小组下设办公室，挂靠创新学院，由创新学院院长担任办公室主任，教务处副处长担任副主任，共同领导，负责相关工作。

创新实践课程建设领导小组成立以来，多次组织教改课题"创新实践课课程开发和建设"立项工作，致力于创新实践课程的开发和建设，组织大学生创新实践活动的开展，以及创新实践活动评价工作等。

关于学校创新教育专家团，主要是从智力支持层面进行考虑的。科学的评估是开展好创新教育理论课程和实践课程教学的重要保证。于是，"大学生创新教育专家团"应运而生。在组建专家团队时，学校领导的指导思想是让教学第一线、在创新实践教学领域有经验的教师担任。创新学院制定了不分职称、不分年龄，尽量不安排有行政职务人员参与的原则。专家团的成员涵盖了文科、理科和艺术各类各年龄段的教师，他们的共同特点是，对创新实践教育感兴趣，而且在科学研究、创新实践课领域有一定的经历和业绩。大学生创新教育专家团不定期召开会议，共同就学校创新实践教育献计献策，同时，评估创新实践教育的开展情况。

第四章
中国乡村教师职前培养探析

中国是一个教育大国，中国的乡村教育占据了整个基础教育的绝大部分。其普及程度和教育水平，直接决定了我国人口整体素质及人均文化水平。大力发展乡村教育是我国教育发展的长远大计。而乡村教师则是其中最重要、最根本的力量。乡村教师队伍的素质直接影响了人才培养成效和教育品质。本章主要内容为中国乡村教师职前培养的历史沿革、中国乡村教师专业素养现状、中国乡村教师职前培养模式研究。

第一节　中国乡村教师职前培养的历史沿革

回顾中国师范教育发展的百年历史，可见其在适应各时期生产力发展的需要，在政府推进教育变革的背景下应运而生并顽强发展起来的轨迹。师范教育坎坷的经历、地位的变迁在很大程度上受制于社会政治经济状况，而且师范教育的前景与整个教育事业的发展及受政府重视的程度息息相关。

一、中国师范教育的正式起步

1795年，世界上第一所公立师范学校在法国巴黎诞生。师范教育发展至今，在全世界范围内，对于普及各国义务教育起到重要作用。

19世纪90年代以前，中国历朝历代均无培养师资的专门机构。清光绪二十二年丁酉（1896），大理寺少卿盛宣怀（1844—1916）在上海创办了南洋公学师范院，中国诞生了第一所培训师资的专门机构，揭开了中国近代师范教育的序幕。由于认识到培养师资的重要性，1898年清朝总理各国事务衙门在《筹议京师大学堂章程》中提出在京师大学堂另立师范斋，以培养"教习之才"。1902年，京师大学堂师范斋更名为"师范馆"，并正式招生，这是中国近代最早实施高等师范教育的一个机构。与此同时，清朝末代状元、教育家、实业家、南通人张謇（1853—1926）于1902年独自创办了通州师范学校，设4年本科、2年简易科和1年讲习科，开中国私立师范学校之先河。

1904年1月颁布的《奏定学堂章程》规定：师范学堂分"初级"和"优级"两类。初级师范学堂以培养小学师资为目的，招收高等小学堂毕业生。优级师范学堂主要培养初级师范学堂、中学堂的教员和管理人员，招收初级师范、中学堂毕业生。《奏定学堂章程》规定了各级师范学堂与各级普通学堂的分类，确立了独立的师范教育体系，为早期师范教育的发展提供了完备的法律依据，从而涌现出一批办学水平较高的初级、优级师范学堂。

1908年，京师大学堂师范馆改名京师优级师范学堂，脱离大学堂而独立设置。这是我国高等师范学堂单独设置的肇始。到1910年，清政府设立的师范学校（包括各类师资训练机构）共有415所，学生达28572人。辛亥革命前，各省几乎都办起了师范学堂，部分省份办了优级师范学堂，有的则办有两级师范学堂。

民国年间（1912—中华人民共和国成立），全国独立设置的高等师范院校12所，在校师范生1.2万人；中等师范学校610所，在校师范生15.2万人。在大江南北诸省兴办的师范教育中，以1927年陶行知先生在江苏南京创办的试验乡村师范——晓庄师范学校为典型。该校面向农村，服务乡村教育，通过"生活教育"培养具有"农夫的身手""科学的头脑""改造社会精神"的乡村教师。

在陶先生的影响下，江苏5所省立师范学校在全国率先掀起"师范教育下乡村"的运动，涌现吴江乡村师范学校、运河简易乡村师范学校、洛社乡村师范学校、界首乡村师范学校、高邮简易乡村师范学校等办学特色鲜明、办学成果显著的新型师范学校，培养了一大批热衷于乡村教育改造的新型乡村教师。

二、中华人民共和国成立后乡村教师的培养

自中华人民共和国成立以来，我国教师教育体系培养了千百万中小学教师，支撑了世界上最大的基础教育事业，为我国教育发展做出了历史性贡献。改革开放以来，党和政府高度重视教师教育，目前已为普及义务教育打造出了一支数量充足、质量合格、相对稳定的中小学教师队伍，在教师教育方面取得了喜人的成就。但是，中国在实现工业化、现代化的国家发展转型之前，仍然是一个传统的农业国家，农村的贫困生活和教育等诸多社会问题连接在一起，构成一个形势复杂、各种矛盾胶固的结合体，有待系统性地予以破解，

第四章 中国乡村教师职前培养探析

以取得全局性的攻坚胜利。

我国乡村教师培养的改革步伐至今仍未停止。教师教育体系走向开放，办学层次逐步提高。我国传统的封闭性、定向型的师范教育体系正被打破。2003年，兴办教师教育的非师范院校共有298所，师范类专业在校生53.4万人，约占师范生总数的28.2%。以师范院校为主体、其他高校共同参与的教师教育体系也正在逐步形成。师范院校在不断拓展办学功能。2003年，师范院校中非师范类学生占学生总数的27.6%。我国教师教育积极调整布局结构，提高办学层次。与1997年相比，截至2004年，高师本科院校有较大发展，由74所发展到103所；师范专科学校逐步减少，由151所减少到80所；中等师范学校合理收缩，由892所（1987年1059所）减少到317所（2016年减少到125所）。教师培养培训资源进一步整合，教育学院由229所减少到103所；教师进修学校由2142所减少到1703所。教师培养已经基本完成了从三级师范向二级师范的过渡，并有加快向一级师范过渡的发展趋势。

教师教育规模扩大，质量提高。各级各类师范院校已经形成相对稳定的办学规模，满足基础教育对新师资的需求。1997年至2003年，全国高等师范院校共计培养本专科毕业生159万人，培养硕士近5万人，中等师范学校共计培养中师毕业生183万人。校均规模显著扩大，高师本科院校在校生由2806人提高到12695人，高师专科学校在校生由2310人提高到4113人。到2001年，"通过院校调整，高等师范学校由2000年的221所减少到210所，在校生数由2000年的1099741人增加到1350383人，校均规模增长292%，其中招生数为508161人，毕业生数为208767人，分别比2000年增长228%、81%；中等师范学校由2000年的683所减少到570所，在校生数达662353人，其中招生数为195267人，毕业生数为278275人，分别比2000年都有所减少，办学层次逐步提高"。

高等师范院校加强学科建设和师资队伍建设，提高科研水平和学术水平，加强综合办学实力，办学质量得到显著提高，中小学教师队伍整体素质也不断提高。近几年来，各级各类师范院校培养培训了大批中小学教师，中小学教师实施素质教育的能力显著增强，水平明显提高。小学、初中、高中专任教师的学历达标率分别由1997年的93.1%、80.5%、60.7%提高到2003年的97.8%、92.0%、75.7%，其中小学和初中阶段高学历层次教师占总数的比例分别为40.5%和23.8%。

虽然如此，我国承担着教育扶贫的历史重任，需要确立"分类推进教师队伍建设的思路"。乡村教育是决定教育整体水平的重要标志，加强乡村教师队伍建设则是发展乡村教育的关键。《乡村教师支持计划（2015—2020年）》

明确指出："必须把乡村教师队伍建设摆在优先发展的战略地位。"加强乡村教师队伍建设，切实提高乡村教育水平，不仅有利于把沉重的人口压力转化为人力资源优势，让每个孩子都平等享有接受良好教育的机会，还可以帮助贫困家庭"拔掉穷根"，努力增进千万乡村家庭的福祉。

考察我国乡村教师培养的源头必须追溯到清末肇端的师范教育。从清末第一所师范学校算起，现代意义的师范教育在我国已有百年历史。中华人民共和国成立后，我国的师范教育获得了空前的发展，形成了中师、师专、师院三级层次完整的师范教育体系，为我国教育事业的发展做出了重要贡献。中师作为独立师范教育的一个重要组成部分，在提高国民整体素质方面功不可没。师范教育问题一直是社会各界尤其是教育人士关注的热门话题。

三、21世纪乡村教师的培养

纵观中华人民共和国成立以来的师范教育的发展，我国师范教育正在步入一个全新的时期，师范教育正在逐步适应基础教育的发展，主动推动基础教育的前进。师范教育作为教育工作的根基，其状况直接决定着教师队伍的整体质量。但与此同时，师范教育依旧面临着严峻的考验，如何合理设置与安排师范教育的课程、如何加强教师队伍的专业化、如何变"单一封闭式"为"多元开放式"的培养模式，等等，这些问题仍亟待解决。

联系我国师范教育的实际形势，以此为基础探讨师范教育政策的走向问题，要坚持"师范性"，培养合格的人民教师。

中华人民共和国成立以来，我国通过中等、大专、本科和研究生国民教育序列四个层次的学生培养，有效地为大中小学，尤其是为基础教育培养了大量的乡村师资，走出一条具有中国特色的师资培养道路，并形成若干模式，为提升我国国民素质，助力国民经济社会发展，做出了巨大的贡献。但是在改革开放和我国从传统农业国家向现代化工业国家转型的过程中，乡村教师队伍的供应和需求出现了矛盾，该问题亟须解决。这些问题反映在以下方面：在高等师范教育改革的过程中，师范院校内部专业人员和基础教育工作者对师范院校的办学层次与培养目标定位、教师教育课程体系调整、职后教师教育市场开辟前景等问题存在明显分歧，高师院校人才培养与基础教育需求之间存在相互脱节、相互错位现象。师范院校改革不仅仅是师范院校自身的转型和改革，更关系着基础教育的改革和发展，诸多问题需要双方改变过去相互隔绝的状态，开展积极对话和探讨。

教师教育是我国教育的重要组成部分，是基础教育师资来源和质量的重要保证。构建现代教师教育制度，全面提高教师教育的质量，是我国全面建设小康社会的重要保障。我国倡导用"教师教育"替代原来的"师范教育",名称的变化具有深刻的意义。在中国的教育研究论文中出现"教师教育"一词是在 1990 年前后,而在国家文件中较早明确提出教师教育开放性和综合化思想的是 1999 年《中共中央国务院关于深化教育改革全面推进素质教育的决定》中"调整师范学校的层次和布局,鼓励综合性高等学校和非师范类高等学校参与培养、培训中小学教师的工作,探索在有条件的综合性高等学校中试办师范学院"。2001 年《国务院关于基础教育改革与发展的决定》中提出"完善以现有师范院校为主体、其他高等学校共同参与、培养培训相衔接的开放的教师教育体系"。

第二节　中国乡村教师专业素养分析

教师专业素养是教师在教育教学活动中表现出来的,决定其教育教学效果,对学生身心发展有直接而显著影响的各方面素质的总和。乡村教师专业素养不高是制约乡村教育发展的主要瓶颈。

一、乡村教师专业理念与师德

教师专业理念与师德包括教师对职业的理解与认识、教育教学的态度与行为、对学生的态度与行为、个人修养与行为等方面。在市场经济与多元价值观的冲突下,不少乡村教师将自己的工作商品化,过分看重个人利益,淡化从教情感、敬业精神与育人意识,专业理念与师德状况堪忧。个别乡村教师将主要精力放在"家务""农活"或热衷于"第二职业"上。一些年轻乡村教师选择教师职业是"听从父母的意见"或"出于就业压力过大"等方面的考虑,还有一部分的小学教师和中学教师把"做好工作,照顾家庭,培养子女"作为努力方向,把"工作上有成绩"作为"生活上有享受"的追求目标。更有一些教师热衷于有偿补课,对学生思想表现关心甚少,对课上、课下出现的违纪违规现象不闻不问。总体上,乡村教师专业理念与师德状况趋向于"一般",有待于进一步提升。

二、乡村教师专业知识

乡村教师第一学历的平均受教育年限超过 13 年,中专是主体。乡村教师最高学历的平均受教育年限接近 15 年,本科是主体。本科和研究生学历比例城市高于乡村,大专和中专学历比例则乡村高于城市。城市、县城、乡镇及村屯教师本科和研究生学历所占比例分别为 77.83%、64.79%、61.83% 和

35.09%，村屯学校最低，要比城市低42.74个百分点，城市是村屯的2.2倍。城市、县城、乡镇及村屯教师学历近几年仍有大幅度提高，但城市教师学历上升幅度明显大于乡村教师。

教师专业知识一般包含教育知识、学科知识、学科教学知识和通识性知识。教育知识主要是指教师的教育学、心理学方面的知识；学科知识包括所教学科的基本知识、原理、思想与技能等方面的知识；学科教学知识是教师课堂教学必需的，主要包括教师所教学科的课程标准、课程资源开发、学生掌握所教学科内容的认知特点，以及教师教授所教学科知识的方法和策略；通识性知识则是指信息技术知识、自然科学与人文社会科学等多学科知识。乡村教师在教学实践中运用教育学、心理学知识的能力处于较高水平。学科知识方面，乡村教师的学科知识掌握程度处于较高水平。需要注意的是，这个结论具有一定的相对性，因乡村学生知识面相对狭窄，乡村教师认为自己现有的教学知识足以应对课堂教学，这也可能是出现以上结果的原因之一。学科教学知识方面，乡村教师认为自己的学科知识在课堂教学中仍有待提高。通识知识方面，对自己通识知识满意的乡村教师比例为40.7%，基本满意的占39.0%，不满意的占20.3%。总之，所调查乡村教师的科学文化知识水平相对于教师专业的知识标准仍存在差异。

三、乡村教师专业能力

教师专业能力主要体现在教学设计、教学实施、班级管理与教育活动、教学评价、沟通与合作及反思与发展六个方面。其中，教学设计、教学实施与教学评价是课堂教学的必要环节；班级管理与教育活动是课堂教学的辅助条件；沟通与合作促进了家长、教师与学生的沟通与交流；反思与发展是改善课堂教学与提高教师教学能力的重要途径。对我国西南地区乡村教师专业能力的调查显示，六项能力的均值由高到低依次为：沟通与合作（3.8486）、反思与发展（3.7037）、班级管理与教育活动（3.6901）、教学实施能力（3.6835）、教学设计能力（3.6560）、教学评价能力（3.6555）。这表明乡村教师在教学实践中的教学实施能力、教学设计能力、教学评价能力相比其他能力而言处于相对劣势。对我国西北地区的研究也表明，乡村教师在课堂上占据着绝对主动的地位，学生缺乏参与，只是听、记、背。"学生上课时要安静、端坐、背手、眼睛看黑板""向学生的提问除了总结段落大意外，其他的几乎是封闭式问题，如'对不对''好不好'"。有些乡村学校教师自始至终只用了"注入式"教学这一种教学方法，教师在课堂教学中的教学方法单一，常年使用讲授法，无法调动学生的积极性。学生在上课过程中不能与教师进行必

第四章　中国乡村教师职前培养探析

要的、充分的和实质性的交流与互动。教师在教育教学中的困难甚至是由一些最基本的教育教学能力欠缺而导致的。比如大多数乡村教师存在的一个问题是普通话不标准，教师上课是普通话夹杂着方言，课下生生之间、师生之间的交流基本都用方言。教师的课题管理能力也相对较差，基本都是以强制性管理为主，教师更多地要求学生对权威和规定的服从，而课堂教学模式几乎均为端坐静听。

教师的专业素养不仅决定着教育教学质量，而且在一定程度上直接决定着学生的入学率与巩固率。从整体上看，乡村教师专业素养不高，教学水平和教育能力有待于进一步提升。

第三节　中国乡村教师职前培养模式研究

教师培养模式的改革，是教师教育改革的核心问题，有什么样的教育思想，就会产生什么样的教师培养标准。不同的教师培养目标，会衍生出不同的培养模式。自21世纪以来，针对我国乡村教师教育培养模式的弊端，部分高等师范院校对教师培养模式进行了改革与探索。

一、本科分段培养

根据现在我国教育情况看，很大一部分师范院校中，教师的教育大多数还是使用传统的方式（乡村教师中的教学模式尤其明显），这种教育方式被称为本科型教师教育模式。将专业的课程与教学的课程通过混合编排的方法运用到4年的培养计划中，是这种教育模式中最大的特点。由于这种培养教育人才的模式过于偏重学生掌握专业知识而没有注意到学生的综合实践能力，进而阻碍了被培养的教师在综合素质和能力拓展方面的进一步发展。

由此，国内的许多师范院校纷纷着手改革，改革的主体依然是本科型的新教师教育模式。探索的主要方向就是如何改变过去的教育专业课程设置，从而有效克服教育理论与教育实践相互脱节的弊病。但这种新的教师教育模式把教师教育过程仍然集中在本科阶段完成。

（一）"4+0"教师教育模式

北京师范大学所提出的"4+X"教育教学模式属于教育改革的一种。其中，"4+0"模式最具代表性，是根据"4+2""4+3"模式提出的，而又不同于以上两种模式的新教育方式。这种教学模式不但不需要改变学制，还可以通过4年时间，将教师教育的课程同整个教师培养、全日制本科培养、传统的四年制模式联系起来。"4+2""4+3"模式是指结束4年的本科教育后,再继续2~3年的进一步教育,通过对教师教育课程以及硕士研究生的继续学习,取得研究生学历水平的模式。

"4+0"模式是指师范生通过4年的学习,需要掌握专业性学科知识、针对基础教育改革实际需要的教育理论以及实践课程等知识。只有这样,才能使培养出来的师资在专业基础理论及教学实践能力等方面,都能够得到更好的发挥。为了更好地适应教育改革、提升教育能力,内蒙古师范大学在"4+0"的教师教育基础模式上,构建了被称为"双学位"的教师教育模式。

(二)"3+1"教师教育模式

在我国有一种被称为"3+1"的教师教育培养模式,是在我国本科层次分段式培养的教师教育模式的基础上所提出的,是针对全校所有不同专业的学生。学生在学校的前三年里以学习学科基础课程为主,而到最后一年,也就是第四学年需要进入教师教育学院,接受为期一年的培养教育。在此期间,只有通过对教育学、心理学、教材教法等教育理论和教学技能等课程的学习,并获得规定的相应学分,才能取得教师资格证书。这种模式以经济、快捷、适应社会和基础教育需要、教师专业化为特点,在我国地方高等师范学校普遍试行。沈阳师范大学教师教育模式的改革和创新不失为其中的范例。

(三)"3.5+0.5"教师教育模式

"3.5+0.5"的顶岗实习模式的发掘,自2006年开始。该项模式的发源学校是河北师范大学,当时他们的顶岗实习支教工程是对这一模式的探索应用。强化师范生从教技能成为当时他们顶岗实习工程的主题,其关键核心是促进学生成长成才。"3.5+0.5"这种新型的教师教育基本内容是针对高年级的师范类学生在完成骨干教师课程与系统化培训后,可以在农村的中学里,真正作为一名"全职"教师,完成教师教育工作的学习,学习合格后计入学分。从这种模式的内容中不难看出,其真正的目标是能够使教育服务与农村的基础教育均衡发展。4年中,诸多高师院校采用了这种人才培养模式。因此,这种"3.5+0.5"的人才培养模式取得了不错的反响。

(四)"3+0.5+0.5"教师教育模式

被称为"3+0.5+0.5"的教师教育模式是以江西师范大学为先例,是为农村的基础教育培养先进教师的教育模式。根据农村的教育特点,为满足当前农村教师要担任多门课程的需求,江西师范大学在20世纪90年代初,开始实施主辅修制培养模式,目的是培养"一专多能"的综合型教师。从2004年开始，该校已经形成以"3+0.5+0.5"模式为指导的农村支教工程，师范生用一个学期时间前往农村支教学习，学习过后再回到学校进行一个学期的理论学习。

二、整合连贯培养

传统的教师职前教育分阶段培养方式的弊端日渐显现，尤其在乡村支教或乡村编制的全科型教师中，他们所采用教学模式依旧是传统的"一言堂"模式，而现在教师专业化对教师的学术性和师范性提出了更高要求，整合连贯培养模式则是为解决教师教育分阶段培养过程中固有弊端而探索的一种新的教师培养模式，不少师范院校结合自身实际情况进行了探索，并形成了具有特色的培养模式，其中有青海师范大学的全程培养模式，云南师范大学、内蒙古师范大学的"双学位"培养模式，以及昆明学院、楚雄师范学院的整合连贯型培养模式等。

全程培养模式指专业学习和教师教育同步进行，根据新形势要求，重新设计和规划教师教育的课程内容，并根据课程和技能特点，将教师教育所有内容分解或渗透到各个学期。根据教师成长的规律和技能形成的特点，全程规划、分阶段训练，最后实现目标。这样实施培养计划，可以在研修年限不变的前提下，整合教师教育课程，与原有课程设置差异不大，便于执行。其优势在于，在长时间的培养过程中，师范生的教师技能和职业意识得到强化，彰显师范生的独特优势。

三、"订单式"培养

"订单式"培养模式也被称为"三定"办学模式，主要包括定向招生、订单培养和定岗就业。定向招生是指由政府主导，面向具有当地户口，有志从事农村基础教育的初高中毕业生招生。订单培养是指由用人单位提出所需人才的学科类别和标准，承担教师培养任务的院校"照单"培养。定岗就业是指学生毕业后到预先设定的岗位就业。地方本科院校根据地方教育部门对人才的需求，双方签订培养合同，共同制定人才培养方案，并在师资、课程等方面进行合作，学校负责招生、培养，地方教育部门与学生签订就业协议，负责安排毕业生就业。

"订单式"培训是提高农村教师队伍素质的重要途径，这种培养方式将政府、用人单位、培养院校高度结合在一起，有针对性地培养适合社会发展的教师队伍。师资培养院校与农村基层学校高度配合，培养出适应岗位发展的，用人单位需要的师资。

除此之外，院校还可以结合培养对象制定相应的培养人才方案，贯彻因材施教的教育理念。不仅如此，学生的教育实习与毕业实习都可以在未来就业的学校进行，这样用人学校可以对学生的培养提出批评建议，达到最优效果。最后，以基层农村教育为导向，培养出基层学校需要的教师，促进农村教育的进一步发展。

四、"全科型"培养

国家制定、颁布了多项政策支持农村小学教师队伍的建设与发展，如教育部2012年在《关于大力推进农村义务教育教师队伍建设的意见》中指出：要全面提高教师思想政治素质。坚持和完善理论学习制度，创新理论学习的方式和载体，加强中国特色社会主义理论体系教育，不断提高教师的理论修养和思想政治素质。为农村学校定向培养补充"下得去、留得住、干得好"的高素质教师；采取定向委托培养等特殊招生方式。农村教育在双语教师、音乐、体育、美术等学科方面的师资薄弱，因此教育部在2014年颁布的《关于实施卓越教师培养计划的意见》（教师〔2014〕5号）中提出了"全科小学教师"的概念。

农村全科教师是指可以胜任教学中任意一科的教学者。小学全科教师不是一个全新的概念，20世纪50年代，我国全科型教师培养已经历经多次发展和调整，走过了丰富而曲折的发展历程。20世纪80年代前期，我国小学教师培养任务主要由中专层次的师范院校承担，培养不分科，实际上是中专层次的全科培养模式。随着社会发展，20世纪90年代，我国师范教育由四级建制转向三级建制，国家逐步撤销了师范教育的第四级培养机构，即中专层次的师范学校。1998年之后陆续形成了以杭州师范大学为代表的"综合+专长"培养模式、以南京师范大学为代表的"先通识后方向"培养模式、以上海师范大学为代表的"大文大理"培养模式、以华南师范大学与首都师范大学为代表的"分方向"培养模式四种主要小学本科教师培养模式。这四种培养模式都是基于我国从小学到大学实行分科教学的国情，结合自身实际建立的具有中国特色的培养模式，在一定程度上为全科型小学教师的培养创建了培养思路。

五、"教师发展学校"培养

这些年来，"教师发展学校"（PDS）培养模式在我国开始兴起，它是借鉴美国教师专业发展学校的模式而发展起来的，主要是由中小学与大学联合形成新的合作共同体。营造高校与中小学教师教育共同体，主要指高师院校或综合性大学具有师范性质的学院教师、师范生及有志于今后从事教育事业的学生与中小学教师在"教师发展学校"这一载体内，获得教、学、研共同发展的实体。

在与大学联合的中小学中，可适当优选乡村学校，以进一步优化乡村教师队伍。

六、U-G-S 教师教育模式

"U-G-S"教师教育模式中的"U"指高校（university），"G"指地方政府（地方教育行政部门）（government），"S"指中小学（school）。在U-G-S 教师教育培养模式中，高师院校与地方政府（地方教育行政部门）、中小学进行深度合作，融职前培养、入职教育和职后培训为一体，融管理文化、管理制度、组织机构、教育资源和课程体系为一体，具有开放、合作、实践三大特点。

七、G-U-S 教师教育协同创新

G-U-S 教师教育模式是一种以省级政府为主导，以高校与地方政府（市、县两级政府）所属中小学校联盟为主线的教师教育培养模式。该模式最早在山东省进行实践，对重建山东省县级教师教育体系、提高师范生生源质量、优化教师教育课程设置、提高教师培训培养绩效发挥了重要作用。

八、"一体化"教师教育

教育一体化是"为了适应学习化社会的需要，以终身教育思想为指导，依据教师专业发展的理论，对教师职前、入职和在职教育进行全程的规划设计，建立起教师教育各个阶段相互衔接，既各有侧重，又有内在联系的教师教育体系"。具体的教育一体化目的在于统筹考虑教师教育资源和培养培训计划，以整合的教育模式改变目前教师教育中的割裂状态，尤其地方农村教师。

一体化并不是单一化，它可以是多元化的教师培养主体，并不垄断教师教育。它强调整合完善的体系，但并非封闭，而是希望在开放竞争中体现自身的特色和优势。其核心理念是强调将基础教育教师专业成长视作一个连续不断的过程，并在此过程中为受教育者提供持续贯通的、切合各阶段专业发展特点的、符合基础教育教师内在身心成长规律的职前职后的整体性教育。

第五章
核心素养视角下卓越教师职前培养研究

信息化和大数据时代的到来使国家间综合国力的竞争日趋激烈。当前,随着世界范围内知识经济化时代的到来,各国综合国力的竞争主要表现为人才的竞争。在人类社会,教育从事的是培养人、发展人的活动。人才的培养主要依靠教育来完成。本章主要探讨卓越教师的产生背景及标准界定、卓越教师职前培养价值取向的现状及定位、卓越教师职前培养合理价值取向的路径选择,以及卓越教师职前培养阶段课程设置现状及改进策略的探讨。

第一节 卓越教师的产生背景及标准界定

教师在教育活动中居于主体地位,因而,教师在教育活动中承担着人才培养的责任。因此,培养卓越人才要以卓越教师的培养为前提。

一、卓越教师的产生背景

"卓越教师培养计划"是教育部为适应教育改革和发展的需要,在2010年推行实施的旨在培养拔尖创新型人才的计划,该计划主要面向师范生培养院校,立足于培养卓越的中小学教师和未来教育家,意在创新人才培养模式,提高人才培养质量,充分发挥教育的政治、经济、文化和科技功能。"卓越教师培养计划"的推行和实施,是多种因素共同作用的结果。

(一)国际背景

21世纪是知识经济时代,经济全球化迅猛发展,信息技术受到了前所未

有的重视,科技在综合国力竞争中的作用日益凸显。科技的发展靠人才,人才的培养靠教育。教育被视为推动个人发展和社会进步的强大动力,受到了前所未有的重视。教师是教育的基本要素之一,是教育发展的推动者和促成者。联合国教科文组织在总结教育改革成功经验时提出,"教师是决定教育改革成功的三个关键要素之一","没有教师的协助及其积极参与或违背教师意愿的教育改革,从来没有成功过"。因此,提高教师素质,加强教师队伍建设成为世界各国教育改革的重要内容。

教育战略地位的日益凸显,拉开了教师教育改革的序幕。为了改革教师教育制度,提升教师的专业素质和能力,促进其教育事业的发展,20世纪80年代以后,美国先后发布了《国家为培养21世纪教师做准备》(1986年)、《明日之教师》(1986年)、《明日之学校》(1990年)、《明日之教育学院》(1995年)等报告。这些都是在对教师教育现状进行调查研究的基础上,结合本国的实际情况而提出的旨在培养卓越教师的报告。这些报告的出台,对美国教师教育事业的发展产生了极大的推动作用,促进了本国教师的专业化发展,也提升了教师的素质和能力。

一向以教育大国自居的英国也不甘落后,1972年,以詹姆士勋爵为首的调查委员会向国会提交了《教师教育与培训》(又称《詹姆士报告书》)的报告书,首次提出将教师教育分为个人高等教育阶段、职前教育专业训练阶段和在职进修阶段,三个阶段相互衔接,各有侧重;1983年,英国教育和科学部发表《提高教师质量的白皮书》,充分肯定了教师在职培训的地位和作用,提出将教师培训与中小学的教学实际相结合;1985年,英国教育部发布《新教师培养课程批准准则》,在总结英国几十年师范教育改革的实践经验、英国中小学面临的困境的基础上,对英国各类教师应具备的素质和能力、专业课程的要求、训练项目和方式、各科的最低学习时间数、考核机制、新生素质和录取条件等做了较为细致的规定;1993年,苏格兰地方政府颁布《苏格兰未来教师培训计划纲要》,对教师教育提出了更为明确和细致的规定;2002年,英国教育标准局与教师培训署颁发了入职教师标准与在职教师训练标准,对教师资格进行了进一步的明确和限定;2011年,英国教育部发布了《培训下一代卓越》的教育政策咨询意见稿,提出吸引优秀毕业生加入中小学教师队伍、提高教师待遇和地位等建议。同样重视教育事业的澳大利亚政府也不甘落后,1999年出台《21世纪教师》文件,要求各地政府根据自身实际情况实施卓越教师培养计划,提高教师地位,促进教师专业发展。由此可见,教师教育改革的浪潮已然开始,教师教育改革刻不容缓。

（二）国内背景

21世纪是知识经济时代，信息技术作为新的生产力，成为促进社会发展的强大推动力。经济的发展，科技的进步，都离不开信息技术的推动。而信息技术的发展，又离不开拔尖创新型人才的培养。虽然我国幅员辽阔，人口众多，但受历史、政治、经济、文化等因素的影响，我国的人力资源优势尚未真正发挥，由人力资源大国向人力资源强国转化仍需较长的时间。从某种程度上讲，人才稀缺成为我国社会发展的"瓶颈"。因此，培养大批拔尖创新型人才，充分发挥人力资源优势成为当务之急。人才的培养离不开教育，教育的发展离不开大批的卓越教师，教师教育逐渐成为我国教育改革的重要内容。

《国家中长期教育改革和发展规划纲要(2010—2020)》明确提出，"严格教师资质，提升教师素质，努力造就一支师德高尚、业务精湛、结构合理、充满活力的高素质专业化教师队伍"。由此可见，我国教师培养已从重视数量阶段转到重视质量阶段，培养大批高素质、专业化教师队伍成为当务之急。

（三）现实需要

自1896年第一所师范学堂成立至今，师范教育已有一百多年的历史了，师范院校也为中小学校输送了大批的优秀教师，其功绩是不可忽视的。但社会在发展，时代在进步，师范教育必须要跟上时代改革的潮流。因此，师范教育一直在探索中前进，在改革中发展壮大。职前教育是教师教育的基石，对教师素质的培养和提升起着重大作用。我国师范教育的发展仍处于探索时期，依旧面临着重重的困境与难题，也还存在很多的问题。一是教师队伍整体素质还不能完全适应全面实施素质教育对于高水平教师的迫切要求；二是师范教育发展水平不适合建设高素质教师队伍；三是高等师范院校的人才培养还不能完全满足基础教育对优秀师资的迫切需要。

长期以来，虽然我国教师教育体系得到一定的完善，教师培养质量和水平得到一定的提高，但我国教师队伍的发展并不令人满意，不仅教师质量有待提高，而且教师数量不足，尤其是在农村地区、边远地区、贫困地区和民族地区。可以说，教师数量短缺已成为严重的社会问题。因此，职前教育作为培养教师的重要阶段，备受青睐，成为教师教育改革的重要突破口。师范院校是职前教育的重要场所，肩负着为国家培养优秀教师的重任。我国师范院校的发展并不是一帆风顺的，而是在不断地争议和不断地改革中步履蹒跚地发展起来的，学术性与师范性间的矛盾、理论与实践的矛盾、统一性与多样性、个性化间的矛盾等一直备受争议，一度成为师范院校改革的焦点。矛盾的存在，直接影响着师范院校培养的教师的质量，不仅易造成师范毕业生难以适应中小学的教育教学实践，还会影响中小学校的教育质量。课程作为师范院校重要的教育内容，更是面临诸多的问题与挑战。部分师范院校不关注教师教育改革和发展，导致教师教育课程落后。不仅课程目标混乱，课程内容"空、繁、旧、少"，课程结构不合理，在课程实施及课程评价方面也难以令人满意。课程是教师教育的核心，课程设置不合理，势必影响教师培养的质量和水平，培养出来的师范生难以满足中小学、幼儿园和中等职业学校的实际需求，也影响了教师队伍的整体水平。

为了适应国际教师教育改革的潮流，促进对拔尖创新型人才的培养，改变我国教师教育的现状，2010年，教育部提出实施"卓越教师培养计划"，与卓越工程师、卓越医师、卓越农林人才、卓越律师合称为"五大卓越人才培养计划"。该项计划的提出，旨在为中小学校输送卓越的教师和未来教育家，促进基础教育事业的发展。自其提出至今，已有50多所高师院校先后实施了该项计划，并取得了一定的成果。"卓越教师培养计划"正发展得如火如荼，其实施效果也逐渐进入验证阶段。

在《教育部关于实施卓越教师培养计划的意见》中，教育部提出"培养一大批师德高尚、专业基础扎实、教育教学能力和自我发展能力突出的高素质专业化中小学教师"，这是我国政府所提出的关于卓越教师培养的总体目标，也是对卓越教师职前培养的基本要求。

二、卓越教师标准界定

"卓越教师"是2010年教育部在中国卓越人才培养工程中的一项主要内容。这项改革创新包括对理论与实践两方面的深入研究，不仅体现了教育部的人才培养精神，而且为我国高等院校的教师培养计划拟定了新的要求和标准，对于社会主义精神文明建设，打造更高素质的教师队伍都有着重要的现实意义。

（一）20世纪80年代以前的标准

通过探析卓越教师的标准，来寻求更加合理的培养路径，对于社会主义精神文明建设以及教师队伍整体素养的提高都有着重要的教育意义。

1. 教学许可证

1823年，佛蒙特州的牧师霍尔（Satrmel R. Hall）创办了美国最早的师范学校，这是一所私立的师范学校，学校为学生提供为期三年的教师培养课程。持续了半个多世纪，私立师范学校发展相对缓慢。到1839年，马萨诸塞州创

第五章 核心素养视角下卓越教师职前培养研究

办了美国第一所公立师范学校，学期一年，到 1860 年延长到两年。

1839 年和 1840 年，马萨诸塞州又分别创建了另外两所州立师范学校。这是美国教师教育最早的起源。发展到 19 世纪末期，在美国 45 个州中，大部分州已经建立自己的公立师范学校；1890 年全美公立师范学校总数达 130 所；1898 年私立师范学校为 165 所。尽管师范学校主要是为了给中小学校提供师资，但在 19 世纪从师范学校毕业的教师，占全美所有教师的比例不及四分之一。

在 19 世纪，除了师范学校培养教师以外，在美国中西部地区还存在另外一种教师速成方式——教师短训班。这种短训班的学习时间从几天到一两个月不等，由县学监组织，采用暑假短训班的形式，学习的课程主要面向农村学校所设的基本科目。为了确保短训班的培训质量，也为了确保教师的学科知识，培训班对毕业生采用教师资格考试的形式，并颁发教学许可证，但这通常由县一级组织，考试通过率较高，事实上较难保障质量，其目的主要是满足中西部地区，特别是农村地区对于教师的需求。这是美国早期和最初的教师资格标准，或者是师范学校毕业，通过了师范学校相关课程的考试，获得了毕业证书并取得了从事教师职业的资格，或者是通过由县一级组织的教师短训班及其组织的考试，取得教学许可证，进而获得从教资格。

自 19 世纪以来，美国各县市和学区的教学许可证制度在美国较为普遍，同时作为美国宪法赋予的教育管理的法定主体——州政府开始逐渐将教师资格认证的权力从县市地方政府或学区手中转移回来，并逐渐形成了美国以州政府为主采用考试的形式对教师资格进行审核，进而决定是否颁发教师资格证书的教师教育质量保障体系。1825 年，俄亥俄州颁布了教师证书法令，这是美国历史上第一个由州政府颁布的有关教学许可证书的法令，标志着教师的资格认证和教师质量问题得到了州政府这一更高层次行政主体的重视。随着俄亥俄州开始颁布教师证书法令，美国其他各州也纷纷颁布相关的法令，完善本州的教师资格认证工作。

此时各州要求教师获得教学许可证主要包括三个方面的内容：道德品质、教学管理能力、学科知识能力。道德品质是其中一个重要的衡量指标，如俄亥俄州 1825 年的法令就规定："如果合格，有好的道德品质，就发给他们有效的证书。无证书者不得在任何乡村学校执教，无证书者不得领取法定的工资和福利。"[①] 由此可见，道德品质是重要的标准之一，当时对于道德品质衡量的主要依据就是相关人士的推荐信。教学管理能力的衡量主要通过口试的

---

① 铁生兰. 教师教育全程培养模式研究——以青海师范大学为例[J]. 福建论坛（社科教育版），2009（04）：96-98.

方式进行，询问教学许可证申请者的专业能力或者是否接受过相关的训练等内容，但在当时的口试内容和方式随意性很强。在学科知识能力方面主要测重考察读、写、算等能力，如1831年俄亥俄州要求教师在读、写、算等方面合格；1834年宾夕法尼亚州要求教师必须参加读、写、算等方面的考试等。由此可见，19世纪的美国还只是有最早的教师资格标准的雏形，而这些标准都还相对粗陋与简单，卓越教师的概念还没有得以提出。

1834年，宾夕法尼亚州组织全州教师考试，这是全美最早采用考试形式来确定教师资格的州，这也正式拉开了美国各州开始制定与完善自己的教师资格证书考试制度的序幕。自19世纪中后期到20世纪初期，美国各州都在完善自己的教师资格证书制度，不断地提高考试要求、制定新的考试标准等，但是在具体的标准上依旧是在延续19世纪二三十年代的内容，只不过要求更加严格、内容上更加具体与细化等。发展到20世纪初期，卓越教师或者是与卓越教师这一概念相平行的概念仍然没有得以提出，更不论卓越教师的标准或者要求了。

2. "好教师"概念的起源

发展到20世纪中叶，教师教育越来越引起人们的重视，但它带来的分歧与争议也持续不断。特别是1957年，苏联人造地球卫星上天后，美国政府和社会将美国在空间军事技术上落后的责任归诸于教育，对教育进行了强烈的批评。对教育的批评必然带来对教师培养质量的批评，为了应对批评，寻找出路并重塑美国教师专业化，1946年成立的"全美教师教育和专业标准委员会"（NCTEPS）在1958年、1959年和1960年连续召开了三次富有影响力的全美教师教育研讨会，学校教师、教育行政管理人员、教育专家、学术团体成员等共同参与讨论，为提升美国教师教育质量而努力。这三次会议分别在肯塔基州鲍灵格林、堪萨斯州堪萨斯市和加利福尼亚州圣地亚哥市召开，被称为美国教师教育"充满希望的三部曲"。

这三次会议在美国教师教育的历史上有着十分重要的意义，它们商讨与决定了美国教师教育的发展与改革方向，同时还将"好教师"这个与当前卓越教师概念并行的概念正式提出，但遗憾的是并没有对"什么是好教师"展开深入具体的探讨，并制定具体明晰的规定与标准。但无论如何，"好教师"或者"卓越教师"概念得以正式出现在人们的视野，这是卓越教师培养或者标准制定上较为重要的一步。实际上，对于"好教师"的概念或者是标准，或许在人们的心目中早已约定俗成地存在着，只不过没有出现在正式的讨论当中。由此可见，在20世纪中叶以前，美国对于卓越教师这一概念的理解，始终是模糊的或者是约定俗成的，即比其他教师水平高的教师就是"好教师"或者"卓越教师"。

（二）20世纪80年代到20世纪末期的标准

卓越教师专业标准的制定与实施是教师专业化发展的基本问题，20世纪80年代到20世纪末期的标准如下。

1. "优秀教师"的核心主张

20世纪50年代，苏联人造卫星上空以后，美国上下产生了"怒其不争"的情绪与对国家安全的忧患意识，1958年《国防教育法》是这次反思的代表性产物，并拉开了美国教育改革的序幕。到1983年，时任教育部长贝尔任命成立的"全国卓越教育委员会"发表了著名的《国家处于危险之中——教育改革势在必行》报告。该报告所提出的提高美国基础教育质量的主张，得到了美国社会各方面的支持。

基础教育改革，首先是教师质量的提升，而教师质量的提升必然要依靠高质量的教师教育。在这样的时代大背景下，1986年，美国"卡内基教育和经济论坛"的教学任务小组发表了《国家为21世纪的教师做准备》报告，这是对1983年《国家处于危险之中——教育改革势在必行》报告的回应，该报告提出如下建议：州政府要改革教师从业制度，担任教师的学历要求是研究生学历；细化从事教师职业申请者的入职条件，要求其必须掌握基本专业知识和具备交流能力；读研究生的人要能够教授本科阶段的课程；各州以及下属政府部门开设的研究生课程，不仅要面向成绩出众的学生，还要面向少数民族的学生；创建专门委员会，制定教师教学的专业化能力的评定指标，并制定奖励制度；州政府组织各地区制定高校联合再教育计划，统一为各地区教师专业能力的提高提供帮助，鼓励教师再接再厉、不断创新，开展教师进行专业化练习的活动，以达到教师教学专业化指标的要求。

上述报告中所提出的建议具有现实可行性，也为教师教学体系的改革指明方向，有助于提高教学水平的标准，促进高标准的评定体系的完善，增强教师的自信心和自豪感。

在卡内基基金会的呼吁与直接资助下，全美专业教学标准委员会于1987年正式成立，为一个非营利的、非党派的民间组织，该组织共有63人，绝大多数成员为具有丰富实践教学经验的中小学一线教师，其他成员包括学校管理人员、学校董事会成员、州长、州立法人员、高校负责人、教师组织或者民间机构的相关代表、商界和社区领导等。

全美专业教学标准委员会主要有两项具体目标：一是建立一个评估、认证系统,认证学校中的优秀教师,并授予高级证书;二是建立一个标准制定委员会,为36个独立的教学领域设立优秀教学标准。以这两项具体目标为基础,1989年全美专业教学标准委员会发表了题为《教师应该知道什么和能够做什么》的报告。在报告中,全美专业教学标准委员会正式提出了优秀教师的概念,并在此报告中提出了全美专业教学标准委员会关于优秀教师标准的五项核心主张。这五项核心主张主要是对优秀教师应该知道什么和能够做什么的一般原则性要求,具体内容如下。

(1)学生作为教育体系的核心。学生是独立的个体,个体差异明显,每个学生的学习能力各不相同。作为一名优秀的教师,必须认识到这种差异性,缩小优等生和差等生之间的差距;关注学生的学习动态,鼓励学生将书本知识与实践活动联系起来;认识到文化知识对一个人发展的重要性,培养学生对学习的兴趣,鼓励学生积极主动地发现问题并解决问题,增强学生的学习能力,进而提升学生的自豪感,引导学生用知识陶冶情操,教育学生要尊重民族文化。

(2)熟知教学体系和教学任务。作为一名优秀的教师,布置学习任务要合情合理,对讲授的课程要有整体把握,运用合适的教学方法以方便学生掌握知识;拓展思维,不局限于教授的课本内容,善于联系其他学科知识,构建知识发展的过程体系;挖掘新的学习途径,鼓励学生进行多角度学习;分析学生的个体差异性,关注学生在学习过程中遇到的问题,分析问题的原因,找出自身教学的缺点并予以改正;鼓励学习发现问题,并能够独立分析问题的成因,最终将问题化解。

(3)关注并监督学生的学习情况。创造良好的教育条件,为学生营造学习气氛,优秀教师要重视学生学习兴趣的养成,教育学生不能浪费时间;将学习技巧传授给学生,方便学生的学习生活;观察学生的学习状况,对学习有进步的学生予以表扬,对学习成绩落后的学生予以鼓励。

(4)时刻检验自己的教学能力和实践水平。作为优秀教师,能够熟练地将理论知识运用到实践中,通过实践获得真知;成为学生的榜样,教导学生陶冶心性的同时,要保持自身素质的不断提高,坚持活到老学到老的理想信念;将自己所学所想传授给学生,帮助学生更好地完成学业;培养创新理念和实践理念,善于进行推理论证,深刻剖析实践所隐藏的现实意义。

(5)同学生一起,成为学习主体。身为优秀教师,要主动与教学管理者合作,参与教育制度和教育计划的制定,提升自己的教学能力;认真贯彻落实政府设定的教学目标,有效利用教学资源,促进学生学业的顺利完成,推动学校向着更好的方向发展;主动联系家长,向家长反映学生的学习情况,鼓励家长进行家庭教育。

五项核心主张详细地规定了优秀教师要履行的职责,成为评定"优秀教师"称号的标准。五项主张概括来讲,是对学生学习能力和学习态度的关心,教学任务、教学大纲以及专业知识的掌握程度,监督和管理学生的学习情况,及时进行自我检查和自我反省,交流学习和互相沟通。

2.优秀教师与高质量教学内容

1994年,一个致力提高美国教学质量的非党派、非营利组织——全美教学与未来委员会成立。该委员会在1996年发表了著名的《什么最重要:为美国未来而教》报告。该报告的一个基本观点是:学生的学业成绩与教师的质量是有密切关系的。这个观点对美国教师教育的发展有着十分重要的影响。

在20世纪60年代,教师质量与学生学习的关系并没有得到人们的重视,人们相信学生的学业成绩与各种环境因素,特别是与学生的家庭环境和生活背景等有着直接的关系,但对于教师质量与学生学习的关系却较少得到论证或者普遍认可。如1966年经典的《科尔曼报告》提出:1964年美国詹姆斯·科尔曼教授带领一个研究小组收集了美国各地4000所学校60万学生的数据,进行了当时美国教育领域所做的最大规模调研。然后,他们对这些调研材料进行了大量分析。到了1966年,科尔曼向国会递交了《关于教育机会平等》报告,这就是美国社会学史上和教育史上著名的《科尔曼报告》。

《科尔曼报告》提出:人们知道,在此之前,黑人学生的文化教育水平较低,而且相对于白人差距越来越大。科尔曼和大多数人一样,认为这种差距主要是由学校的物质水平和条件造成的。调查结果发现:黑人和其他弱势少数民族后裔(拉丁裔和印第安人)相比白人中产阶级,缺乏一种改变自己前途的自信。科尔曼把这种现象称为"自尊",受种族、肤色等因素影响,这些处于弱势的学生,敏感、多疑且自尊心强。他们觉得环境过于强大,不可能通过教育改变他们的人生,对自己的前途缺乏自我期望,学习士气比较低,从而造成学习成绩低,与白人相比差距越来越大。

《科尔曼报告》在实证调查的基础上认为,学生学业成绩只是在很小的程度上与学生在学校的学习和生活相关,这一观念自提出开始便深深影响着美国的基础教育,并一直持续到1983年。到1996年,全美教学与未来委员会的《什么最重要:为美国未来而教》报告才正式转变美国社会中,人们对学生学业成绩与教师关系的认识,并确立了教师质量与学生的学业成绩有着十分重要的关系这一观点。

当然,《什么最重要:为美国未来而教》是在大量研究成果的基础上提出的观点。值得注意的是，近年来美国所普遍采用的"增值"评估则更加确认了这一观点：在实践中的运用结果进一步证明了教师的质量，它是决定学生学业成绩的唯一重要因素。

既然教师的质量如此重要，那么提升教师质量则成为提升美国教育质量最核心与最关键的因素。基于此，《什么最重要：为美国未来而教》认为，"教师知道什么和能够做什么在学生能学到什么方面具有至关重要的影响"。所以，该报告提出五大主张：第一，对学生和教师建立严格的标准；第二，对教师培养和专业发展进行革新；第三，重审教师聘用制度，让优秀教师进入每一间教室；第四，对教学知识和技能突出的教师进行鼓励和奖励；第五，创建使学生和教师都能获得成功的学校。同时，《什么最重要：为美国未来而教》认为，教师的教学质量问题是至关重要的，实施高质量教学应该是每一位教师的责任，特别是优秀教师，更应该具备高质量的教学能力。

《什么最重要：为美国未来而教》认为，高质量教学主要体现在如下七个方面。

第一，坚实的学科知识：所任教学科的核心概念、结构；教育学、教学方法等。

第二，聚焦于学生学习与发展：包括对学生不同学习阶段和方法的反应策略等。

第三，知识渊博：包括分析与应对学生学习的课程知识、评价设计等。

第四，深度理解：采用不同策略应对学生间学习的差异与不稳定性等。

第五，多元文化：具有应对来自不同文化背景的学生能力。

第六，信息技术能力。

第七，连续反思与改进教学的能力。

在《什么最重要：为美国未来而教》中，全美教学与未来委员会多次提及优秀教师这一与卓越教师平行的概念，并认为优秀教师的核心与关键是高质量的教学能力，高质量教学成为20世纪末期美国基础教育的根本目标。在这份报告的影响下，美国300多所教育学院和基础教育领域的专业发展学校共同制定了教师教育研究生层次的培养方案，以提升教师培养质量。

近年来，各州政府也开始开发和设计高质量教学和学习的模式；吸引、奖励和留任优秀教师；改进教师的培养方式和入职培训等多方面工作，以提升美国教师的整体质量。

《什么最重要：为美国未来而教》成为时任总统教育政策的基石，它直接推动了美国标准本位的教师质量意识和教师教育的改革，并对美国职前、入职和在职教师教育一体化的形成和一体化教师教育质量保障体系的发展等产生了十分重要的影响。有学者将其与1910年医学领域的弗莱克斯纳报告相提并论,认为其与弗莱克斯纳报告一样,是美国教师教育真正专业化、教师教育质量提升的历史转折点。同时,《什么最重要:为美国未来而教》不仅在美国教育史、教师教育史等各领域发挥了重要的作用,同时也对推动美国优秀教师(或者卓越教师)的标准制定、培养等工作发挥了十分积极的作用。

尽管《什么最重要:为美国未来而教》并不是完全在制定优秀教师的标准,但是它所提及的优秀教师及优秀教师所需要掌握的高质量教学能力等,都在逐渐促使美国各大学和学院开始从职前为中小学培养卓越教师,使得卓越教师培养成为美国全社会上下所共同追求的方向与目标。

(三)21世纪以来的标准

美国、英国、澳大利亚三国都具有相对成熟且符合各国国情的卓越教师专业标准,这有力地推动了各国教师专业化的发展,并取得了显著的成效。

1. 高质量教师不等于卓越教师

在美国对教师质量的管理中,联邦政府长期处于"缺席"状态,这既是美国宪法所确立的分权原则所致,也是美国社会中长期存在的惧怕联邦或者中央集权的文化心理因素所致。美国联邦政府真正开始对教师及其培养工作展开管理,是从第二次世界大战后,干预的形式主要是立法与拨款两种。

1958年《国防教育法》是联邦政府以国家安全的名义干预教师的开端,也是对教师教育进行干预的开始。其干预教师教育的方式是:通过立法对达成特定教育目标的教师予以资助。1965年《高等教育法》的目标之一是帮助贫穷学生接受高等教育,并设置了两个与教学改革相关的项目,一个是教师奖金项目,一个是教师团项目,这些是在当时教师短缺的背景下,大学与中小学合作进行区域性的师资培训,以满足地区的师资需求。

1967年《教育专业发展法》对1965年《高等教育法》所忽视的问题有意识地进行了补充,增加了新的教师培养方案、教师间互助、行政管理者培训等。在20世纪70年代,由于当时教师严重短缺和教师质量区域不均衡问题得以逐步解决,还出现了教师剩余的现象,所以联邦政府对教师教育的关注力度大大减弱。

20世纪80年代初期,由于当时里根政府坚定认为教师是各州的事务,所以几乎取消了一切联邦对教育和教师教育的干预与关注,甚至还准备取消教育部,这种状况一直延续至1983年《国家处于危险之中——教育改革势在必行》报告的出台。1983年的报告和随后大量有关教育和教师教育改革的报告,成为联邦政府开始重新干预教师教育问题的重要推动力量,以"教育总统"自居的老布什在1989年召开的美国首届全国州长教育高峰论坛,则是美国联邦政府干预教师教育问题的新开始。1992年美国颁布的《高等教育法》、1994年《中小学教育法》第5次修正案——《学校促进法》和1996年《2000年教育目标》等法案,都高度关注美国的教师教育问题,并一再提及提高教师教育质量是美国重要的教育改革方向。20世纪90年代的系列法案直接促成2001年《不让一个孩子掉队法案》的出台。

《不让一个孩子掉队法案》是美国进入21世纪以来最重要的法案之一,长达670页的法律文件被视为美国教育改革史上的里程碑。在教师教育上,该法案提出了"高质量教师计划"(HQT),并制定了高质量的相关标准。

(1)新聘任的中小学教师。根据《不让一个孩子掉队法案》的要求,自2002年9月1日起,所有美国公立小学的新聘任教师由各州教育部门(SEA)负责监督和评定。新聘任教师必须达到两个基本要求:至少拥有四年制本科院校授予的学士学位;通过一项严格的州级测试以证明已经具备扎实的学科专业知识和必备的在阅读、写作、数学及大纲规定的其他学科中的教学技能。州及政府所制定的两项基本标准,适合于所有类型的新聘任教师,包括艺术类、虚拟数字教学类、职业技术类、特殊人群教育类以及其他类型。

新聘任的教师在基础教学领域内分为小学教师和中学教师,和聘任到公立小学的教师相比,公立中学聘任的教师的标准更高一些,他们要具备专业性和高水平的教学能力,熟练掌握核心学科知识。各州教育部门设置了三种聘任标准的考核途径,首先是顺利通过州教育部门设置的考试,符合教师应具备的专业化标准,各科的考核分数均合格;其次是目标学科的学历必须达到硕士及以上,并且完成硕士课程的学习;最后是获得州级教育部门的认可,荣获"高级教师"的称号。

(2)在职的中小学教师。与新教师一样,需要由SEA负责保证在职教师必须拥有学士学位和相当的教学技能。根据《不让一个孩子掉队法案》的要求,要证明自己有足够从事该学科教学的知识和能力,在职的中小学教师必须具备以下条件:具有四年制本科学士学位;取得教师从业资格证,证书必须由州政府颁发;熟练掌握任教学科的专业知识,具备高标准的教育教学能力;教师教学能力的测试要具有权威性,主办部门必须是政府部门,认证标准合理可靠、公正客观。

在职教师的考核步骤包括:组织任教学科和基础学科的考试,考察教师的专业性;组建包括教育专家、学校领导和优秀教师在内的评审小组,由评审小组对在职教师进行综合评价。这些任职条件并不是绝对的,教师的教学年限也是考察的一项标准。

第五章　核心素养视角下卓越教师职前培养研究

针对"高质量教师计划",《不让一个孩子掉队法案》提出2005—2006学年度结束前,使全国所有的教师在所教科目上达到高质量水平。自计划实施以来,美国高度重视教育水平的提高,联邦政府联合州级政府制定了许多可行性的方案,改革力度之大前所未有。以提高教师团队的集体教学水平为目标,美国的教师培养计划有三个过程,即任职前的培养计划、入职时的考核计划以及在职人员的质量认证计划。联邦政府联合州级政府积极地贯彻落实计划所提出的任务,大力支持教育工作者培养制度的改革,完善对教师任职期间的各项考核制度,分阶段评定教师教学水平的高低与否,提高教师的教学质量,并且重视教师团体保障制度的建立。

第一,任职前的培养计划。师范类院校要承担职前培养的任务,师范类学生是被教育的主体。这种培养计划的核心在于提高从业教师的专业化水平,保证从业教师的教学质量。职前培养为教师教育体系的构建搭建平台,属于基础阶段。这一过程迈出了改善教学质量的第一步,不断为教育领域提供高质量的教师人才。

《不让一个孩子掉队法案》的推广使联邦政府和州级政府高度重视教师教学专业性的培养,为确保教师高品质的教学成果,各级政府积极推动专业考核制度的确立和专业评价制度的完善,从对具体的学科评价到对整体的教育体系评价,使之连接起来形成一个综合的评价系统,对最终进入教师专业性考试的师范类学生的素质教育进行整体把握,以保证他们可以在认证考试中顺利通过。

第二,入职时的考核计划。入职时的资格考核是保证教师教学质量的关键步骤。"高质量教师计划"对入职时的资格考核提出了要求,美国政府为了响应计划要求,改革教师教育制度,强调了中间阶段的重要性,把入职时的资格考核提到了前所未有的高度。因此,入职时的考核计划是改革的重点。以《不让一个孩子掉队法案》为基础,美国境内的教授核心课程的教师,在规定年限内必须满足设定的条件,也就是成为合格的教师。所谓合格教师,简单来讲是拥有学士学历证书和教师从业证书,具有专业性的知识框架体系,能力素质方面符合要求,对从事教师岗位可以得心应手,善于和学生进行沟通交流。所有新聘请的中小学教师都要参加入职考核,并且以合格的成绩通过。

第三,在职高质量教师的认证计划。国家政府部门是认证单位,其认证结果具有权威性,所有在职中学教师和小学教师必须通过认证考核,具备学历证书和专业技能。

认证机构为保证在职教师的教学能力,对岗位教师的考核设定了具体途径:一是进入国家统一资格考试,通过专业性认证考核;二是以HOUSSE的评定结果为准,这种评价体系公正合理、讲求实际。这种评价标准是由权威机构设定,具有公正合理性,存在的目的是检验在职教师的综合素质能力、知识掌握程度以及教育质量,主要有以下评定内容:教师对核心学科知识的掌握和整个学科体系的融会贯通以及教学技巧的运用能力;专家界、学校管理者以及优秀教师团队对教师能力的评价结果;教师对核心课程和重点学科有独特的见解,能够创新思维模式和创新教学模式;将教师按照学历和教学科目分类,合理安排所有教师的考核时间,以公正合理的评价标准为基础,结合各州的实际情况进行综合评价,评价流程要前后呼应,有条有理。

《不让一个孩子掉队法案》提出了"高质量教师计划",并设置了高质量教师的标准,针对该标准实施了相关措施,促成高质量教师的达标。《不让一个孩子掉队法案》除了提出高质量教师的基本标准以外,联邦政府还要求美国各州中小学的教师无论是新教师还是在职教师,都应该在一定的年限内成为高质量教师。由此可见,这些标准尽管是所谓高质量教师的标准,但是,"高质量教师"很容易从字面上被理解为与卓越教师并行的教师称号,实际上造成很多人误解——这就是美国卓越教师标准。但事实上这并不是真正意义上的卓越教师标准,只是美国联邦政府设定的教师任职的基础标准与基本条件,并要求在若干年内必须达到的基础条件。所以,此处的高质量教师并非我们所谓的优秀教师或者卓越教师,而只是美国联邦政府在21世纪初期对于教师任职条件的基础标准。

但是,我们也不能由此否定《不让一个孩子掉队法案》在推进卓越教师事务上的作用。该法案最主要的目的是建立美国中小学教育的问责制,并以此实现美国基础教育的绩效目标,且在教师评价方面越来越注重依托学生成绩评判教师是否优秀或卓越。所以,《不让一个孩子掉队法案》提出的用学生在标准化考试中的成绩评价教师水平的高低,真正开启了美国以学生考试成绩为依据,衡量教师是否卓越的模式。

2. 卓越教师和高级教师的资格证书

2001年,全美教师质量委员会(NCTQ)和教育领导委员会(ELC)联合成立了一个新的教师资格认证组织——美国优质教师证书委员会(ABCTE)。这是一个非营利性组织,其宗旨是:通过衡量教师提升学生学业成绩的成功与否,促进公众对教师质量的"常识"途径的理解;通过提供"快捷""便利""卓有成效"的教师证书,帮助州、学区和社区达到《不让一个孩子掉队法案》的各项要求,具体目标主要包括如下方面。

(1)响应培养高素质教师人才要求,培养满足专业性和技术性要求的教师队伍。

(2）完善教学质量考核体系，鼓励优秀教师，提高教师的教学积极性。

（3）提倡以人为本的理念，注重学生的综合能力和学习成绩的提高，加强教师委员会对教师的管理，设定统一的教学目标，合理配备优秀教师资源，实现提升教学质量的目的。

在美国优质教师证书委员会成立之后，该组织获得了美国联邦教育部的肯定与认同。因为该组织所进行的认证工作符合《不让一个孩子掉队法案》中高质量教师的要求，获得了该组织认证的教师可以被认为是《不让一个孩子掉队法案》中的高质量教师。基于此，该组织还获得了教育部的资金资助，在一定程度上证明该组织所进行的认证与改革工作，是代表美国联邦政府的意向。

美国优质教师证书委员会主要进行两类认证工作，分别是：教学证书通行证和高级教师证书。

第一，教学证书通行证。此类通行证在美国国内具有效力，颁发对象是入职教师，证书的特点是便宜易得，便于携带，取得流程简单。证书的合法申请人包括两类：第一类是本科学历的大学生想要转行从事教师行业；第二类是在获得短期教师从业资格证书后，对教师职业产生兴趣的人，希望取得长期有效的证书。这种教师入职资格考试的设定条件很低，任何本科毕业生在没有受过刑事处罚的情况下，都是合法参考人，一旦参加考试并且顺利通过，则具有合法的担任教师资格。

美国优质教师证书委员会为八个学科领域的教师颁发入职教学证书通行证，分别是生物学（6年级~12年级）、化学（6年级~12年级）、初等教育（幼儿园~6年级）、英语语言文学（6年级~12年级）、一般科学（6年级~12年级）、数学（6年级~12年级）、物理学（6年级~12年级）、特殊教育（幼儿园~12年级）。

第二，高级教师证书。所谓高级教师证书，主要是针对富有教学经验的在职教学人员，给他们颁发相当于优秀教师或者卓越教师的高级教师证书，这一证书同样在全国通用。高级资格证书的作用有很多，既可以筛选出符合条件的优秀教师，又可以鼓励这些优秀教师，从而推动教学质量的整体提升。高级教师的评定要求有：形成统一的学科体系框架，对知识有整体的把握；教学质量符合质量评价标准的要求；以学生为主体，把提高学生学习能力作为最终目标，对学生学业成绩的提高有现实意义；听从学校的安排，积极完成教学任务。

选拔高级教师的来源很多，不仅包括公立学校的教师、私立学校的教师，还包括星期日学校教师、日托中心工作者、家庭学校的家长等。要获得高级教师证书，教师除了要通过专业学科的考试以外，还要提供自己的教学已经对学生的学习进步产生积极影响的证据。这里的证据，主要指能够体现学生学业进步的数据与在质性上的表现，主要以数据为主。

由美国优质教师证书委员会所颁发的高级教师证书，实质上是面向在教育领域获得成功且堪称表率和模范的优秀教师或者卓越教师。高级教师证书不仅是对卓越教师专业教学和课程知识水平的证明，也是对专业教学的一种证明。2006—2007年美国优质教师证书委员会在全美国范围内选择了一些学区进行"高级教师证书"的先期研究和试点工作，希望对该证书进行更加完善的设计。但是自2006年伊始，美国优质教师证书委员会在美国开展的高级教师认证试点工作，便遭遇了来自外界如教师教育培养机构、学者、社会公众等多方面的质疑与诟病，如对高质量教师和最低质量教师的区分度不明显等，进而导致其所提出的卓越教师概念及其标准在美国的影响力仍有待提升等问题。

后来，该组织及其所倡导的"高级教师证书"形成了"鸡肋"的局面，一方面是努力实施的高级教师证书的确是美国教师教育和基础教育等所需要的；另一方面却是由提出的标准与观点以及所实施的考试形式等遭受到来自传统教师教育机构等阻碍以及组织本身的社会认可度等问题，使得其高级教师证书的社会接受度仍然有极大的提升空间。

尽管如此，美国优质教师证书委员会颁发的教学证书通行证还是获得了不少州的认可，如2008年1月美国优质教师证书委员会发布的调查数据表明：95%的校长认为持有美国优质教师证书委员会颁发的教学通行证的教师，教学效果比其他教师更好；100%的校长愿意雇用持有美国优质教师证书委员会颁发的教学通行证书的教师。尽管当前对于美国优质教师证书委员会的高级教师证书的标准和社会认可程度仍需要观望与等待，但是美国优质教师证书委员会提出了卓越教师这一概念，同时还提出了高级教师证书和相关标准，对于美国卓越教师概念及其标准的提出与完善，具有一定的推动作用与价值。

3.《我们的未来，我们的教师》内容

2009年初，美国总统同意《美国恢复与再投资法案》（以下简称《法案》）的通过，整个法案涉及资金7870亿美元，有七分之一的资金用于教育体系的完善，这部分资金中有536亿美元用于修缮学校，提高学校的现代化水平，保留了优秀的教师团队，避免了教育工作者的转行；有3亿美元作为教师保障体系重构的资金来源。同时，在完善各类教育院校的过程中，注重

对教师专业性的培养，并为培养计划的实施提供多方面资助。

两年以后，美国联邦政府为保证《法案》的继续实施，颁布新的计划方案，即《我们的未来，我们的教师——教师教育改革和完善计划》。标题"我们的未来，我们的教师"，是对教师行业的一种期盼，把教师看作培养创新人才的关键。新计划的实施不仅有利于教师自身教学能力的提高，而且可以更好地为教师提供保障，目的是培养出优秀的教师团队，让学生受到良好的教育。

《我们的未来，我们的教师》先详细分析了美国教师教育当前所面临的诸多挑战：教师职前培养项目与美国社会需求是脱节的，不能满足社会、家长、学生、准教师等相关利益群体的需求，也不能满足短缺学科或者短缺地区的需求；同时，教师教学水平参差不齐，如在美国只有23%的教师来自师范院校的毕业生，而这些师范类学生所接受的职前培训课程也有自身的缺陷，缺乏系统性是问题所在。最重要的是，所谓职前培训的设定模式过于死板，灵活性差，不能很好地适应多样性的学生群体。

美国提倡人人都有受教育的权利，学生群体逐渐变得多元化，而教师团队仍然以白人教师为主，使教师与学生群体的交流出现问题。除此之外，美国教师职前培训项目存在很多问题，教师能力水平的评定标准体系和教师教学质量的评价系统存在系统性问题。教师资格考试的通过率极高，但考试所考核的项目不能综合和全面评定教师能力，这种笼统的评价体系不利于教师教学质量的提高。

针对上述问题与挑战，《我们的未来，我们的教师》提出了应对策略。例如，应该注重教师的培养、培训结果等，并依据结果，反映教师教育质量。

首先，教师的综合素质和教学技能成为认定的核心，鉴定结果的好坏由教师的实际课堂表现决定。考核能力的方法突破了传统的思维模式，以实际操作为主，整体考察教师的知识掌握程度和灵活教学能力。

其次，各级政府部门要完善考核标准，以学生的学习成绩和未来发展为主，综合考虑家长的满意程度，在此基础上制定职前培训方案，以客观合理的评定项目，确保教师资源的有效利用；分清不同培训项目针对的教师类型，重点培养优秀教师，不断优化培训项目的设定，以实现培训效果。

再次，各级政府要对以非传统方式培养的卓越型教师予以肯定，推动这种以创新培养方式为主的项目的确立。因此，联邦政府高度重视此类项目，给予了极大的资金支持。

最后，建立"大学校长的教学人员"奖学金。联邦政府鼓励州级政府间进行合作交流，拨款15亿美元用于开展交流项目。获得各州政府认可的卓越教师有资格取得资金补助，并有机会获得领导人的身份。各州鼓励开展卓越教师培养项目，政府资助的资金以设立"大学校长的教学人员"奖学金的形式提供，这些资金将在培养项目临近尾声时，资助给成绩优异的学生，以鼓励他们在学术领域的继续努力。资助的资金总额为1万美元，资助对象多以贫困家庭的学生为主。

作为政府教师教育的重要报告，《我们的未来，我们的教师》绘制了美国教育的蓝图：建设世界一流的教育体系和打造世界一流的师资队伍，确保每一间教室、每一位儿童都拥有一位卓越教师。在报告中，美国联邦政府多次提及优秀教师、高级教师等多个与卓越教师并行的概念，并将注意力重点放在如何在教师教育的准备阶段培养卓越教师，通过提升在高校里教师准备项目的质量，进而培养出一批卓越教师。尽管没有提出明确的卓越教师标准，但《我们的未来，我们的教师》所提出的评价教师准备项目的标准，实质上是评价所培养的毕业生是否卓越的标准。

具体标准为以下三个方面。

第一，师范类学生完成学业的情况。学业情况分为就业情况和留任情况。就业情况是学生教授的科目是否与培养项目有关，从业学校的大体情况如何，学校所在地区的教育状况如何等；留任情况是考察一些毕业生在毕业几年后的从业岗位是否发生变化，任职学科是否发生变化等。

第二，毕业生对职前教育的满意度和用人单位对毕业生的满意度。前一项满意度反映的是入职教师培训项目对毕业生任职的影响，后一项满意度反映的是用人单位对入职教师培训项目所培养的教师的认可度。

第三，毕业生的教学成果。毕业生的职前培训决定了入职后的教学成果，而教学成果的好坏，由学生的成绩决定。毕业生所教学生成绩越优秀，证明该毕业生越卓越，从而证明该教师准备项目越卓越。

从2001年《不让一个孩子掉队法案》到美国优质教师证书委员会的高级教师证书，再到《我们的未来，我们的教师》，从历史变迁中不难发现，自21世纪初期以来，美国卓越教师标准与概念变迁的特点：第一，卓越教师的称号越来越多元、丰富，如高级教师、卓越教师、优秀教师等；第二，对卓越教师的关注逐渐从21世纪之前的职后培训转移到21世纪之后的职前培养阶段；第三，在卓越教师标准上，越来越多的关注集中在教师职前阶段的培养质量、培养成效、所培养学生的学业成绩等职前培养质量与成效方面。

第二节　卓越教师职前培养价值取向的现状及定位

教育部在 2014 年 8 月制定并颁发了《关于实施卓越教师培养计划的意见》，该文件的问世，标志着我国卓越教师培养计划拉开了序幕。此后，我国又陆续提出了 80 个关于培养卓越教师的计划，使卓越教师培养计划取得了深入发展。虽然该文件已颁布，但是卓越教师培养计划的发展仍比较缓慢，还处于探索阶段，需要进一步推进和发展。

最近几年，卓越教师培养计划吸引了大批教师和相关工作者的注意，许多师范类的高校也开始探索发展卓越教师培养计划。但是，由于处在探索和发展时期，许多高校对这项计划的了解不够全面，对该计划的实施和目标的确定，还存在诸多不一致的地方，这主要是因为各个高校的人才培养目标和培养计划各不相同。

一、卓越教师职前培养现状

当前世界科学技术发展迅猛，各个国家都在大力发展科技，世界各国之间的竞争也围绕着科技展开，而科技的发展需要靠人才的培养。为了在未来的竞争中占有先机，掌握主动权，世界各国都十分重视科技创新人才的培养。我国提出了建设创新型国家，鼓励科技发展，因此才有了卓越人才培养计划。该计划涵盖了各个行业和领域，比如卓越工程师培养计划、卓越教师培养计划等。培养人才还要靠发展教育，而教师是进行教育的主体，教师在培养人才方面起着至关重要的作用。因此，必须实施卓越教师培养计划，培养出素质高的教师，这是人才培养的前提和基础。

为了适应国际教师教育改革的趋势和满足我国社会主义建设对人才培养的需要，中共中央、国务院于 2010 年 6 月颁布了《国家中长期人才发展规划纲要（2010—2020）》。该《纲要》明确提出："坚持面向现代化、面向世界、面向未来，充分发挥教育在人才培养中的基础性作用，立足培养全面发展的人才，突出培养创新型人才，注重培养应用型人才，深化教育改革，促进教育公平，提高教育质量。"2010 年 6 月，中共中央、国务院又发布了《国家中长期教育改革和发展规划纲要（2010—2020）》，该《纲要》指出："要建设一支高素质教师队伍。教育大计，教师为本。有好的教师，才有好的教育。严格教师资质，提升教师素质，努力造就一支师德高尚、业务精湛、结构合理、充满活力的高素质专业化教师队伍。"

卓越教师培养计划是我国卓越人才培养计划中的关键一环，它的培养质量决定着我国卓越人才的培养质量。为培养一支高素质的教师队伍，我国于

2012年9月颁发了《教育部 国家发展改革委 财政部关于深化教师教育改革改革的意见》，该《意见》认为，"要创新教师教育模式。实施卓越教师培养计划，推进教师培养模式改革。"部分地方依据该《意见》，设立了卓越教师培养模式改革的试点，此《意见》为我国卓越教师的培养奠定了基础。

教育部于2014年8月正式发布的《关于实施卓越教师培养计划的意见》，为我国卓越教师的培养奠定了政策基础。该《意见》提出："培养一大批师德高尚、专业基础扎实、教育教学能力和自我发展能力突出的高素质专业化中小学教师。各地各校要以实施卓越教师培养计划为抓手，整体推动教师教育改革创新，充分发挥示范引领作用，全面提高教师培养质量。"随后，教育部公布了80个我国卓越教师培养的试点项目，以推进卓越教师培养计划项目在我国的深入实施。各地以《关于实施卓越教师培养计划的意见》为指导性文件，分别制定了本地区的卓越教师培养实施方案。如2015年7月，依据《教育部关于实施卓越教师培养计划的意见》（教师〔2014〕5号）和《关于开展卓越教师培养计划改革项目申报和遴选工作的通知》（教师司函〔2014〕80号）的要求，广东省教育厅公布了《广东省教育厅关于开展广东省卓越教师培养计划改革项目申报和遴选工作的通知》（粤教高〔2015〕4号）。该《通知》公布了华南师范大学"卓越中学信息技术教师协同培养模式研究"等17个卓越教师培养计划改革项目，广东省卓越教师计划改革项目试点分类推进。

2014年10月，根据《教育部关于实施卓越教师培养计划的意见》（教师〔2014〕5号）和《关于开展卓越教师培养计划改革项目申报和遴选工作的通知》（教师司函〔2014〕80号）要求，福建省教育厅拟定了《福建省教育厅关于公式卓越教师培养计划改革项目的通知》（简称《通知》）。该《通知》公布了泉州师范学院"卓越小学英语教师培养改革项目"等10个卓越教师培养计划改革项目，其中包含卓越数学教师、卓越英语教师、特殊卓越教师的培养等。

思想是行动的指南，正确的指导思想可推动实践进步，若在具体行动中，指导思想不明确，具体行动就如丧失了航标，失去了前进的方向。所以，各地教育主管部门应该根据实际明确卓越教师培养需要坚持的方向，否则只会降低卓越教师培养的价值。

迄今为止，我国已经有80所开展卓越教师培养计划的学校，主要是师范类院校，如北京师范大学、华东师范大学、西南大学、华中师范大学、陕西师范大学、首都师范大学等。各个高校都按照教育部颁发的《关于实施卓越教师培养计划的意见》开展培养计划，并结合自身办学特色，推动计划的实施。

J大学在对新入职的教师进行培训时,运用"叠加式"的培养方式。在培养卓越教师的班级,上课时"叠加式"的培养模式主要是专业课和卓越教师计划特有的课程相结合。在录取学生时,学校会组织专门的领导小组,指导卓越教师的招生工作,对符合条件的考生进行笔试和面试,从中选取成绩最优秀的学生组成一个班级。

卓越教师培养的试验班,一方面要学习常规专业课,另一方面要学习针对卓越教师培养开设的相关课程。此外,卓越教师培养班级的每一个学生都有一名校内导师和一名校外导师,指导他们学习。前三年,他们主要进行理论知识的学习,最后一学年是实践和找工作,其中相当大一部分学生会选择继续读研。

K大学在培养教师时的培养方式是创新与协同合作。这种培养方式所秉承的理念是协同合作与创新,善于综合多方面力量,集中各师范院校、中小学以及当地教育管理部门的优势,对师范类学校的学生进行教育,提高师范类学校的教育水平。

在招生方面,首先由学校教务处组织小组对学生进行第一轮审核,审核通过以后才可以参加学校的笔试和面试,只有通过笔试和面试的学生才有资格成为卓越教师培养计划中的一员,进入卓越教师培养的班级学习。卓越教师培养的试验班一方面要学习常规专业课,另一方面要学习针对卓越教师培养开设的相关课程。学校为每一位学生安排了一位校内导师,对学生进行管理,教育管理部门还为每位学生安排了一位校外导师,帮助和指导他们进行社会实践,教育理论知识和教学技能的教授则由一些中小学的优秀教师负责,可以说是集中了多方面力量。

在评估学生的学习成果时,K大学很重视卓越教师培养试点班级的学生是否发表了论文,如果没有,那么他们的成绩则不合格。学校每个学期还会安排一些教学实践课,帮助学生提升教学技能。

L大学的卓越教师培养计划主要安排在各个师范类院校。在招生时,首先由不同学院的教师组成一个人才选拔小组,筛选出符合条件的学生,对他们进行笔试和面试,学生通过以后可以进入卓越教师培养试点班学习。这一类学生所学的专业都是一样的。

试点班的学生和普通师范生相比,在课程上多了三门课程,这三门课程都由国家特聘教师进行教授,其他理论课和普通师范生是相同的。一些公共课,试点班的学生会和普通师范生一起上。试点班的学生前三年主要学习理论知识和实践技能,最后一年主要是找工作。但是,试点班的学生绝大部分会选择继续深造,进一步提高自己,而大多数普通师范生则会直接找工作。

从以上的分析中可知，各个学校试点班在卓越教师选拔和培养上，有不一样的要求和标准。北京师范大学的试点班被命名为"励耘师范生班"，学校会提供大约30个免费师范生就读名额，学生入学一年以后可以申请，然后参加学校的考试，通过以后可以免费就读；上海师范大学的试点班被命名为"世承班"，招生时主要采取考试的方法择优录取；四川师范大学的试点班名为"陶行知"班，招生方面，有两类学生不能申请试点班，一是免费师范生，二是国家扶助计划的学生，此外申请就读试点班的学生当年考试的成绩必须比录取调档线高10分以上；西南大学的试点班名为"状元班"，在人才选拔方面，学校规定试点班的学生高考英语分数线、四六级成绩、大一第一学期总成绩在班级的排名必须要达到学校规定的标准，否则无法申请就读试点班。

各个学校的卓越教师培养计划的培养内容和侧重点也各不相同，尤其是各个学校的课程安排方面，每个学校都有符合自身特点的课程。北京师范大学的课程安排如下：一是包括教育心理学、教育学、学科教学、实习等在内的教师基础的理论课，二是教师职业素养，三是技能培训以及教学创新活动。华东师范大学的课程安排主要可分为三种类型：一是教育学等理论知识，二是教育研究及扩展活动，三是实践类的课程。华中师范大学的课程安排也可以分为三类：一是共通教育理论课，二是学科理论与知识，三是相关实践类课程。

从培养学生所采取的方式上看，各个院校试点班也不尽相同，但所有学校上课的方式却是一致的，都采取班级授课制。上课时，学生主要进行理论知识的学习，打好基础，教师会在课堂上进行提问，学生学习时主要学习和消化教师在课堂上教授的内容，也可以向教师提问。

二、卓越教师职前培养价值取向的定位

卓越教师职前培养是为了实现既定的培养目标，由培养主体向培养客体采取相应的培养手段的活动。卓越教师职前培养的对象主要是师范类高校的学生，可以将其作为学校的一种教育活动。卓越教师职前培养价值取向定位，实际上与学校教育活动的价值取向定位有着相似之处，其中关系到两个问题：一个问题是作为不同的三个教育主体，国家、社会以及个人之间有着什么样的关系；另一个问题是教育和培养的最终目的是什么。在对卓越教师职前培养的价值取向进行定位时，还要考虑这种培养活动的特殊性。

（一）教育目的

在西方，"人是目的"是康德伦理学提出的一条重要命题。康德提出：

第五章 核心素养视角下卓越教师职前培养研究

"无论是对你自己或对别的人，在任何情况下把人当作目的，绝不只是当作工具。"作为一个有独立思想的个体，人的能动性是区别于动物的本质特征，对人的教育活动必须以此为基础，遵循以人为本的理念。我们通常所说的"教育活动"是针对人这种个体的。这种活动是有意识的，也是有目的的，教育活动与其他活动的根本区别也正在于此。如果没有人这个主体，那么教育也就失去了存在的意义。

关于人是教育的最终目的，可以从两个方面进行理解：一方面，人生活在社会中，人生活的主要载体是国家或社会，如果失去了国家或社会，人也就不可能存在；另一方面，人存在于社会和国家这个载体之中，可以为国家以及社会创造出自身的价值，不论任何事物都不能超越这种价值。教育是对人进行培养的一种活动，人经过培养后，可以为国家、社会提供相应的服务，为社会以及国家的发展进步做出自己的贡献。与此同时，如果社会与国家得到了发展，对于每个人来说都是福利，国家和社会发展的最终目的也是促进人的发展。所以，作为一种培养人的活动，教育的最终目的应当是促进人这个主体的发展，这种发展既包括人的身体与心理的健康发展，也包括人格的健康发展。①

社会发展的最终目的是人的发展，我国在推行卓越教育职前培养的过程中，应当明确高校师范生，也就是职前培养客体在整个教育体系中的重要性，以客体为核心，制定培养任务，帮助所有师范类高校学生树立正确的人生观和价值观，这样才能体现出教育的目标，即促进所有学生综合素质的全面提升，完成教学最终要实现的目标。

作为独立个体的学生，他们的发展过程主要包括两个方面：一方面是身体发展；另一方面是心理发展。这两个方面的发展都是对学生的一种改造，它们分别从内在和外在两方面促进学生的健康成长。要真正促进学生的健康发展，必须遵循学生个体心理及生理发展的基本规律，不仅要促进学生身体的健康发展，而且要确保他们心理的健康发展，所有与教育有关的要素，都要为这个目标提供服务。

我国设立师范教育的目的，是要将教育与社会政治、经济、教育、科技的发展相适应，顺应国民教育的整体思潮，满足教育实践的需要。促进我国教育事业正常发展的任务要由师范教育负责，在国民教育体系当中，师范教育具有自身特殊的作用及重要地位。作为师范教育，与其他类别的教育有着本质区别，那就是其具有的师范性，师范类教育的发展目标是为我国培养建

---

① 铁生兰. 教师教育全程培养模式研究——以青海师范大学为例[J]. 福建论坛（社科教育版），2009（04）：96-98.

设社会主义事业所需要的教师。师范教育所培养出来的教师今后走上工作岗位，也需要继续陶冶自己的情操，用自己的行动感染其他人。

在我国，师范类院校成为培育卓越教师的不竭动力之源，在进行卓越教育职前培养时，既要向接受培养的学生传授与教育相关的技能以及知识，还要引导他们认识到师范教育的对象是人，这些人都是真实存在于社会中的人。我们不仅要对学生进行专业、系统的教育，还要按照学生心理发展、生理发展的规律，引导他们提升自己的觉悟和德行修养，将这些师范生逐渐培养成为高素质的卓越人才，只有这样，才能保证他们走上工作岗位后，利用自己积极的人生态度和健全的人格引导他人、影响他人，塑造自己的教师形象。

（二）提高人的生命质量

教育的最终目的是促进人的生命发展，实现人的幸福，促进社会的全面进步，令各民族的生产生活更加繁荣，这一切都需要通过教育促进人的发展。在整个教育活动中，教师通常都起主导作用，担负着为社会培养人才的重要责任。

在教育活动中，如何确定学生的培养方向，采取什么样的培养手段，是由两方面因素决定的：一是决定于教师所持的学生观；二是决定于教师所具备的自我意识。如果从教师这个角色入手进行分析，可以看出教师这个职业始终在发生着动态变化。这是社会赋予特殊人群的身份。最早，教师承担的是神启的角色，后来兼具了官吏的身份，再后来教师成为专业人士。不论是哪种身份，教师都被看作为社会提供服务的群体，为社会培养各类所需的人才。所以，教师的身份已经被赋予了特殊功能，他们是一群拥有特殊社会功能的人，但是很多人却忽略了教师作为"人"的身份。

在开展教育活动的过程中，教师对学生的引导作用非常明显。作为教师，如果要通过自己培养出合格的人才，首先要将自己"教师"的这张面纱揭掉，让自己回归人的本原。其次，作为教师要彻底转变过去所持的传统师生观念，促使师生关系由过去以功能为主的社会关系，逐渐转变为以存在性为主的人际关系。在传统理念中，关于师生关系的理解定位是功能性，这种功能性反映了师生关系对个人和群体所产生的作用。

处于这种关系中的学生以及教师，需要扮演各自不同的角色，但是他们之间缺乏精神上的互动与交流，这与教育的本真是不相符的。伴随着社会的发展和人类的进步，教师与学生之间的联系更加紧密，逐渐呈现出多样化的发展趋势。传统的功能主义思想被抛弃，取而代之的是存在性的师生关系。这种以存在性为主的关系，实际上是教师与学生这两种不同身份的人之间所特有的关系。基于这种以存在性为主的关系，教师与学生之间需要进行积极交流和有效对话，通过密切地交流和沟通，学生在学习生活中的问题才会浮现出来，他们才能从教师身上汲取到有用的经验，获得知识学习和人格塑造的启迪。

教师需要摒弃传统观念下的身份权威，将学生视为独立的，具有自身情感和思想的个体，他们之间才能实现精神上的平等，也才能进行富有积极意义的对话，这样的教育活动才能够真正达成促进生命发展的目的。

现代的教育活动，必须要对人这个具有生命的主体给予充分尊重，要遵循学生心理以及生理发展的特殊规律，用多元化的意识和发展的眼光看待受教育的对象，帮助他们形成并丰富生命的个性。

西方人崇尚人生来平等，在中国也有类似的思想，如孔子所提出的"有教无类"，到近代也有教育学家提出"教育平等"的倡议，认为所有人都应当享有受教育的权利，不论年龄、职业、种族和贫富。杜威作为社会哲学家，他的最终理想是建立民主型的社会。在他看来，如果生活在民主主义社会，那么所有人都能够平等地成长和释放自身内在的力量。罗尔斯认为，只有实现了社会公共政策以及社会制度的公正与平等，社会才有可能实现正义。只有实现了社会制度的公正，才有可能实现教育的公正，这是前提，也是基础。①

根据教育学的观点，人道是一种社会理想，要想实现这种社会理想，其一，要保证每个人都拥有受教育的权利，而且能够促使所有人发挥出自身最大潜能；其二，社会上应当对弱势人群给予一定补偿；其三，应当借助教育的开展，在社会交往中建立起人与人之间新的共同体。因此，教育的最终目的是促进所有人生命的发展，让每个人都拥有受教育的权利和机会。要使整个社会变得更加和谐，首先要实际人与人之间的平等。

尽管人的存在必然会受到各种限制，但人是一种具有主观能动性的生物，也是具有自我意识的个体，人能够意识到自身生命是有限的，也能对自我进行不断的完善和创造，从而实现自我超越，而卓越型人才的培养离不开个体意识的自我超越性，这种特性为个人发展提供动力。从国外教育的实践经验看，美国的教育体制改革尤其成功，他们开展的卓越教师计划实践性很强，他们的很多经验以及案例对其他国家的教育发展有着积极的借鉴意义。

在美国的传统价值观中，创新性以及竞争性是非常重要的两种观念。2014年，美国总统提出了"角逐卓越"计划，这是在美国传统价值观基础上形成

---

① 吴越，李健，冯明义. 地方师范大学"卓越教师"的培养路径分析——以西华师范大学"园丁计划"为例[J]. 中国高教研究，2015（08）：92-97.

的。在美国推行的卓越教育行动中，"角逐卓越"计划是其中非常重要的一项措施，这项计划的实施目的是切实提高本国中小学教育的质量。

具体来讲是要从基础教育改革入手，把各州提供的计划方案进行对比甄选，将选择的结果作为分配国家资金的标准。"角逐计划"归根结底依然秉持了西方思想中人生而平等的理念。所有学校在"角逐卓越"计划的各项行动中拥有平等的接受评定的机会。正因如此，一些教育基础较为薄弱的学校也会因此而增加参与教育改革的积极性。

对于我国，多年来发展基础教育所需的师资是通过师范类院校向社会输送的，因此，我国卓越教师培养活动要想取得预期成效，必须将师范类教育体系作为活动的载体。从我国80余所院校的试点情况看，在卓越教师培养活动中，学生被分为两类：培养卓越型教师的班级和培养非卓越型教师的班级。这种以培养标准分类的理念模式，符合我国的价值观念。

在我国，学校分类主要以示范类和非示范类为划分标准。示范类院校的优势明显，教育资源相对占优，但这种模式也在很大程度上限制了非示范类院校对优质教育资源的使用权。与之相对应，我国教育领域会将卓越教师的培养单位分为两种：一种是卓越教师培养班；另一种是非卓越教师培养班。卓越教师类班级优势明显，无论是师资力量、教学配备、教学援助，还是出国交流的机会，都要比非卓越教师类班级有优势。这样必定会引起非卓越教师试点班学员心理上的不平衡。

因此，要在我国顺利实施卓越教师培养计划，首先要按照每个个体在发展过程中所体现出来的不同特征，对所有学生个体存在的价值给予肯定，让每名学生都拥有接受卓越教师培养的权利和机会，让他们都拥有成为卓越人才的机会。在我国推行卓越教师计划，目标主体是师范类院校的学生，这些学生担负着成为卓越教师的重任，实施计划时，要尊重每名学生的独特性，重视他们的文化性，关注他们的意向性，将他们看作一个个平等的生命。卓越教师的培养过程并不是要简单教会他们一些知识以及技能，而是要引导他们意识到人的生命价值与存在的意义，对学生生命的发展给予充分重视。

（三）职前培养是起点而非终点

教育是兴民之要，立国之本，以教育谋划百年大计，师资力量是关键。学校教学质量的高低关键在于师资团队的整体水平。如今，信心化时代下的国家综合能力的竞争越来越激烈，国际知识水平的较量已经成为知识型人才的较量。人才培养计划在信息化时代下的重要性逐渐增强，知识型人才要经过学校的专门教育，掌握娴熟的专业知识，具备高水平的创新能力。这种人才培养计划的实现离不开完善的教学体系。教师的教学水平高，则证明师资力量雄厚，师资力量越雄厚，学校的办学目标越容易实现。培养知识型人才必须依靠高水平的教师团队，师资队伍的培养是关键。为培养优秀的师资团队，我国实施了教师培养计划，也满足学校教育对教师的要求。

世界各国家和各地区都在倡导"卓越教师计划"，这种计划从北美洲开始兴起，陆续向亚洲、非洲延伸。因为地区文化的差异，"卓越教师"一词的含义解释有很多。就美国而言，其国内的教学标准定位较高，具有权威性的教育委员会曾将卓越教师等同于全能教师，要求教师把教育事业看成最神圣的职业，教师要热爱教学、爱护学生，熟知教学内容并研习有效的教学方法，认真履行教师职责，监督学生学习，随时检验学生对知识的掌握程度，鼓励学生把课本知识与实际生活结合起来；教师和学生之间要形成相互学习、相互进步的关系。

而澳大利亚提出，教师教学能力的高低由各项专业指标评定，这些指标有专业素质、专业技能、专业知识、专业实践等，合格的"卓越教师"要达到"excellent teachers"（优秀教师）的水平。

21世纪初，英国已经曾颁布了"卓越教师培养计划"，以高等教育、中等学校教育和基础教育为基础，不仅在高等院校开展计划活动，而且在中小学校中也要实施培养计划。学校要给优秀的教师颁发"卓越教师"荣誉证书，鼓励教师不断提升教学能力。

从这些国家师资标准的设定看，各国具体的表现形式各有不同，但是对"卓越教师"的本质理解却是相同的。"卓越"一词包含顶端的意思，不同于"特级""高级""优秀"等词汇，这些词语仅仅表明个人专业能力的高低，而"卓越"蕴含着全能的意思。卓越教师指在教师行业的领军人物，他们的专业知识达到了一流水平，具有较高的思维境界。

因此，"卓越教师"成为各国教师行业中最高称谓的代名词，他们的教学水平极高，充分掌握了学生对学习认知能力的高低，始终以学生为中心。以学习主体为核心的教学理念在卓越教师心中根深蒂固，他们懂得在提高自身专业知识水平的同时，遵循核心理念。由此可知，培养卓越教师有助于深层次地理解育人的含义。

我国提倡"卓越教师计划"，主要是为了顺应国际上对教育的要求。因此，"卓越教师"是我国借鉴国际上的一种称谓。我国兴起"卓越教师计划"晚于其他国家，自2014年发布关于"卓越教师"的实施意见，我国才正式开启了实施行动。计划的开展首先需要在国内设置实施计划的试点，从我国的教育现状看，培养卓越教师的任务主要落在了师范类院校的身上。师范类高校的设置是为了培养人才，为社会培育高品质的教育工作者。这种师范类的教育把培养优秀教师的过程和培养成优秀教师的结果结合起来，是重要的培育路径。因此，卓越教师的养成得益于师范教育体系。

师范教育的重点是对卓越教师任职前的培养，此时，学习主体有双重身份。首先是被教育的对象，他们是培养的重点，需要履行作为学生的义务；其次是未来的教师身份，他们学习的最终目的是成为一名优秀的人民教师，要兼具为人师表的素质和娴熟的知识技能。

"卓越教师培养计划"的目的是培育人民教师，他们要担负起培育祖国人才的重任，要把教导学生、教育学生、培育学生作为自己的使命。学生是有灵魂、有思想的群体，他们是教师的教学对象，教师要把知识体系灌输给学生，引导他们形成正确的人生观和价值观，培育出可以建设祖国的人才。

综上所述，卓越教师的培养计划能实现双重目的，既可以培养教育者的基础教学能力，又可以挖掘教育者的自身潜力，引导被教育主体养成自主学习的习惯，激发他们对学习的兴趣，教导他们要善于观察生活，从生活中感悟人生的喜怒哀乐，主动追求自己想要的人生，实现自己内心设定的目标，使自己成为新一代的卓越人才。

（四）职前培养是教师专业化的途径

在我国，《国务院关于基础教育改革与发展的决定》（以下简称《决定》）（2011）阐释了教师教育的概念，自此我国教师教育走上了改革发展之路，同时该《决定》的颁布也标志着我国教师专业化进程有了相关的法律保障和政策依据。"教师是履行教育教学职责的专业人员"这一概念源于《中华人民共和国教师法》，这份文件的颁布，标志着教师作为专业人员的地位得到了相关的法律制度的保障。

从教师专业化的定义来讲，《培格曼最新国际教师百科全书》提到教师专业化是职业专业化的一种表现形式，是"教师个人成为教学专业人员同时在教学中具有重要作用的过程"。因此，教师专业化的主体指向是人，人在这种专业化养成的过程中是必不可少的。在教师领域，一个人的专业化水平的提高分为两个步骤，首先是成为一名人民教师，然后才是专业教学水平的提高。这种培养过程的关键在于循序渐进，即能力的提高无法在短期内实现，需要长期积累。

一位教育官员指出，一旦教师行业形成自己独有的行业体系和管理制度，具备了一整套的培养计划，设定了从业条件之后，教师专业化的目标则可以实现。这一定位是从专业化和职业化两个方面界定，并且以专业化为主的。

这种专业化的形成离不开个人和集体的力量，单个教师的成长是基础，教师队伍的发展壮大要依靠个人专业化的培养。

教师个体专业化和教师集体专业化同样重要，个体的力量会聚成集体的力量，只有个人得到发展，集体才能得到进步。在教育行业，一般将专业化指向个体专业化。所以，培养教师专业化的关键在于角色的转变，也就是平常百姓向教育工作者的转变。

我国高度重视教育工作者的培养，并通过实施教学体系的改革措施实现教师专业化的目标。在改革过程中，我国注重理论与实践相结合，获得了教育界人士的赞扬。学生德、智、体、美、劳综合素质的养成与教师的综合素质息息相关，教师教学质量的好坏，决定着学生知识技能的掌握程度，教师的学习态度决定着学生的认知能力，教师的道德品质决定着学生的人文修养，只有教师认识到创新的重要性，学生才会有意识地提高创新能力。所以，育人要求教师在掌握专业知识的同时，应当注重培养自己的教学能力，帮助学生更快速、更有效地学到知识。

与其他职业不同，教师岗位的定位是专业性，其要求从业者的综合专业素质达到一定的水平，兼具知识和技能于一身，教育工作者必须具备专业化的能力。教师专业化的养成是从内在和外在两个方面入手的，对于个体而言，教师个人专业化的发展在于其内在动力的推动，教师个体的专业化也可以外化为外在动力，刺激教育行业向着专业化的方向发展。

一名合格的教师必须具备专业化的能力。合格的教师集知识素养、能力技巧、交流沟通于一身，其各方面都是行业内的佼佼者。

我国教师培养计划分为三步：首先，讲授型教师向教授型教师的过渡；其次，教授型教师向创新型教师的过渡；最后，创新型教师向卓越型教师的过渡。这种计划过程的设定，可以从侧面反映卓越教师兼具专业知识和创新精神于一身，而专业化能力是创新能力的基础。在我国，师范类高校的发展顺应了卓越教师培养计划的实施，这种师范教育模式是培养专业化教师的关键，是产生卓越教师的动力来源，承担着培育我国专业化教师队伍的责任，因此，培养卓越教师的全过程需要依靠师范类院校来完成。具体来讲，职前培养的关键是培养学生在成为教师以后，要具备教师专业化的认知能力和学习能力，这也是成为卓越教师的一种必要准备工作。

职前培养计划是我国特有的计划模式，是国家教育系统改进工程中的重要组成部分，为培养卓越教师提供了前提条件，顺应了我国目前进行的基础教育发展和改革的工作任务，具有重要的现实意义。一名卓越型教师的前身，是一名专业化教师，而专业化教师的养成是职前培养计划要实现的目标。所以，职前培养计划应该以发展专业化为核心，以尊重教师个人发展规律为指导，高度重视教师的性格特点和品行素质，在提高个体教师专业化能力的基础上，促进教师团队的协调性和专业性的提高，使职前培养成为教授型教师向卓越型教师转变的决定性因素。

第三节 卓越教师职前培养合理价值取向的路径选择

卓越教师职前培养，为未来成为卓越教师奠定基础。在将来的教师生涯里，要想走向卓越，必须不断精进自己的品行和素养。那么，该如何达成培养活动的目标呢？除了确定培养目标、培养标准、培养内容和培养结果等，还应该即时给予调整和改进，这样才能满足师范生未来走向卓越的需求，并具备逐步迈入卓越的潜力。

一、以人为本的培养目标

确立合理的卓越教师培养目标，不仅是推动我国卓越教师培养的出发点和落脚点，而且在某种程度上展示了培养者的价值观念。只有根据培养目标实行培养措施，才能最大作用地促进培养对象的身心发展，从而使其达到预期的培养结果。为了促成我国"卓越教师培养计划"的稳固发展，不能忽视对培养目标的定位，它是我国卓越教师培养活动的风向标，引导我国卓越教师培养活动的正确航向。

培养目标之所以体现了学校教育的价值观，是因为其作用于教育目的，在多种多样的学校或教育机构里，承担着将教育目的具体化的责任，两者之间相互作用、不可分割，是普遍与特殊的关系。

教育目的是基础，培养目的是一定程度上的结果体现。因此，培养目标对院校的培养活动提供指导方向。在各大不同的试点院校中，我国卓越教师培养目标的实施更注重工具上的表达，如教师需要具备精湛的专业知识和能力，热爱并且胜任教学工作。其实，这样的解读并不是阐释卓越教师的核心定义。尽管拥有精湛的专业知识和教育实践能力，是成为一名卓越教师的基础，但是，作为人类灵魂的工程师，教师还需要在学生的人格和精神领域成为榜样，才能在教学过程中塑造出学生卓越的品格和内涵，使其具备健全的人格，并在今后的教育工作中感染他人。

从长远角度出发，卓越教师的培养不仅是培养现阶段其作为教师的必备素质，其中包括专业的相关理论知识，以及实践中的教育教学能力，还应该引起重视的是成为一个卓越的人，需要具备的基础素养，如活到老学到老的

学习精神、与时俱进的学习能力、持续自我精进的意识等，只有具备以上意识和能力，才能在任何挑战面前，不惧困难，在今后不断变化发展的社会环境中，始终跟得上时代的脚步。

这样看来，培养学生成为卓越的人，才是我国卓越教师培养的首要任务。也就是说，卓越教师的培养目标除了能够适应基础教育发展，在专业领域精进之外，更要注重身心的发展。

学校可以应用一系列调研手段，对培养对象进行深入了解，包括学生的发展现状——目前已有的卓越教师特点，还需要加强的卓越教师特质等。由此设定一个合理的卓越教师培养目标，不仅要做到尊重学生的基础发展，还需综合考虑相关领域的专家建议，以及社会对人才的真实需求。目前，各大院校却将目光或者聚焦于理论知识的学习，或者聚焦于实践能力的培养，不仅忽视了教育理念和责任培养在卓越教师培养目标中的分量，而且无法在理论知识的学习和教育实践能力培养方面达到平衡，所以需要合理调整两者在培养目标中的占比，让学生在成长过程中自觉养成创新意识，提升终身学习的能力，成长为一名卓越教师。

我国卓越教师的职前培养从本质上讲，是一种生命影响生命的人类活动，主要面向高校的师范生，培养未来的卓越教师，因此在具体的培养活动开始前，必须充分领悟卓越教师职前培养的目的，用以引导后续的具体行为。

社会真正需要的卓越教师，不仅需要在专业学术领域有所建树，或者教育教学能力优秀，更需要对学生怀有仁爱和责任之心，同时自身也要有不断精进、追求卓越、超越自我的意志。总之，学校在卓越教师职前培养上更应该注重健全人格的培养。

二、卓越教师职前培养标准

对于卓越教师而言，他们是教师队伍里一个不断超越自我、突破自我、创新自我、追求卓越的群体，是我国所有教师队伍持续精进和发展的方向标。为了甄别学生是否达到卓越教师的水平，以及推动一般学生、优秀学生，甚至整个教师团队的向前发展，需要设定清晰的卓越教师职前培养标准，这也使得培养目标变得具体可操作化。但是，我国现阶段的卓越职前培养情况并不理想，从对卓越教师职前培养标准的描述可以看出，其并未理解卓越教师的概念，这也导致在培养过程中计划与实际操作相去甚远，造成培养结果参差不齐。培养结果不尽如人意的原因是，缺失卓越教师职前培养标准，缺乏科学统一的理论指导。

卓越教师不仅是学术领域里具备相关专业教学知识和能力的人，更重要

的是其自身素养和精神的卓越,能够做到思想开放、不断自我突破,打破固有思维,勇于尝试新事物,并且能够保持终身学习的能力和可持续发展的理念。以上应该列入卓越教师职前培养的标准中。从我国现状来讲,树立清晰准确的卓越教师职前标准已刻不容缓。

三、学校课程体系的优化

课程作为一种载体,是教育及培养目标最终实现的重要途径,而教育及培养目标又能够从课程内容中得到充分体现。因此,对课程内容进行合理制定,既是培养者价值观念的体现,也对卓越教师进行职前培养的效果有深刻影响。

(一)注重人的发展

任何教育目的及培养目标的实现都离不开课程资源,而教育活动不仅仅是简单的知识传授,其必然涉及思想理念和价值观念的存在。教育活动的价值追求、教育者的思想信仰都隐含在教学过程和知识体系的背后,因而课程体系必然具备价值取向。

由于社会个体是丰富多样的,因而教学课程的内容也不能一成不变。固定模式下的课程内容将不能培养学生的个性,也不利于促进其身心健康成长。传统课程的一大特点是注重"知识性"内容的设置,但随着社会的发展以及人才培养策略的转变,知识性课程内容越来越跟不上社会实践发展和变化的步伐。例如,现行卓越教师培养的相关课程,是以教师传授知识和技能为重点,并没有突破传统普通教师培养的局限性,只能培养出"教书匠"这一类教师。

因此,我国对当前卓越教师职前培养体系进行改革,必须首先将知识取向的课程内容转变成人本取向的课程内容,就是以学生的发展为本,将每一名学生的需求作为课程设置的关注点。每一个人都可以通过有意识的努力,将潜能发挥出来,而教育的目的是在这一前提下,促进学生按照正确的价值观发展和成长,从而使学生不断了解自我、认识自我和突破自我。

卓越教师职前培养在课程内容设置上,应当紧紧围绕学生自身的客观情况以及身心健康发展的需求,把握学生在心理情感、生理发展及社会需求等方面的发展规律,实时根据实际情况对课程体系进行合理调整,适当增加选修课程的设置,在推动学生个性化、综合性发展的同时,推动卓越教师职前培养的课程体系向着更加开放、以人为本、动态变化的方向发展。

（二）设计要以教师专业化为向导

对卓越教师的培养不仅要强调教师的职业化特征，更重要的是培养其成为一个"卓越的人"。在此背景下，课程内容也要以教师专业化为导向进行设置。

目前，我国已经有多个高校开始对卓越教师的职前培养进行改革试点，在国家"卓越教师培养计划"的总体指导下，各试点高校从学生以及学生的实际情况出发，制定有针对性的课程内容和培养方案，并在培养实践的具体过程中，适时调整并挖掘不同的培养侧重点。有些学校以教育实践的相关课程为重点，有些学校以教育理论知识的相关课程为重点。但整体而言，当前我国高校对卓越教师职前培养的深层次内涵并没有充分认识，因而导致其课程设置还限于对师范类学生的基本教学能力、基本教育实践能力方面的培养。

实际上，教师职业与其他职业的不同之处在于，其教育对象都是心理比较复杂、情况不够稳定的学生群体，因而教师应当具备的素质之一是充分把握学生的成长规律，在教育过程中帮助学生逐渐树立正确的价值观念，同时通过与学生建立起和谐的师生关系，引导其身心健康发展。因此，在课程培养内容设置上，不仅要培养师范学生"教什么"的能力，还要培养其"怎么教"的能力。换而言之，卓越教师职前培养课程体系应当在"教师专业化"的培养目标下，兼顾专业学术能力和教师专业素养两方面的培养，从而真正培养出具备学术性和师范性的卓越教师。

（三）加强教育行动研究的比重

教育行动研究的含义是指根据现实情况出现的各种问题进行研究分析，并提出相关建议和解决方案，通过实践操作将该方案进行不断修正的研究方法。从某种意义上说，是人对随机问题的解决能力。因此，培养学生的教育行动研究能力，能够促进师范生将理论与实践相结合，提高自己的实践技能。

目前，试点高校设置的师范生培养课程，存在一个突出问题，即理论知识课程所占比例过大、时间过长，而对于所学知识的实践机会通常只能在学生实习中进行，但是实习基地所设计的实践课程也仅仅是侧重于对课堂教学技能的培养，也就是参与课堂教学但并没有参与课堂观察过程，因而不能及时发现课堂教学中存在的问题。

所以，实际的实习中并没有发现和解决学生在实习环节的问题，也不能提升学生的教育行动研究能力。因此，卓越教师职前培养课程体系，应当在设置中纳入对上课教学技能的锻炼，更要将培养学生的教育行动研究能力作

为重点，使学生通过参与学校组织的教学活动或者管理活动，对出现的问题进行反思和纠正，真正将理论知识运用到教学实践过程中。

四、提供优质发展的机会

教育活动的根本目标是促进人的发展，师范生作为我国卓越教师培养的重点对象，其正处于注重个性化的时期，尤其是随着新时代对个性化人才和综合素质性人才的需求逐渐增多，卓越教师职前培养更应当以学生发展为本，在充分尊重学生自身个性特征的基础上，促进每一名学生的成长和发展。

需要强调的是，学生之间都存在一些心理水平和智能水平的差异，教育应当树立培养卓越教师而非全能教师的科学理念，应当针对不同学生的差异开展个性化指导，充分挖掘其在某一方面的特长，最终培养出某方面具有突出能力的优秀教师。

各试点高校在开展卓越教师培养的课程中，首先应当以"个性化"作为教育理念，发挥学生自身的潜能和特长，从而真正培养出具备卓越潜质的师范生；其次，试点高校应当充分尊重每一名学生，在培养过程中提供平等的实践机会，尤其当前我国教育发展和改革的方向，需要促进教育公平、保证教育资源的均衡发展，而教育公平的实现离不开对每一环节公平的追求，从教育起点，再到教育过程，最终实现教育结果公平。

因此，高校要在"以人为本"理念的指导下，尊重每一名师范生的需求，为其创造平等的机会。为此，高校可以适当放宽卓越教师培养的报名资格、取消分班培养制度，真正保证每位学生发展机会的平等性。这是我国卓越教师培养体系所追求的"人人实现自我卓越目标"的体现。

五、提供可持续发展的动力

随着科学技术的飞速进步以及知识经济型社会的不断发展，社会对人们学习能力的要求也越来越高，"学习"已经成为人类生存及发展必不可少的手段。对于教师这个职业，终身学习能力是每一名教师应当具备的专业素质。传统的教育理念强调对知识进行灌输式的传授，这种理念已经不能满足新时代对人才培养的要求。因此，教师应当逐渐将"传授知识"转变成"传授获取知识的能力"，从而帮助学生掌握学习方法以及终身学习的能力。

为此，教师应当首先具备较强的学习能力。我国的卓越教师职前培养应当树立培养可持续发展型教师的培养理念，学生作为未来的卓越教师应当具备解决未来职后教育中所出现的问题的能力。因此，卓越教师培养要将职前、职后教育过程相结合，做到循序渐进，并通过职前教育为职后教育打下坚实基础。在教学过程中，帮助学生坚定对教育工作的信念、树立可持续发展的教育理念，从而使师范生在未来入职后，仍然有主动追求自我进步和自我发展的意愿，并在未来教育工作中面对诸多困难和问题时，有挑战自我的勇气和提升自我的能力。

我国卓越教师培养的长期目标是在培养教师基本专业素质（如扎实的专业理论基础、高超的专业教学能力）的同时，将坚定的教育信念及可持续发展的教育理念渗入学生的教学过程中，面对复杂的社会环境和不断变化的教育环境，能够保持自我提高的动力和要求，从而在教学工作中一直前进。

六、学生评价方式的改变

所谓学生评价是指教育者按照一定标准，在价值评判及实施评判的基础上，对学生的发展情况进行教育评价的过程。学生思想及行为的表现，将直接受到评价结果的影响，因此应当探索科学合理的评价方式。教育部在《基础教育课程改革纲要（试行）》当中明确提出，学校教育的学生评价体系应当多元化，其主要目的是在教育过程中帮助学生实现自我认识和发展，因此评价内容既要包括文化知识部分，又要包含对其他方面潜能的评估。

学生作为教育的核心，建立学生评价体系的最终价值在于通过评价，对学生的学习和发展起到引导及教育作用，从而使学生能够保持终身学习和自我发展的能力。教师和学生是教育的两大主体，学生评价体系也要包含教师评价和学生自评两部分，从而真正实现评价的价值。

当前学生评价体系中，学生并不是参与评价的主体，转换学生在评价体系中的角色地位，使其成为评价主体之一，通过他评和自评相结合的评价方式，最终提升学生自主学习、灵活应对社会变化的能力。

当前高校对于学生能力的评价，仍然是以考试形式为主的传统评价方式，比较单一片面。因此，试点高校应当在评价体系中侧重对学生自我发展和自我认知能力的培养，适当增加自主评价和自我反思部分，推动卓越教师职前培养的专业化进程。

第四节　卓越教师职前培养阶段课程设置现状及改进策略探讨

"卓越教师培养计划"在2010年被提出后，有五十多所师范生培养院校先后加入，较大程度地推动了卓越教师的培养和教育。但是，"卓越教师培养计划"只是一种全新的概念和全新的尝试，还需要大量的研究和探索，才能使其发展更加成熟和顺利，而其发展最急需解决的问题是进行课程设置。

一、卓越教师职前培养阶段课程设置现状分析

通过调查研究发现，受多重因素制约，"卓越班"的课程设置现状并不令人满意，还存在诸多问题。

（一）课程目标定位问题

2010年，为推动教育领域的综合改革，促进大批拔尖创新型人才的成长，充分发挥拔尖创新型人才辐射带动作用，教育部提出实施卓越律师培养计划、卓越医师培养计划、卓越工程师培养计划、卓越农林人才培养计划和卓越教师培养计划。

相对于其他培养计划，"卓越教师培养计划"提出的时间较晚，且缺少较为系统的指导方案。在"卓越教师培养计划"提出的初始阶段，教育部并未明确阐述该项计划的培养目标，只是将其作为拔尖创新型人才培养计划的一个子计划，培养"使人民满意的教师"。

2013年，教育部、国家发展和改革委、财政部在印发《中西部高等教育振兴计划（2012—2020年）》中提出，"在'卓越教师教育培养计划'中，重点支持中西部高等师范院校面向中西部和农村地区培养优秀教师"。直到2014年《教育部关于实施卓越教师培养计划的意见》（教师〔2014〕5号）才明确提出，实施"卓越教师培养计划"的目标在于"培养一大批师德高尚、专业基础扎实、教育教学能力和自我发展能力突出的高素质专业化中小学教师"。提出分类推进卓越教师培养模式改革，促进卓越中学教师、卓越小学教师、卓越幼儿教师、卓越中等职业学校教师和特殊教育教师的培养。教育部对"卓越教师培养计划"的培养目标没有明确界定，客观上影响了各师范院校对"卓越教师"内涵的解读，实施该项计划的学校大都将本校卓越教师班的培养目标定位为培养"未来教育家"。

没有明确培养目标导致课程目标没有精准定位。课程目标的确立，首先要以教育目标的建立为基础，这是培养卓越教师的具体方法，依此进行课程的内容选择和课程评价活动。其一，确立课程目标时，没有足够重视其作为学生的个性化研究。因为卓越班的学生不仅是学生，更是未来各个学校的优秀教师。课程安排没有充分考虑学生的个性特征和主体性，使得学生在学习过程中更加被动，不利于其主动性的发挥和课程效果的发挥，从而违背了卓越教师培养目标设立的初衷。其二，针对课程目标设计课程内容的侧重点，放在了知识的掌握和能力的提升方面，而忽视了教育信念、教育责任以及教育实践和体验的学习。以卓越教师班"数学分析"为例，其课程目标是"通过系统的学习与严格的训练，全面掌握数学分析的基本理论知识""提高建立

数学模型，并应用微积分这一工具解决实际应用问题的能力"等。可见，其课程目标更多体现的是知识与技能的掌握，并未将数学理论在教育中实践。

目前的一个教育现状是，试点高校为卓越班定制的课程目标，是一种行为目标，也就是说，仅仅以教学活动后学生自身的一种行为变化为目标。从卓越班的中学教材分析讨论课程安排看，首先由各个小组做好发言准备，然后在课堂上就教材分析结果进行汇报，再由导师和其他小组给出比较客观的评价，对其分析的内容给予优劣评价，同时提出相关的改善意见。其次，各个小组基于这次教训和经验之上，选择合适的教材内容进行再次分析，为下一次讨论会做准备。最后进行讨论时，导师和各个小组进行评价，并给出适合的改善意见。如此不断地进行循环，能够有效提高师范生对教材进行科学分析的能力。

行为目标取向的优点是具有可操作性、非常详细具体、容易衡量等，因此它成为课程目标取向的一种重要方法。尽管如此，人们对其劣势和不足之处也要有正确的认识。行为目标取向没有很好地考虑人体的价值性和个体性，将其视作一个系统运转的设备，这容易导致培养缺乏个性化，所培养的师范生没有创新能力。

（二）课程内容衔接问题

1972年的《詹姆士报告书》，将教师的培养活动分成三个阶段，首先是个人普通高等教育，其次是职前教育转业训练，最后是在职时参加的各种进修。三个阶段紧密联系的同时，又各自有自己的侧重点。在这之后，教师培养都普遍采用了这个师资培训三段法，这个方法贯穿于教师培训的整个过程，因此有人称之为教师教育一体化。

国内关于教师教育一体化的研究起步较晚，其发展速度也有一定限制。在20世纪90年代，国内一些专家开始重视国外教师教育的相关经验。到21世纪，教师教育在国内开始兴起，对其改革和创新层出不穷。将这三个阶段无缝衔接，使其真正成为一体化的教师教育方案，这样才能有效提升教师的整体素质水平，让教师队伍获得更好的发展。

教师教育最重要的一个环节是对课程的安排，而且关系着教师教育改革的效果，更体现教师教育一体化的重要发展。当然，课程设计一体化并不是一蹴而就的事情，它需要经历长期的、不断完善和改进才能获得最佳效果。现在，国内高师院校的培养方向还是以职前教育阶段为主，职后教育阶段的培养没有完善，卓越班也没有什么不同。

（三）课程结构问题

课程结构是指"某一种特定的课程体系中，各种门类和种类的课程所占的比例及其相互关系"。课程结构是课程的命脉，课程结构内部的矛盾运动是课程发展的动力。只有深入了解课程的结构，才能深刻认识课程的本质。长期以来，专家就师范学校应该以师范性还是以学术性为主的话题，展开了热烈讨论和争辩。在课程方面，学科专业课和教师教育课分别占比问题，一直无法达成共识。倡导师范性为主的专家指出，师范教育与其他教育相比，最大的特征就是师范性，而师范教育更是以培养合格的教师为目标的。因此，师范教育课程应该注重课程，加大其比重，让教师学会怎么教。倡导学术性的专家则认为，教师必备的前提条件必然是拥有渊博的知识和较深的专业学术成就，这才是一个高素质教师所必备的能力要求，如此才能更好地教育好学生。因此，师范类学校要注重知识的传授，向教师明确教的是什么。

（四）课程实施问题

课程实施是课程设计进行操作的具体过程体现。学校以此提取较系统的、完整的课程体系，这个体系包含了课程目标的制定、课程内容的完善和改进、调整相应的课程结构、具体的课程实施方法和课程评价等基本内容。但是，课程实施起来却和预先设定的目标有较大差异。因为课程设计方案是专门针对卓越教师进行制定的，和一般师范生的教育存在较大差异。

在具体实行过程中，不论是针对卓越教师班还是普通的师范生教学班，其差异性并不是特别大，这两种教学班的教育课程和学科专业课程有很大的相似性，只是在教师教育实践类和教育课程上有所不同，且卓越班进行这类课程的学习，是安排在课外时间进行的，课程实施沿用了原有的课程结构。课程实施不能够按照原定计划进行，这也是培养目标和课程目标难以达到理性状态的重要影响因素。

（五）课程评价体系问题

课程评价涉及的内容比较广泛，人们对课程和教学的关系有不同的认识，导致其对课程评价方面出现了不同的定义。西方专家更倾向于课程中包含了教学，也就是大课程、小教学的理念，认为课程评价是对价值进行判断，比如美国的泰勒指出：评价是对课程和教学计划的完成程度进行判定的过程。因为国内对课程的关注和研究时间较短，存在大量沿用苏联课程的现象，因此认为课程和教学的关系是，教学中包含了课程，即大教学、小课程的理念。尽管国内同意以大教学、小课程为指导理念，但是专家在课程评价上的认识却不尽相同。

陈侠是国内早期的课程论代表人物，他指出：课程评价是用科学的方法对教学效果进行检验和辨别的，从而促进课程的改革和完善。① 某著名教授指出：课程评价是基于预先指定的指标，用科学的方法判定课程教学的效果。综合考虑以上观点，课程评价是评价主体根据实际情况，利用事先拟定的标准和原则，客观、全面地评价课程实施的整个过程以及优劣势，主要涵盖评价课程整体设计，对课程的目标、内容、结构和实施进行评价。②

课程设置的评价和学生学业成就评价是课程评价的重点。进行课程评价的主要目的是改革和完善课程设计，从而有利于课程目标的实现，并非是对课程价值进行评估。除此以外，学生的学习效果和成绩的判定，也是课程评价的重要内容。所以，课程评价的功能非常广泛，包括修正、判断、甄别、服务和决策等。

课程体系中主要有学生、课程专家、管理人员和课程实施者，他们是课程评价的重要参加者，主要负责课程的改革和管理，对课程的整个系统和学生的学习成果等进行客观、科学的评分。

二、卓越教师职前培养阶段课程设置的改进

卓越教师的培养计划能否成功，很大一部分取决于课程设置关系是否科学合理。目前，卓越教师培养计划正在历经着改革的重要时期，而职前培养阶段的课程设置中，凸显出的各样问题，必然会对计划的实施和推广产生非常不利的影响，不利于培养高素质、高水平的卓越教师和教育家。因此，对职前培养阶段的课程设置进行有效改进和完善，是刻不容缓的重要工作，也是影响教师教育发展能否获得较好机遇的重要因素。

（一）目标的准确定位

目标是确定方向的前提条件，确定方向后才能获取推动力。课程设置首先确定目标是非常有必要的，既可以使得卓越教师培养计划得以有效开展，又能高效培养卓越的教师和教育专家，为基础教育做好充分准备，也有利于优秀人才的选拔。因此，课程目标的设计要具有可操作性，并且要清晰、具体。

课程目标的不断完善和改进，需要根据现代社会的实际需要进行，综合各科专家的建议，符合师范教学的实际需求。师范学院主要负责教师的职前

---

① 吴越, 李健, 冯明义. 地方师范大学"卓越教师"的培养路径分析——以西华师范大学"园丁计划"为例 [J]. 中国高教研究, 2015（08）: 92-97.
② 吴越, 李健, 冯明义. 地方师范大学"卓越教师"的培养路径分析——以西华师范大学"园丁计划"为例 [J]. 中国高教研究, 2015（08）: 92-97.

教育，参与学习的师范生是其课程目标的主体，他们是未来教师队伍质量高低的决定者，因此有必要参与课程设置。因此，设定课程目标之前，需要充分考虑师范生的实际需求和发展特征，从实际情况进行设置。

师范学院在准备设置卓越教师班课程时，要对师范生的实际情况进行调研，对他们的个性特点和兴趣爱好有一定了解。除此以外，还应该对中小学生的学习需求和发展情况进行调研，把握好中小学生的学习情况，这有利于做好师范生的职前教育和职后培训的衔接工作。

课程目标的设置既要立足于学生的实际需求和发展特点，又要结合基础教育发展特点和学科专家的意见，从而使课程目标的设置具有可操作性，且目标明确。在设置各科课程目标时，不仅要体现本科目的内在性质，而且应该具备独有的特色。

（二）课程内容的优化

卓越教师班是教师教育改革的试点班，是针对师范生教育的一种改革和创新，要求其内容设置必须具有卓越的特性，而非对原有的师范课程进行简单修改。我国卓越教师培养计划还处于起步阶段，科学合理的课程设置有利于其进行有效的推广和实施。因此，对卓越教师班进行改革和创新，是时代发展所提出的重要问题。

1. 职前教育与职后培养并重

在"卓越教师"职前教育阶段，试点高校需要根据本校的实际情况，勇于探索，敢于创新，充分利用自身资源优势，全面调整卓越教师班的课程内容，"将学科前沿知识、课程改革和教育研究最新成果充实到教学内容中，及时吸收儿童研究、学习科学、心理科学、信息技术的新成果"，不仅要向师范生传授相关的知识，而且要注意提高他们的教学能力，培养他们对教育的研究能力。

在培养学生的过程中，应当发挥出理论导师与实践导师的不同作用，组织两类导师密切配合、相互协作，共同去探究有效的教育方法，令课程的设置更加合理。可以组织师范生针对教材开展分析和讨论，让他们担任见习班主任，参与一些实际的试讲课。通过这些方式，让学生提升自己对教育理论和实践的研究以及把控能力，让他们初步学会教学方面的管理，积累教学经验。让参与卓越教师培养计划的学生能够尽快胜任自己的工作，成为中小学卓越教师队伍中的一员。

在"卓越教师"培养过程中，需要对他们开展理想信念方面的教育，这时不能对教师这个职业过于美化，要向学生讲清楚教师职业生涯中将会面临的各种困难和挑战，引导他们树立正确的职业观，自愿成为一名教师，并为此做好心理、技术和职业能力方面的准备。

2. 教育理论与教育实践并重

相对于普通的师范生，卓越教师班应当设置更加丰富的课程，尤其需要开设较多的实践类课程。卓越教师班并未做到理论与实践的充分结合，课程设置仍然是以理论类内容为主，而实践性的内容只占较少比例，并且实践性的内容主要安排在课外时间。开办卓越教师班的目的是培养出更多的卓越教师，为中小学输送具有较高素质的教师，顺应目前正在推广的教育体制改革需要。因此，要成为卓越教师，师范生不仅需要掌握一定的教育理论，更重要的是学会将理论和实践相结合。利用自己学到的理论知识指导实际的教学工作，同时利用积累的教学经验，丰富自己的理论知识。

在制订卓越教师的培训计划时，要注意增加实践课的内容与时间，并且通过各种教育手段的改进，使得实践的内容更加丰富，使所开设的教育实践课拥有更加多样的形式。

第一，高等师范类院校应当切实增加教育实践课所占的比重，设置学生参加课程试讲、教学观摩、实习授课的学分评价体系，每名学生参加教育实习的时间至少为一学期；第二，针对传统的教学模式进行积极改革，在教学过程中，引入一些情景式的教学方式，采用一些案例增加对学生的吸引力，让学生更多地参与教学活动，让他们对学习产生热情和积极性，进而使学生更加熟悉中小学的情况，帮助他们学会将所学到的理论知识与教育实践有机结合；第三，将已经在一线岗位上从事教育工作的教师聘用为兼职教师，安排这部分教师为学生进行授课，不仅教授他们理论知识，更重要的是指导他们实践，提高学生的实践能力；第四，组织学生对教学活动进行反思。

3. 统一性与多样性相融合

制订"卓越教师培养计划"的目的是培养"师德高尚、专业基础扎实、教育教学能力和自我发展能力突出的高素质专业化中小学教师"。因此，卓越教师培养的课程必须自成体系，而不能仅成为师范类课程的补充和附属，必须要突出自身特色。因此，教学试点不仅要完成国家教学大纲中要求的内容，而且要结合本校实际，考虑学生的兴趣所在，开设一些有特色的课程，让所开设的课程能够满足学生的不同需要，令学生的文化底蕴更加深厚，专业知识更加牢固，视野更加开阔，切实提高所培养教师的整体质量。

（三）课程结构的调整

教师培养目标能否实现，实现的程度如何，课程设置的目标是否达成，达成的水平如何，在很大程度上是由课程结构是否合理决定的。所有推行"卓越教师培养计划"的学校应当与自身的实际情况相结合，借鉴国外教师培养课程的设置特点，对卓越教师班所设置的课程做出适当调整，达到提升教师业务素质的目的，使其与教育模式的改革相配合；要合理分配总课时中各种专业课程所占的比例，对学科专业类的课程进行合理缩减，对教育类的课程进行适当增加，尤其应当提高实践类课程所占的比例。教育类课程应当与中小学教育的实践紧密结合，可以组织学生参加教育见习，参与微课的集体评析，参与教材分析课。[①]

（四）课程实施的策略改进

课程实施同样是培养计划的重要内容。师范类高等院校要做好课程实施工作，需要按照计划一步步实现所制定的目标，以取得教师培养工作的良好效果。

一是要培养并充实能够胜任卓越教师班教学任务的师资队伍。在开展教育的过程中，最重要的要素之一是教师，人才质量的高低，在很大程度上是由教师质量的高低决定的。

二是合理制定"卓越教师"的课程方案。要让课程方案在教学实践中，充分发挥蓝图作用。

三是加强和完善推行"卓越教师"培养计划的学校基础设施建设。此类学校要创建自己的教师技能训练机构和场所，比如实习基地、微格教室等，增加学生参与教学实践的机会，提升他们的教学水平。

四是建立三位一体的教师培养机制，"三位"包括师范类高等院校、地方政府及教育部门、各类中小学校。在对"卓越教师"实施培养和教育时，我国师范高校可以对美国的教师培养方式加以借鉴，调动起上述"三位"各自的积极性和主动性。高校自身、地方政府以及吸纳教师的中小学校应当加强联动、相互协调，共同为卓越教师的培养出谋划策，做出努力。

（五）课程评价体系的构建

在课程改革的过程中，我国师范类高校需要将课程的评价结果作为重要依据，只有建立科学的课程评价体系，才能保证师范类教育院校的课程设置

---

① 朱桂琴. 核心素养视域下的师范生实践教学变革：方向、困境与路径[J]. 教育发展研究，2017, 37（12）：46-51.

更加合理。加拿大安大略省的做法值得我们借鉴，他们针对教师培养课程专门设置了评价体系，旨在让课程的设置更加合理，更加有效，从而提升教师的业务水平。英国的做法是针对教师教育课程开展两方面的审定：一方面是对学术的有效性进行审定；另一方面是对职业的有效性进行审定。英国教育界对实践性课程内容的评价更为重视。因此，要顺利实施"卓越教师培养计划"，首先要建立针对课程的合理评价体系。

第一，要制定针对教师培养课程的评价标准，并保证标准的科学性和合理性。"卓越教师培养计划"能够为中小学培养出更多创新型的教育人才，为各级教育机构培养更加优秀的教师队伍。因此，在设置课程时，要对原有的课程加以改革，同时也是对推进课程评价体系的变革。

第二，要建立科学的课程评价机制。学生、行政管理人员、课程实施人员、专家应当在评价体系中，充分发挥各自的作用。

第三，要按照多维度和多元化的原则，对课程体系做出评价。一方面，应当将教师、学生、专家、行政管理人员全部纳入评价体系中，以保证评价更客观、更全面；另一方面，需要不断完善和丰富评价的相关内容，教师的教学情况、学生的学习成绩、课程的实施效果、课程的具体方案都可以纳入评价体系中，让评价体系变得更加丰富，更具可操作性。

"卓越教师的培养"是一项长期工程，要将普通的师范生培养成为卓越教师是一个比较复杂的过程，需要长期积累和不断创造才能完成。开展入职前的培养，是"卓越教师培养"的起步阶段，也是准备阶段。能否顺利实施卓越教师培养计划，关键是培养课程的设置是否科学合理，是否具有可操作性。

在我国，"卓越教师培养"正处于起步阶段，各种问题的出现在所难免，在计划实施的过程中会面临各种挑战。在这种情况下，我们更加需要坚定信心，合理借鉴国外的有效经验，吸取已有的教训，少走弯路，逐步摸索出与本国国情相符的卓越教师培养方法，最终完成教育改革的预期目标。

第六章
核心素养视角下师范生培养策略探讨

核心素养为师范生实践教学的变革提供了理论支撑与实践指引，基于核心素养的师范生实践教学则为它的落地生根开辟了更广阔的空间。本章研究国际视野中的教师核心素养探析、核心素养视角下的师范生教育课程重构、核心素养视角下的师范生实践教学现状及路径选择、核心素养视角下的师范生培养改进研究、核心素养视角下的师范生教学领导力培养路径。

第一节 国际视野中的教师核心素养探析

20世纪80年代，英国政府提出应将核心素养定为教育体系的目标。近年来，这一概念成为全球教育的热点话题。欧美各国在构建学生核心素养体系的同时，也对教师的核心素养问题展开研究并初步构建其发展体系。

一、教育改革的背景

随着社会的发展，在核心素养理念的影响下，学生的基本素质在不断地提升，国家对教师的要求不单单是以讲台、粉笔谋生的教书先生。同时在新课标的改革背景下，国家又对教师有了更为全面的新要求。核心素养理念的崛起是对教师素养的一种考验。

（一）培养未来优秀公民的必然要求

学生德、智、体、美、劳综合素质的提高，关键在于教师的品行修养，教师素质涵养在发展现代化公民方面具有巨大的促进作用。由此表明，教师

职业道德修养和学生个人品行素质之间是相互促进的关系，并且在一定程度上，教师素养对学生素养的促进作用更为明显。

《欧洲核心素养》报告的提出，表明欧盟各国高度重视公民素质的培养，在教育改革的浪潮下，素质教育改革也在如期进行。在改革过程中，学校方面的素质改革颇为成功，尤其是教师核心素质的改革。在国外，国际社会也对教师素质的提高格外关注。在构建教师素养体系的过程中，美国教育协会组织联合技术创新协会组织，共同出版了《新版预备教师综合能力》。书中提到，在21世纪的今天，预备教师要把现代化理念融入知识体系和实践运用当中，用符合时代要求的知识装备提升自己的实践能力，以更好地应对全球性的教育危机。

培养高质量的现代化人才，需要实施教育体制的改革，也需要引进现代化的知识技能。这两个方面的统一，是塑造紧随时代化脚步的人才的关键。现代化人才能够灵活应对各种挑战，善于与人交流，懂得为人处世的道理，是全社会提高参与意识的关键。2014年，在欧盟《教育与培训：2020计划》拟订中，负责教师专业化发展研究的弗朗西斯卡同样意识到："在改善学生学习方法和提高学校效能方面，教师行为总是被放在核心位置，优秀教师理应具备培养优秀的全球化公民的能力。"

（二）教师专业化理论的延展

教师核心素养是教师专业化理论在新时期的体现，是对"学科教学知识"概念的升华，它强调培养教师面向经济全球化的关键知识与能力。1985年，舒尔曼提出"学科教学知识"的概念，"否定了学术学科知识与专业学科知识通过教学法课程简单相加的方式，强调两类知识的'内部'整合"。这一概念建立了教师知识、能力，乃至素养相统一的基本框架，后来的研究都未突破这个框架。

教师核心素养中的"素养"是建立在基本素养基础上的，是得到升华的高级素养。这种高级素养的培养既关注知识体系的建立，也重视专业化的训练。所以，把高级素养概念渗透到教师素养形成的过程中，是为了改变传统的知识型教师的培养计划，发展现代化的高素质教师人才。

（三）课程改革中的教师阻抗

目前，教育界发起的课程改革计划在推进的过程中遇到了困难，教师抵抗是困难产生的来源。这种负面作用产生于课程改革的过程中，受教师自身素质和外界环境的影响，教师会固守个人观念中有缺陷的意识情感，排斥课程改革，以一种不接受的态度对待改革方案。

自教师素养改革计划实施以来，教师的这种消极态度一直未得到改善。在很多教师心中，"素养"一词缺乏现实意义，价值性不强，忽视了知识的重要性，商业化色彩很浓重。由此看来，教育改革计划的推进与教师观念的保守是同时存在的，表现出一种互相对抗的状态。其产生源于落后的教师培养体系，仅仅强调要培养教师的知识技能，而忽视对教师素质能力的提高，缺乏培养教师实践能力的观念，使教师观念无法与改革观念同步。所以，构建教师核心素养体系的目的，是更新传统教学理念，推动以素养为核心的教师教育体系的改革。

二、教师核心素养的框架

欧洲国家提倡建立教师素养体系框架，把教师素养的本质和内核纳入框架体系中，以此作为制订素养计划的基础。这种素养计划的核心在于以人为本，重点把握培养的方向和教师应具备的素养。

（一）美国：教师核心素养框架

在构建现代化教师素养体系的过程中，美国教育协会组织联合技术创新协会组织，共同出版了《新版预备教师综合能力》。其中，对教师素质的养成提出了八项要求。

（1）在初级阶段的学校教育中，要培养学校管理者和构建教师团队的现代化知识体系。

（2）中小学教育中，学校管理者和教师团队必须具备现代化的知识框架，能够将理论知识与实践结合起来。

（3）在教师入职培训计划中，必须涉及现代化的知识体系构建和知识技能解读。

（4）以符合权威性的评定标准为前提，新入职人员必须具备现代化的知识框架和知识技能，并且接受教学体制的改革。

（5）促进师范类院校与中小学校、社会基层的交流沟通，实现教师入职培养计划制定的目标。

（6）教师入职前的培养计划必须具备时代特征，把理论指导与实践训练结合起来。

（7）入职教师培训项目成为提供创新人才的动力源泉。

（8）信息化时代的到来，对教师入职培养计划提出了更高要求。

以上述八项要求为基础，新时代下的教师素养体系框架应包含下列内容。

（1）以技术性为核心的学科知识，是把现代化高科技运用到学习专业知识和掌握专业技能的过程中。

（2）信息化时代下的教学体系在实施过程中，应注重理论知识与素质培养的结合，充分体现现代化的特征。

（3）教学方法要具有多样性，不仅要运用直接教学的方法，还要运用实践教学的方法，从而提高学生的学习兴趣。

（4）关注少年儿童的成长过程，帮助他们发现学习的乐趣。

（5）通过考试、随堂测验和实践活动，考察学生的学习情况，根据情况调整教学模式。

（6）在掌握理论知识的同时，教师要充分利用社会资源，提高自身的实践能力，拓宽自己的知识面，提升自己的创新水平。

（7）教师在教学工作中要善于与同事交流，以集体主义为价值观念，促进与其他教师的合作和沟通。

（8）了解学生的个体差异性，并制定不同的解决方案，更好地为学生营造良好的学习环境。

（9）教师应该秉持活到老学到老的理念，以身作则，在学习中发展自己，为学生树立学习的榜样。

在素质体系框架之下，教师入职培训项目必须包括培训标准、评估内容、教学技巧、专业化发展和教育教学环境等内容。

（1）对于培训标准的设定要符合现代化的组合模式，即综合考虑知识技能和实践标准两个方面。

（2）对于评估内容的要求，是要把学生对现代化知识技能的运用纳入内容体系中。

（3）在教学技巧的运用上，注重对师范类教育的技术性改革，提高师范类学生的综合应变能力，对专业性和跨学科性的冲突问题可以灵活解决，在具体的教学过程中要注重书本知识与实践活动的结合。

（4）在专业化发展的问题上，要确保不同类型的教师都能得到发展的机会，师范类院校与中小学校要保证教师专业化水平的提高。

（5）关于教育教学环境方面，其为职前教师的学习生活提供时间和空间，为职前教师进行其他学科的学习创造学习环境，促进职前教师综合素质的提高，为我国教育事业提供高品质的教学人才。

（二）欧盟各国教师核心素养框架

教师的素养问题是许多欧洲国家在对国家教育政策进行讨论时的主题之一。然而，在实践中，教师素质的模式、发展水平、认可、应用以及价值都是备受关注的，特别是在与教师教育相关的政策和专业发展方面，差别很大。

而这些差异并不是由教育本身引起的。过去，欧盟提出的理念是建立"欧盟文化统一"，不过在语言、文化、国情等方面各国都存在着一定的差距。尽管一体化进程并没有停止，但其所面临的困难还是挺多的。可是，教育的统一仍然被认为是体现欧盟文化相互认可的重要而可行的方式。因此，欧盟非常重视建立统一的文化或教育标准。

2011年，在欧盟委员会《教育和培训：2020年计划》的教师专业发展主题工作组报告——"文献综述：核心素养要求和发展"中，明确提出了教师的核心素养内涵和要求，2007年、2008年和2009年，欧盟教育会议重申了关于"提高教师素质和教师教育水平"的观点。三次教师扫盲教育会议的要求是："特定学科知识；教育专业技能，如课堂应对能力、信息和通信技术的熟练运用，可以培养学生的横向能力(创新精神、数学能力、语言能力)，并营造安全、愉快的校园文化氛围；文化或态度层面包括反思、研究、创新、合作和独立学习的精神。此外，在欧洲委员会发布的欧洲教师能力和素质的一般准则中，教师的核心素质进一步分为三类：使用信息技术和知识的能力；与同伴合作的能力；适应和与社会相处的能力。

从上述内容可以看出，欧盟同美国一样，对熟练掌握和运用技术的要求非常重视，认为其是构建教师核心素养体系的重要环节。"教学实践处在一个高度繁杂、充满变化的环境中，这在客观上要求教师整合学生学习与思考的知识、特定的学科知识以及技术知识。""这显然是建立在舒尔曼学科知识理论基础之上的，只是增加了技术方面的内容。"由"学科教学知识"上升为"技术性学科教学知识"的概念，反映了时代要求。

站在欧盟国家的角度，教师素养框架确实在职前教师培训计划中发挥了指导作用，但在实践过程中，进步程度因国家而异。原因在于，不仅有历史因素，也因为不同国家的劳动力市场需求和教育制度不同。因此，根据国情有选择地采用欧盟教师素养框架内容。

（三）国际组织教师素养框架

有关《教师素养：个性化和学生中心教学》的文件，是非营利性国际组织"未来专业组织"和"国家教育官员委员会"在2015年联合发布的，首先肯定了构建教师素养"六大关键原则"的必要性。在教师素养"六个关键原则"的基础上，将教师的素养进一步划分为四个方面，并在各个领域，对下一级的"高级文化"内容和指导培训意见进行规定。

"六项关键原则"是构建教师素养模式的指导原则。第一，素养应体现在整体教育理念中，应与学校的校园文化、专业发展和独立课程建设形成互动关系。第二，素养模型应适用于教师群体或整个学校群体。第三，除了明确教师素养外，还需要对相关的学生素养、教育管理者素养和政策内容予以明确。确定学生的读写能力，有助于学生加深学习；正视高管的素养，有助于建立一个以学生为中心的特色学校环境和学习型社区；只有明确界定相关的教育政策，才能长时间地支持文化导向的教师教育改革。第四，素养模式的构建，必须体现公平的精神，即教师必须公平对待每个学生。第五，素养模式应注重培养教师的知识、思维方式和技能。与"有效教学模式"相比，教师素养模式的具体内容和标准更加适用，可以帮助教师应对不同的工作环境。第六，从现有的研究看，仍然无法断言教师素养模式的实施是否存在问题。

根据这六项指导原则，教师读写能力最初可分为四个方面："认知素养""内省素养""人际关系"和"教学素养"，即"4N模式"，即"教师需要知道、需要处理、需要关联、需要做"。

第一，认知素养。教师必须精通学科知识，人类智力发展知识和人类社会发展知识。教师认知素养的形成，是为了促进学生认知能力和元认知技能的发展。《教师素养：个性化教学与学生中心》指出，学生的元认知能力、自我调节能力和学习能力都可以通过技术手段来完成。因此，教师应该精通这些技巧。

第二，内省素养。教师在面对不同的教学情境时，能够自我管理和自我调节的内在技能和思维习惯。内省素养不仅可以帮助教师合理地管理自己的教学行为，还可以及时有效地理解学生的思维。美国教育家琳达·达林-哈蒙德的研究指出，在教师教育中，元认知能够"有效提升教师的高级文化水平"。

第三，人际关系素养。通过与学生、同事和更广泛的社区成员沟通，教师的社交技能和个人能力将大大提高。

第四，教学素养。无论何时何地，专业的知识和技能对教师的工作至关重要。

教师素养的"4N模式"从教师的技术学科知识、元认知能力、社会交往和沟通能力、教育专业能力等方面做出了规定。就具体内容而言，虽然美国与欧盟制定的教师素养模式不同，但对"关键素养"的理解基本相同：其重视培养学生的核心素养，追求学科和专业知识的整合，强调利用技术手段实现三类知识整合。

第二节　核心素养视角下师范生教育课程重构

国际上热议的"21世纪素养",即"核心素养"。中国学生发展核心素养源于"21世纪素养"。1997年12月,经合组织(OECD)启动了"素养的界定与遴选：理论和概念基础"项目,确定了三个维度九项素养。之后,各个组织和国家相继提出了核心素养的构成要素,主要目的在于提高全民学习能力,应对全球化浪潮和知识经济的挑战,最终实现个人成功与社会经济发展。

2000年以后,不断有发达国家对学生的核心素养培养进行研究,为培养具有核心素养的新一代人才,开展一系列基础教育改革活动。伴随着学生核心素养要求的改变,承担着培养学生职责的教师应具备什么样的核心素养,成为世界教育的最热门话题。发展教师核心素养对培养学生的核心素养至关重要,可以帮助学生直接面对未来挑战。

自《中国学生发展核心素养》发布以来,教师核心素养的标准已经成热点。因此,作为21世纪新时代的教师,应具有以下四点核心素养。

首先,信念素养。德国哲学家雅斯贝尔斯在《什么是教育》一书中说："教育必须有信仰,没有信仰就不称其为教育,而只是教学的技术而已"。学生是国家的未来和希望,学生的健康成长关乎国家的前途,所以教师要有信仰,引导学生建立正确的"三观"。

其次,专业素养。一个合格的学科教师,除了要对本学科知识有扎实过硬的基础外,还要能够将知识转化、拓展,超越本学科的限制,到达更高的层次。这样才能赢得学生的喜爱与尊重。

再次,信息素养。北京师范大学顾明远教授曾说："在当今时代,教师已经不是知识的唯一载体,学生可以从电视、网络及各种媒体上获取知识。教师的作用由过去单向地向学生传授知识,转变为指导学生自主获取知识,指导学生之间的讨论,开展师生之间的互动。"个性化的网络学习冲击着传统教育方式,教师只有跟随时代发展,将信息技术与教育教学融合,成为有独特魅力的教师,做到因材施教,才能为祖国培养新一代的优秀人才。

最后,创新素养。未来的教师应具有创新意识、创新思维、创新能力,敢于挑战自我,能多项思维考虑问题,在教学过程中,有独到的教育机制。

新时代的教师与传统教师的最大区别是具有以上四点核心素养,作为一名合格的教师,只有不断学习,完善自己,才能够提高自己的职业素养,才能够跟随时代的潮流变化,不被抛弃。

一、教师核心素养视角下教育课程重构的必要性

"核心素养"成为全球教育的热点话题。培养学生的核心素养,很大程度上取决于教师自身的核心素养。教师核心素养的形成是教师职前教育、入职教育和职后教育等多方面因素综合作用的结果。

(一)社会主义核心价值观的需求

培育和践行社会主义核心价值观,要以培养担当民族复兴大任的时代新人为着眼点,强化教育引导、实践养成、制度保障,发挥社会主义核心价值观对国民教育、精神文明创建、精神文化产品创作、传播的引领作用,把社会主义核心价值观融入社会发展各方面,进而转化为人们的情感认同和行为习惯。文化自信是一个国家、一个民族发展中更基本、更深沉、更持久的力量。思想文化是一个民族乃至一个国家的灵魂。如果这个国家、这个民族丢掉了思想文化这个灵魂,它是立不起来的。中国的优秀传统文化不仅为治国理政提供有益启示,还为道德建设提供有益启发。

目前,中国的治理体系是在我国历史传承、文化传统、经济社会发展的基础上长期发展、渐进改进、内生性演化的结果。教师是培养人才的关键人物,教师首先要具备社会主义核心价值观,才能培养出具有核心素养的新一代中国人。在新时代特色的社会主义价值观的影响下,改变原有的教育方式,跟随时代步伐,重新选择与定义课程,培养中国新时代人才。

(二)深化教育改革的必然要求

教育部《关于全面深化课程改革 落实立德树人根本任务的意见》(以下简称《意见》)明确指出:"研究提出各学段学生发展核心素养体系,明确学生应具备的适应终身发展和社会发展需要的必备品格和关键能力。"[1] 在文件发布后,如何培养具有核心素养的学生是当时基础教育改革的重要问题。培养具有核心素养的学生,要求授课的教师首先具有核心素养。教师是高等师范院校培养出来的,教师具有的核心素养,除了在学校以学习形式形成以外,还受到参加工作后的学习、教书等方面影响。目前,国内高校对未来教师教育的课程方面还存在缺陷,它限制了教师核心素养的提升与发展。所以,培养新时代具有核心素养的学生,首先要从改变高等师范院校的课程开始。

(三)我国教师教育专业课程设置现状

教师教育课程的设置是师范类院校对教师进行教育的重要载体,是教育

---

[1] 陆艳清,林翠英. 师专师范教育专业课程体系构建的研究 [J]. 中国成人教育,2010 (16):65-66.

改革中的一个重点领域,设置科学且合理的教师教育课程,是培养优秀教师的前提。中国教师教育已经有百年历史,教师职业本位论一直占据主导地位。

自我国开始设立教师教育课程以来,一直按照心理学、教育学与学科教学法三种方式培养教师。教师教育的课程一直没有跟随时代的变化而转换,造成新时代具有核心素养的师资力量缺失。如何才能提高教师的教育质量,从着重培养教师数量转换成培养高质量的教师,是高校进行改革、转型时期必须要考虑的问题。在教师教育的改革中,必须推翻原有的教师教育课程,设立符合当今时代发展需要的专业教师教育课程,才能够培养具有新时代核心素养的教师。

二、教师核心素养视角下教师教育课程建构的建议

职前教育是培养具有核心素养教师的首要路径,了解当今时代需要教师具备的核心素养内容,设立适合目前阶段教师教育的课程;追随时代的发展,不断更新教师教育课程内容,才能够培养出一代又一代不被时代抛弃的优秀教师。

(一)教学内容的重构

《教师专业标准》《教师教育课程标准(试行)》《全国教师资格考试大纲》对当下教师提出了新要求,强调对教师职前教育内容进行改革创新,构建新的教学体系,专科立专题,注重课程的应用与实践。

教师职前教育的课程,接受教育的内容与方式、方法,都将应用在以后的授课当中。所以,在对未来教师进行职前教育时,需要根据课程内容的不同,设立专门的课题,专项问题专项研究,不同问题都有不同的处理方式方法。将课程内不同的内容进行划分教学,可以让学生便于理解、总结,然后进行实践。

一名合格的教师,应该学会多种教学办法,灵活运用;可以采用课堂讲授、问题分析,然后对问题进行讨论的方式或者有条件的情况下,采用实训教学方法,充分调动学生主动学习的积极性,引导他们对问题进行思考,充分开发他们的潜力;注重新知识与学生原有知识的结合,培养他们的创新力,必将有事半功倍的效果。

(二)教学方法改革

在现行的教学中,教师的主要目标是教会学生如何自主学习。"授人以鱼不如授人以渔",不能直接将课堂讲解的内容直接用灌输的方式教给学生,而是要教会学生学习的方法。通过大量的举例、对事件进行分析,并根据课

程的内容,采用引导式或答疑式等方法,启发学生对课程内容的思考,引导他们的学习思路,学会用正确的学习方式进行学习,逐渐掌握课程的知识点,并将学到的知识加以利用。

在整个教学过程中,教师的主要作用是引导学生学会自主学习,充分调动学生学习的积极性。学生可以通过自学掌握的内容不要占用课堂时间讲解,教师可以利用网络与学生互动,把学生提出的具有代表性的问题同大家进行讨论,通过实践解决学生的困惑。

(三)实践取向重构

对课堂学习内容有选择地进行实践活动,可以提高学生学习的兴趣以及积累经验。实践活动中,教师教授知识,由学生实际操作,教师进行指导,让学生亲身体验,这样可以使他们变得更加主动。无论是教学还是学习,都离不开实践的总结。通过不断学习然后进行实践的方式,逐步实现教师的自我提升,同时实现学生的发展与完善。

教师首先要在教学中进行不断反思实践,总结实践经验,促进自我的提升与进步。在教学过程中,不断发现问题、总结问题,反思问题产生的原因,研究问题的解决办法,通过不断反思实践,完成自我成长。

教学反思是教师把自己的课堂教学实践,作为认识对象而进行全面深入的冷静思考和总结,从而进入更优化的教学状态,使学生得到更加充分的发展。它可以激活教师的教学智慧,探索教材内容的全新表达方式,构建师生互动机制及学生学习的新方式。

(四)以评促教的改革

新形势下,教师的评价方式需要做出改变,要结束以往以学生最终成绩评价教师的方式。在对教师的评价中,应该更加注重学生对教师教学方法的感受,通过学生日常表现,观察是否把教师所教内容加以应用,教师所教内容是否对学生产生了积极的引导作用。这样不仅可以促使传统的填鸭式教学方法的改革,让教师可以自主发挥创新教学方式,还可以激发学生学习的积极性,开始有效、自主地学习。让学生从被动接受课程的学习变成主动学习。教师的评价应该以学生为主要评判者,注重学生在学习过程中的体验,促使教师与学生之间不断交流,相互信任,与学生共同进步。

在怀特海《教育的目的》一书中,有这样一句话:"当一个人把在学校里学到的知识忘掉,剩下的就是教育。"《师说心语——亦文亦画皆教育》一书中有这样一句话:"教师不是在用教材搞教育,而是在用自己的人格搞教育，严谨的治学态度，乐观向上的奋斗精神，宽厚仁爱的博大胸怀，才是对学生最好的教育。"学生核心素养的培育离不开教师的教导，教师的核心素养将直接影响学生核心素养的形成。所以，教师核心素养的培育将引起教师教育课程的重大变革，给教育发展增加新的课题。

第三节　核心素养视角下师范生实践教学现状及路径选择

自21世纪初以来，核心素养理念在国际教育改革中占主导地位。人们在不断研究、探讨与重构的教育价值和目的，是核心素养的课程和教学改革的多维演变结果。然而，教育实践领域该怎样将核心素养的教育理念进行融合，充分展示其教育意义，已成为主要问题。

师范大学生扮演着当前"学生"和未来"教师"的双重角色。他们不仅是核心素养所描述的目标学科，也是未来培养学生核心素养的主导角色。因此，师范院校学生的实践教学需要结合核心素养所描述的教育愿景，做出具有挑战性的改变。

一、核心素养视角下师范生实践教学现状

在以核心素养为基础，促进学生全面、自由发展的过程中，师生的双重认同表明，对核心素养的认同、理解和内化至关重要。然而，在现有的实践教学文化环境下，培养师范生的核心素质，必然会出现一些不可避免的问题。

（一）忽视师范生文化底蕴的积淀

人文背景和科学精神是培养学生在文化修养方面正常需要的核心，强调教师应引导学生在实践教学过程中学习，理解和运用人文科学知识，培养学生的审美情操、人文情怀和道德情操。文化基础的核心素养是指人在积极适应社会发展需要、面对复杂问题、适应不可预测的情况时，具有创造性、主体性和道德性的高级能力和人性能力。高级能力是对个体在适应社会过程时，所体现出的独创性和智慧的强调性；人性能力则表明核心素养包含道德、情感、人性、责任等组成部分，强调个体在日常社会生活行为方式中的道德标准。在文化基础上，核心素养具有引导以及"以人为本"和"精神建构"的双重使命。

当前，职前教师的教学实践通过一系列有益的、实用的机械训练，培养教师的教学技能，培养教师与职业技能之间文化教育的统一性，使实践教学演变为一种更好的"工作"，而不是"生活"的声乐教学。在狭义观念的控

制下,实践教学往往与具体的现实情况和历史文化语境相分离,很少与社会学、文化学、人类学、宗教等学科的知识、思维方式、情感态度和价值观的培养相联系。

从实践教学的实际诉求看,这种实践教学在内容和方法上都具有明显的去道德化和去生活化倾向。它更注重学生相应的阶段性教育理论知识、操作技能知识,而忽视了学生在学习、理解、运用人文精神建设知识过程中的批判性问题。

(二)规避师范生的学习自主性和创造性的生成

学会学习和健康生活是师范生在自主发展方面需要养成的核心素养,它强调实践教学不仅要引导师范生养成终身学习的意识、自主组织和安排学习策略、审视自我学习进程,还要引领师范生"认识和发现自我价值,发掘自身潜力,有效应对复杂多变的环境,成就出彩人生,发展成为有明确人生方向、有生活品质的人"。①

自主发展方面的核心素养会随社会、教育情景的变化而呈现出不同的指向,这要求教师挖掘核心素养背后所蕴含的思维逻辑与深层意蕴,切实将核心素养融入师范生实践教学的设计、实施、评价、改进等环节。随着师范生学习经验的积累,这些品质会依次内化为精神性力量,将人类的精神内涵转化为当下的个体精神,引领自我与他人自主学习、善于反思、敢于探索,进而为成为公民做准备。

但当前教师职前的实践教学大多关注用理论知识解决实际教学问题的实践课程,企图通过严格的程序式训练,培养师范生掌握一种以标准的、确定的程序控制课堂的技能。即使是在教育见习、教育实习过程中,师范生也只是被动听从学校的固定安排,定时定量完成任务。在这样的教学环境下,师范生将被动地接受、服从视为理所当然,逐渐变成"一个仅仅从事非创造性劳动的雇工,一个只是灌输既定意识形态的传声筒,一个贬损自身魂灵的精神附庸,一个维护错误观念的文化保安"。将师范生变成缺乏主体性与反思意识的"技术工匠",以致在未来的课堂教学中,他们习惯于从自己被奴役的"惯习"出发,对学生进行规训与压迫,将学生驯化成没有自我的"知识人"。遵循"控制"逻辑的实践教学窄化,甚至曲解师范生专业能力的内涵,遮蔽了师范生专业能力内藏的自主性与创造性,致使师范生无法形成一种关于未来课堂教学情景的自我理解和建构,无法形成一种不断追求教育深意的

---

① 铁生兰. 教师教育全程培养模式研究——以青海师范大学为例[J]. 福建论坛(社科教育版),2009(04):96-98.

情怀以及在面对时代巨变和社会现实时不断调整自我、规划自我的内在发展动力。

(三) 限制师范生社会角色的定位

责任担当和实践创新是师范生社会参与方面需要发展的核心素养，强调教师既要在教的过程中引导师范生正确认识、处理自身与社会、国家和国际的关系，培养师范生的社会责任感、国家认同感与归属感以及国际理解力，也要在师范生学习的过程中，结合自身的实践经验、发展需求创设知识情境，培养学生的创新意识和问题解决能力。

责任担当和实践创新素养的养成与师范生的真实性、情境性体验密切相关，只有将知识与师范生已有的学习经验、现实的生活经验、未来可能经历的教学事件串联起来，师范生才能获得学习的画面感，探索知识蕴含的深层意蕴，即智慧、情感、思想、人格等，实现自身对知识的丰富性理解和灵活性迁移及运用，成为有能力向公众表明观点、态度或意见的个人。这要求实践教学要将师范生培养成具有家国情怀、社会关爱、社会担当的知识分子，并在师范生不断塑造角色认知的过程中，引导其将自身的社会公共情怀转化为教育领域内的实践创新活动。

但当前实践教学偏向知性教学，注重师范生对教育教学理论知识的记忆，强调在虚拟的"应用题"中，训练和培养师范生解决认知问题的能力，并以师范生对教学理论知识占有量的多少，作为评价其专业发展的主要标准。这种工具性取向的实践教学，甚至忽视了师范生与社会的关联性，限制了师范生体味社会生活、体悟人性的条件，因而无法启发师范生从社会公共性的角度审视自身当前的学习与未来从事教育事业的关系，也无法使师范生领会教师作为知识分子应具有的悲天悯人情怀和应承担的社会使命。

此外，知识虽然是师范生成为知识分子的必要条件，但平面化的教学呈现给师范生的却是僵死的、固态的知识，这种知识所内具的文化包容性与敏感性已被人为地抽离，既无法联结和激活师范生认知结构中的其他知识和经验，也无法培养师范生的教育责任担当，最终使师范生成为社会公共领域内麻木的"边缘人"。

二、核心素养视角下师范生实践教学的路径

核心素养为师范生实践教学的变革提供了理论支撑与实践指引，基于核心素养的师范生实践教学则为它的落地生根开辟了更广阔的空间。核心素养取向下的实践教学须注重拓宽和加深师范生对教育的理解，积累和提炼师范生的实践经验，整合和创生发展性资源。

（一）重构课程系统，稳固文化基础

课程教育以培养文化底蕴为基础，教育的核心理念是将文化传统发扬光大。文化素养的培养是职前教师教育课程的重要环节，注重以人为本的理念，强调素质涵养的提升，在课程教学中以细节教育的方式进行。文化素养的培训过程要以基础文化为核心，把基础课程教学同师范类学生教育教学结合起来，形成一种理论与实践有机结合的教学模式。

从课程设置上看，这类实践课程重点培养的是学生的实践能力，在教师培养理论基础上，整合实践活动，目的是明确师范类学生的素质发展方向，确定基础教育培养的人才设定和师范类教育培养的文化涵养之间的内在关联。设定实践课程时，必须对整个教育体系文化进行反思，通过反思的过程，更好地对课程系统进行规划，实现培育文化素养的目的。开展实践类的教育课程，是为了提升职前教师的素质底蕴，积累科学领域内的学习资源，认真探索各类学习资源的表现形式、存在类型、内部联系和外在区别，重点要理清各种学习资源和职前教师培养的关系，使学习资源在提升职前教师的文化底蕴、情感内涵、审美观念、思维模式和人文精神方面起到促进作用。

实践课程本身具有实践性和动手操作性，在巩固师范类学生基础文化的同时，促进学生内涵素养和人文品格的提升，增加学生实现自我成长的途径。学生在实践课程中的综合表现，需要通过评价体系评定，评价也应遵循发展核心素养的原则，综合评定师范类学生的内涵素养和人文品格以及科学探索能力的提高程度。在整个实践教育课程体系中，师范类学生培养计划的目标设定、课程内容、过程展开以及课程评估是重要的细节部分，这些具体的细节内容前后呼应、过程连贯，为实现提升师范类学生文化素养的目标起到关键作用。

（二）深化自主发展

从终极关怀的角度看，教育最终是"成人"，而人之为人，就在于人的主体性存在，在于一种心灵的存在。从现实关怀的角度看，教育过程本身是学生体验生命、追寻幸福的过程。在这一过程中，学生的创造力会在喜悦与爱中静静绽放。正如，"幸福应该是教育的目的，而一种好的教育应该极大地促进个人和集体的幸福"。基于自主发展的核心素养的实践教学课堂应该尊重个体与关切人类，具有激发生命、播种幸福的力量，它能够焕发师范生的生命活力，引导师范生树立关于学习与生活的健康价值观念，使师范生明确自我发展方向、形成专业身份认同，最终通往有品质的职业生活。

为了培养这种促进师范生自主发展的力量，师范生要将实践教学视为生命的生长地和自我修炼的主道场。"真正受过教育的人崇尚人的自主性，因而

他自己就富有主见,并对其他人的独立思想持同情态度。他能从自己狭隘的目的中超越出来,并运用想象力理解其他人的思想"。①师范生作为"受过教育的人"和教育实践者,要主动从未来教师的身份出发,探寻自身与知识、学生、课堂之间相互交叉的关联性,整合智能、情感、精神和意志,规划教育愿景,对什么是好的教育做出自己的选择和判断。"在每天的教学中,以敬重他们内心最推崇的价值方式教学,而不是以符合制度规范的方式教学",在"自我理解自我整合"的教学中,使师范生感受"以生为本"的课堂魅力,从而有效地精进自己当前的学习与生活,以达成"生"与"师"的自我理解。

(三)丰富社会参与

《反思教育:向"全球共同利益"的理念转变?》一文的发布,表明国际组织对教育事业的关注。文中提到,在文化教育繁荣发展的时代下,多元化的学习模式正在引领时代的学习浪潮。在人类共同利益的推动下,教育的发展和知识的进步成为关键。新时代下的教育理念包括教育主体的参与性、教学组织的表现性、教育观念的人文化。社会参与过程的主体呈现多样化,主要包括政府部门、科研组织和人文社区。这一过程是培养个体的素养以及个体融入集体后的社会素养,以社会素养的提升为目标。

社会参与过程实际上是参与主体相互学习的过程,这些主体有着相同的利益追求,可以把对方所拥有的资源要素加以利用,从而提升自己的能力,实现资源利用的最大化。

在师范类学生的教学活动中,必须以培养学生的能力为利益主线,综合提升学生的责任意识和实践能力,为学生挖掘更多的学习资源,拓宽学生的实践空间范围,增加学习的渠道,营造良好的学习环境。

在网络式学习模式下,学生通过网络将自己与其他利益相关者联结起来,组成更大的利益群体,成为群体内的"行动者"。在这里,"行动"是受到主观能动性的支配活动,而这样的"行动"也可以叫作"社会行动"。因为"行动"的主观能动性只有在和他人比较时,才会体现出来。因此,师范类学生可以在参与社会活动时,理清个人与社会的关系,并在社会中得到成长和进步。

从培养师范生社会参与方面的核心素养推进实践教学,一方面需要政府相关部门基于"共同利益"颁布文件或制定政策,为搭建实践教学平台提供合法性;另一方面,就教育系统内部而言,要加强师范院校和教师的自主权,增强师范院校对区域中小学的辐射作用,鼓励大学教师积极联合中小学教师、

---

① 陆艳清,林翠英. 师专师范教育专业课程体系构建的研究[J]. 中国成人教育,2010(16):65-66.

学生家长等相关人士开发培养师范生责任担当意识与实践创新能力的实践课程。就教育系统外部而言，应注重师范生发展资源的包容性，不仅要充分借鉴社会机构与其他民间组织的优秀经验，加强相互间的交流合作，还要从现实社会生活出发，充分利用社区的情景资源，为师范生提供作为未来教师深入社会、躬行实践的平台和机会。

事实上，师范生在文化基础、自主发展、社会参与三方面核心素养的培育不是孤立的，而是相互交叉、共同促进的。这需要实践教学关注师范生在教育场域中的双重身份，全面推进教师职前教育变革，提升教师职前教育质量。

第四节 核心素养视角下师范生培养改进研究

教师核心素养的高低决定学生核心素养的高低。教师的核心素养主要由教师专业能力和职业品格组成，能够引导学生全面健康发展。教师的职前、入职和职后教育等其他因素，影响教师核心素养的形成，其中职前教育最为重要。在之前的教育中，高等师范院校主要负责教师的职前教育工作，但是高等师范院校在学生培养过程中存在某些问题和不足，不利于学生的培养，各大高等师范院校需要解决相应问题。

一、一线教师素养现状[①]

教育教学实践能够评估教师素养水平。工作人员精心设计了调查问卷和访谈提纲，主要内容是教师在教学工作中应具有的核心素质和当下教师素养的情况。

以调查对象J市三所中学为例。对J市三所中学的校长和教师进行问卷调查和结构性访谈。有数学、语文、政治、历史等100位一线教师参加了此次调查。调查共发出100份问卷，并且全部回收，问卷的回收率为100%，共有91份问卷合格，9份问卷不合格，有效率为91%，又分别对3位校长和5名教师进行了结构性访谈。

（一）"核心素养"内涵认识不足

通过研究和分析调查问卷后，能够发现教师不能全面和深刻地理解教师核心素养，53.85%的教师停留在理念层次，30.77%的教师将核心素养定位为培养学生的目标，12.08%的教师将核心素养视为教育政策，3.30%的教师表

---

① 徐福利. 转型与突破：基于教师核心素养的师范生培养改进研究[J]. 中小学管理, 2017（06）：26-29.

示核心素养只是一种形式,过段时间就不会有人在意了,有的教师表示课程三维目标和核心素养没有本质区别,对学生的教育并没有什么指导意义。

(二)教师核心素养的看法一致

被采访教师对教师应具备的核心素养的理解大致相同。首先,教师要心系教育事业,对学生要有爱,要一视同仁,重视学生能力和素质的培养;其次,教师要培养自己的魅力,增加自身学识,丰富知识储备,培养自己的创新精神;最后,具备扎实的教学专业能力,授课时能够激发学生的学习热情,培养学生的学习兴趣,促进学生的个性化发展。

(三)教师核心素养现实不容乐观

教师的教学素养与教师核心素养的标准还有很大距离,并不达标。第一,教师在教学过程中并没体现出教育情怀,有的教师只是把"教师"当成谋生的职业,不能将自己全身心地投入教育事业中,缺乏主动实践的精神;第二,教育理念不完善,有的教师将更多的精力投入如何提高学生的专业成绩,而忽略了学生心理健康教育;第三,教师专业知识不扎实,部分学校利用高考试卷对实习教师进行测评,只有50%的教师及格;第四,教学的基本技能较差,有的教师不能独立完成工作总结,招生简章的撰写工作也不尽如人意,与学生沟通和交流的能力不足;第五,缺乏主动学习和自省精神,有的教师只是应付教学任务,没有积极主动学习和丰富自己的知识储备,缺乏对自己的态度、能力等方面的反省。

调查中,30.86%的教师只是完成练习册中的工作任务,没有进行课外拓展;38.35%的教师偶尔,甚至几乎不根据自身的情况反省自己。

二、高师院校难以培养优秀师范生的原因

教师核心素养的不足主要由主客观因素导致,主观因素主要是有的教师单纯把教授知识当作工作,并没有全身心地投入教育事业中,对教育事业缺乏责任心和热情,没有长远的职业规划,教师对自己的工作也很迷茫;客观原因是高等师范院校在培养师范生过程中出现的问题。

(一)培养目标缺乏针对性

师范生的培养目标能够体现高等师范院校的教师培养理念,同时决定师范生课程如何安排、选择什么样的方式对师范生进行培养以及采取什么样的管理方式。

比如,在LD大学2016年《汉语言文学教育专业学生培养方案》中,培

养目标表述为:"努力培养理想信念坚定,社会责任感强,具有系统汉语言文学基本理论、基础知识,具有深厚文化素养和较强汉语表达能力,具有一定语言文学研究能力、创新精神和实践能力,能够在中等学校从事语文教学、教研工作的工作者,以及在文化、广播、新闻、出版等领域适应相关工作的高素质应用型人才。"

对这一培养目标进行解读,可以发现其存在如下问题。一是定位不专。培养目标中提到除了要培养"能够在中等学校从事语文教学、教研工作的工作者",还要培养"能够在文化、广播、新闻、出版等领域适应相关工作的高素质应用型人才",这样势必分散培养教师的注意力,影响师范生培养质量。二是理念落后。培养理念仍停留在对汉语言文学相关知识的学习与掌握上,缺少教师素养方面的要求,以及对当前国家关于教师素质规定的关注。三是操作性差。培养目标的落脚点是培养"应用型人才",但从表述来看,只偏重学科能力的培养,缺少对管理能力的要求,且"创新精神和实践能力"的标准模糊。

(二)课程设置不完善

还以 LD 大学的课程设置为例进行说明。LD 大学的课程设置同我国教师教课设置基本没什么区别,比如学科基础课程学科、通识教育课程以及专业课程。其中,学科专业课程还包括专业必修课程、基础课程、专业选修课程以及实践课程。接下来分析该校汉语言文学教育专业课程设置存在的问题。

第一,在教学课程中,外语类、思政类和军体类课程所占比重较大,人文艺术和自然课程设置很少。第二,学科专业课程中,与教师教育相关的课程较少,不能突出师范生的示范性特点。LD 大学的课程设置:教育学共 48 学时、教师职业道德共 16 学时、教师职业技能共 24 学时、现代教育技术共 24 学时、心理学共 48 学时;学科教学法包括两种课程,分别为语文课程与教学论共 48 学时、中学语文教材分析共 48 学时,学科教学法和教师教育联系非常密切,以上课程为 256 课时,而总学时共 2402 学时,约为总学时的 10.66%,比重较低。第三,没有与教育研究和改革以及学校和班级管理的相关课程设置,不能体现育人的理念。第四,师范生实践课程虽然相对多,但是实践的时间和地点缺乏人性化。师范生的"教育实习"时间仅为 6 周,第 7 学期开始有实习课程;见习也成为"认知实习";第 8 学期开始进行"从业技能训练"。

实践地点方面,有的学生在学校指定的学校进行"教育实习",绝大多数学生都回到学生户籍所在地学校。这使得师范生的实践时间较短,实践的次数也很少；又因为学生的实践地点不在学校范围内，学校不能有效监督学生，实践训练大部分存在形式主义的问题。最终导致师范生缺乏实践经验，使得师范生进入工作岗位后再积累教学经验，就会影响师范生的教学工作。

（三）课堂教学、评价内容与手段不完善

地方高等院校的课堂授课与教育的发展不相称。首先，课堂授课的内容强调学科体系的全面，缺乏创新性和前沿理论知识，有的学校教学课本没有更新，用的是20世纪八九十年代的教材，与现在中小学的教学要求缺乏联系，实用性不强。其次，课堂授课方式缺乏创新性，主要采取教师授课的单一教学方式，不能够与小组合作学习、案例分析教学、研究性学习等学习方式相结合，不能够激发学生的学习热情，课堂教学的质量和效率不高。最后，有些地方高等院校对师范生教学管理工作不重视，师范专业一般都是师范学校合并到综合性高校中才出现的，综合性高校不能发挥师范教育的优势。

此外在教学评价方面，主要存在以下问题。一是对教师缺少相关教学激励措施，重科研、轻教学的情况普遍存在。如在LD大学，夏季学期的授课。教师每完成一周的实践活动计12学时，相当于平时三个上午的课堂教学，这极大地影响了教师开展实践教学的积极性。二是对学生的评价内容和方式非常单一。如在LD大学，"课程考核分考试与考查两种类型：考试课为百分制，考查课为五级分制（优秀、良好、中等、及格和不及格）。课程综合成绩包括平时成绩（占40%）和期末成绩（占60%），期末卷面百分制成绩达不到60分的，不计平时成绩"。

平时成绩由学习态度（10份）、考勤（10份）、课后作业（10份）、课内小测验（10份）组成，学校重视考试，主抓学生的学习成绩和学习成果，学生的学习意愿和学习实践得不到重视。部分教师为了避免不及格现象发生，会降低试卷的难度，上课时为学生勾画考试重点，导致学生上课时不认真学习，考试之前突击学习。因此，教师的核心素养不容易形成。

三、师范生核心素养培育改进建议

高等师范院校不断为基层教师队伍输送人才。因为很多师范生毕业后会进入县城或者乡镇的中小学工作。师范生素质的高低决定了当地中小学学生的素质高低，还会影响当地政治、经济、社会、文化等方面的发展。所以，高等师范院校对师范生培养的改革意义重大。

（一）转变培养观念

高等师范院校要转变对师范生培养的观念，贯彻并实施"育人为本、实践取向、终身学习"的教育理念，重视师范教育的特殊性，以将师范生培养为素质高、专业强的教师为目标。根据目前中小学生的发展情况，培养师范生的核心素养，最终使师范生具备创新精神、文学素养、丰富的知识、终身学习等教师应该具备的核心素养。

（二）调整课程设置

首先，保证专业课的质量。提高师范专业基础课程和专业核心课程的质量，提高实践课程的占比，使师范生的学科基础知识更加牢固，提高师范生的专业素养。其次，对教师教育相关课程进行整改，加强心理学、教育学和科学教学相关学科的改革，加强"三笔字"实践教育，重点培养教师的口语实践能力，提高教师与学生沟通和管理班级的能力，力促课程学习与实践教学有机结合、相互影响。最后，对通识教育的授课内容进行适当整改和完善，开设与师范生培养目标相符的通识类课程，开展教育理论讲座，为师范生创造更多实践学习的机会；开设名著赏析课程，丰富学生的知识，开阔学生眼界，为学生树立正确的教育理念。

（三）创新培养评价模式

高等师范院校加强课堂学习与实践教育课程之间的联系，逐步形成贯穿整个大学四年的师范生培养模式：通过加强实践教学，弥补现阶段师范教育中实践教育的不足。比如，师范生从大一入学后到大四毕业前，每学期都安排见习课程和实习课程；通过"双导师"的管理制度，完善实践课程的监督和管理，保证实践课程的质量。对学生进行全面评价，兼顾过程性考核以及形成性评价，除了重视学生知识的学习、成绩的高低外，还要重视学生的心理健康教育问题、专业能力的培养、人格和品行的形成。

（四）提升师资水平

师范生质量的高低决定了高等师范院校师资水平的高低。师范专业的授课教师要定期接受学校教学内容质量和创新能力的考核，学校对教师的研究能力和实践经验有一定要求。比如，师范专业的授课教师要具备在幼儿园或者中小学半年以上的工作经历，还要有相关的研究成果。高等师范院校借助国家的政策方针，加强与先进学校合作，学习别人先进的教育理念和教育模式，提高本校教师的教学能力和本校教师的核心素养。

第五节　核心素养视角下师范生教学领导力培养路径

中国学生发展核心素养的理念，顺应了时代与民族发展的需要，与社会倡导的"全面发展"的人才观相契合。中国学生首先是一个具备完整人格的人，因此需要在"文化基础""自主发展""社会参与"三大板块上塑造多元能力。这三大板块主要是在六大方向上呈现的，即"人文底蕴""科学精神""学会学习""健康生活""责任担当""实践创新"。教师作为引导学生成长成才的主体，在学生的不同成长阶段，需要保持多元化学习和实践的发展能力。

为了快速促进职前教师适应教学后的生活，需要提前训练和培养他们的教学领导力，以便在具备教学素养的基础上，能够更快更好地踏入教学生涯。

当然，超前培养师范生的教学领导力，也要有所规划，一般分为三条路径：内生路径、外生路径、综合路径。这三大路径各有其内核，"教育理论与领导理论的相互融合""专业知识与教学技能的衔接"，这是内生路径的含义；外生路径的内涵则是，"校内积累与校外实践相辅相成""学习过程与实践结果的监测"；综合路径是指"效能标准与教育理念的默契印证"。

一、教育理论与领导理论的相互融合

职前教师教学领导力需要发展完善，其中一种方式是将教育理论和领导理论结合起来，创造出一套与时俱进的实践方式，以便于开拓学生的思路，不论是学术界，还是在个人往教师方向的角色转变上，都能够拥有足够的能力武装自己。那么，职前教师又该如何做好角色和行为的转变？事实证明提前塑造好自己的思想价值观念，对今后的教育教学有重要的指导意义，毕竟教师的本职需求，不论是内在修炼还是外在教学发展，都对教师的教学领导力提出发展的要求。

首先有一个正确的思维观念做基础，然后通过理论学习和领悟开阔视野，提升教育教学的发展能力。从事教师这个职业，首先要对这个职业有超前认识，不仅是教育理论上的涉猎，还要与教师职业的价值观和思想观相契合。在教育领域，教师是领导学生的人，所以要具备领导者的知识、理念、信念储备和智慧与行为，这样不论是知识、思想，还是阅历、理念等方面，都能起到模范带头作用。对于领导者而言，首先要学会领导学的各种理论知识，譬如领导个性特点理论、领导行为方式理论、领导权力变化理论等，包括最新的分享式领导、分散式领导、个体领导等理论说法。当然，职前教师的领导力发展还可以得到一系列精神理论的支持，譬如"人文底蕴"与"科学精神"的结合,这二者能够为教师成长为优秀的领导者提供无形与潜在的精神养料。

二、专业知识与教学技能的衔接

教师从来不是一个只具备专业知识,或者只掌握教学技能就合格的职业。著名教育学者余文森提出:"教师只拥有知识,只能给学生知识;唯有智慧才能启迪智慧,唯有素养才能培育素养。"由此看出,教师仅拥有知识是不够的,知识为专业能力提供理论基础,而实践教学过程中的技能会将知识转化成教学能力。所以,知识与技能是不可分割的,对于教师教学能力而言,它们相互融合,又相互促进。

《中小学教师专业标准》中有解释"专业知识层面"这个名词的含义,它包含四个知识种类:教育、学科、教学、通识。而"学科知识"一方面是指学科的知识体系、理论框架、价值观与方法论,以及与学科内容有关的基本知识点、专业技能,另一方面是指学科与其他不同学科,与社会实践,以及与共青团和少先队行动之间的关系;书里还提到了"专业能力层面"的含义,阐释它不仅包括"教学制定、教学实践、教学活动和班级规划",还包括"教学评估、交流与团队协作、自省和进步"等。

首先通过在学校学习和运用专业知识,源源不断地积累过硬的"专业知识",然后在后续的具体场合里,将先前对知识的"理论掌握"发展到"实践运用",从而加强学生对知识深刻理解和熟练运用能力。教师这个职业所需要具备的技能和知识,要求在职教师在校期间将自己当作一名正式的教师,要求自己、修炼自己,不断提升能力。学习期间通过各种模拟角色,巩固所学知识,将知识运用到实践中,从而提升技能,然后再根据技能训练获得经验,拓展知识的宽度和广度,这是一个始终发展变化的过程。所以,教师所从事的这份职业不仅传递知识、学术,以及思想观念,还帮助学生提升现实技能,塑造人生价值观。

对于职前教师而言,必须要"学会学习",既具备丰富的知识,又要掌握扎实的教学技能,这些是塑造优秀教师的重要素质。所以说,职前教师若想要培养出色的教学领导力,切不可只抓"知识",或者只抓"技能",必须同时训练和稳固提升,才能让教师领导力的发展不至于失衡,这些都是让职前教师通往卓越的教育者路上所不可缺少的重要品质和能力。

三、校内积累与校外实践相辅相成

学生这个群体,不仅个性迥异,成长轨迹不同,且处于不断学习完善自我的阶段，所以对教师这个职业提出了很高的要求，除了要具备基本的专业知识、公共理论、教学知识以外，还需要始终保持正能量和积极的人生观、价值观和思想观。

那么，对于职前教师而言，在学生阶段应该努力抓住校园时光，专注自身学习和成长历练，将知识和理论体系塑造得稳固扎实，以便后续的知识可以向宽度、深度和广度上不断延伸。只有这样，职前教师才能在日后的教学实践过程中，有坚定的方向和价值观念。这也是教师角色中，培养领导力角色的重要一环。

2016年教育部2号文件里提到：师范院校想要建设全面多元的教学实践体系，包含"师德感受、教学践行、班级规划、教研操作"等，规定师范生实际操作时长至少为一个学期。另外，还要开展各类丰富的活动，如"鉴赏学习、模仿操作、专业技能实践、一起实习"等，以此增加师范生在教学中的现实感受。

所以，职前教师只有深入学生群体，参与基层实践，对教师生活的现实状态全面了解，并且能够把校内理论知识与校外实践技能相互结合，发掘自己所不擅长的知识，才能有所针对性地提升自身技能。在教师引导下，找到适合自身的方向、目的和方法进行提升和矫正。在校内和书本上学到的"理论知识"只有结合具体的教学场景，进行情景模拟和训练，才能内化成自身的、能力和综合素质，然后带动知识与实践相互交融、互相促进，这也是"责任担当"和"实践创新"的有机结合。

所以，"教学领导力的生成与发展"是一种综合素养的体现，是将校内"理论知识的学习修炼"和校外"实际场域的现场磨炼"综合起来，从量变逐步达到质变的飞跃。

四、学习过程与实践结果的监测

教师的教学领导力先有生成，然后也要持续发展变化，再继续生成，生成与发展是生生不息的相互成就的关系，生成是基础，持续地发展是动力和方向。在职前教师的教学领导力培养过程中，尤其应该重视"学习过程"和"实践结果"的相互结合，并且将"有效监测"体系纳入成长过程中。用"过程性的有效监测"手段促成"结果性生成"，从而达到让学生正常发展的目的。实际上，做好"过程性的适时监测"，能够帮助职前教师在学习过程中"知识的获取""理论的建构""能力的发展"以及"实践活动的建设""效能的产生"，做到事半功倍。所以，将"校内实践修炼"有持续、有目的、有针对性地继续发展，有利于职前教师教学领导力的生成和发展。除此之外，职前教师领导力的生成和发展，不仅要将"学会学习"和"健康生活"有机结合，也需要将"校外实践"和"校内修炼"融合在一起，并且能够潜移默化地影响学习与生活。这些不仅奠定了教师教学领导力必备知识的基础，也为后续的发展壮大打好了根基。在具体的教学实践场景中，不但要重视过程，也要用结果检测过程，只有二者结合，才能使得教学领导力日益增强。

五、效能标准与教育理念的默契印证

目标需求是决定事物发展走向的指南针，在行动开展之前，只有对"效能标准"做到深入了解，才能决定"目标实现程度"和"效能优劣"的呈现结果。对于发展职前教师的教学领导力而言，一方面需要提供教育理念和领导理念的帮助，另一方面需要教师以参与者的身份加入行动中，而这一行动还需要以"分享、鼓励、自主和发展"作为践行教学领导力的思想。

要实现教学领导力的生成及发展，对于职前教师而言，也是一项挑战，不但需要达到教师职业的专业素养，及时接受各级政策信息，还需要构建一套知识学习和实践的成长模式，让理念指导行动，从而推动自我在专业知识和能力上的不断进步。当然，这也是推进"效能标准的有效发展"，以及学生在"学习效能"上的快速提升。

对于职前教师教学领导力的核心素养，其修炼源于平日里一点一滴的积累。第一，培养职前教师超前的思想观念，然后平衡发展三大素养，即"文化知识""自觉进步""社会实践"。然后构建教师知识体系，并且能够指导职前教师的专业发展，对教师教学领导力的生成和发展也提供了多重帮助。所以，教师教学领导力的发展离不开"效能标准与教育理念的默契印证"，不仅为其带来量的检验方式，还能够促进质的发展变化。

说到底，教育的目的是满足人性的发展，是让人成长为更好的人，而不是工具。专注于职前教师教学领导力的发展，需要建立在学生发展的核心背景下，这也是现阶段师范高校职前教师培养的重点，是满足未来发展的趋势。对于基层教师，以及职前教师，它代表了时代发展的精神内涵，满足社会发展对人才的需求。当然，这也是我国教师教育事业发展的本质目的。

再回归到职前教师教学领导力发展的本源，即让人成为人，从这个层面探索职前教师教学领导力发展的道路。在"双一流"背景的映衬下，它成为中国当代社会教师教育发展的重要议题，不仅对现阶段教师教育一体化模式的构建有知识和理论帮助，并且对其后续有效发展提供方向指导。

参考文献

[1] 洪早清,吴伦敦. 教师职业素养导论——师范生读本 [M]. 武汉:华中师范大学出版社,2011.

[2] 教育部师范教育司. 教师专业化的理论与实践 [M]. 北京:人民教育出版社,2003.

[3] 靳希斌. 教师教育模式研究 [M]. 北京:北京师范大学出版社,2009.

[4] 林樟杰. 教师教育体制机制问题研究 [M]. 北京:中国人民大学出版社,2009.

[5] 罗蓉,李瑜. 教师专业发展:理论与实践 [M]. 北京:北京师范大学出版社,2012.

[6] 谭小宏,侯小兵,吕林. 创造型教师职前培养研究 [M]. 成都:西南交通大学出版社,2017.

[7] 唐松林. 中国农村教师发展研究 [M]. 杭州:浙江大学出版社,2005.

[8] 王嘉毅,吕国光. 西北少数民族基础教育发展现状与对策研究 [M]. 北京:民族出版社,2006.

[9] 王嘉毅. 多维视角中的农村教师 [M]. 北京:北京师范大学出版社,2011.

[10] 杨天平,申屠江平. 教师专业发展概论 [M]. 重庆:重庆大学出版社,2012.

[11] 张豪锋,张水潮. 教育信息化与教师专业发展 [M]. 北京:科学出版社,2008.

[12] 钟祖荣. 现代教师学导论:教师专业发展指导 [M]. 北京:中央广播电视大学出版社,2001.

[13] 周跃良. 信息化环境中的教师专业发展 [M]. 北京:科学出版社,2008.

[14] 北京师范大学教务处. 创新教师教育模式,构建中国特色教师教育体系 [J]. 教师教育研究,2005(03):3-7.

[15] 方建华. 嬗越与创新:中国百年师范教育传统及其现代意蕴——基于江苏百年师范发展史的思考 [J]. 教育发展研究,2014,33(06):18-23.

[16] 冯奕竞. 教师教育模式改革与探索——以南京师范大学教师教育改革为例 [J]. 教育理论与实践,2012,32(01):33-36.

[17] 郝文武. 师范教育向教师教育转变的必然性和科学性 [J]. 教育研究,2014,35(03):127-131.

[18] 何小忠,韩念佟. 乡村教师培训需求的特点分析及其启示 [J]. 教师

教育论坛，2007，30(1)：33-38.

[19] 康晓伟. 教师教育者：内涵、身份认同及其角色研究 [J]. 教师教育研究，2012，24（01）：13-17.

[20] 李铁绳，党怀兴，赵彬. 师范院校教师教育人才培养模式改革的探索与实践——以陕西师范大学为例 [J]. 当代教师教育，2012，5（02）：18-21.

[21] 李中国,辛丽春,赵家春.G-U-S教师教育协同创新模式实践探索——以山东省教师教育改革为例 [J]. 教育研究，2013，34（12）：144-148.

[22] 廖军和，金涛. "全科型"农村小学教师培养模式探讨 [J]. 教师教育论坛，2016，29（01）：22-26.

[23] 陆艳清，林翠英. 师专师范教育专业课程体系构建的研究 [J]. 中国成人教育，2010（16）：65-66.

[24] 孙颖. 基于内部异质化的乡村教师队伍建设研究 [J]. 中国教育学刊，2016（09）：82-85.

[25] 铁生兰. 教师教育全程培养模式研究——以青海师范大学为例 [J]. 福建论坛（社科教育版），2009（04）：96-98.

[26] 吴越，李健，冯明义. 地方师范大学"卓越教师"的培养路径分析——以西华师范大学"园丁计划"为例 [J]. 中国高教研究，2015（08）：92-97.

[27] 武军会. 基础教育教师一体化教育模式构建 [J]. 河南师范大学学报（哲学社会科学版），2014，41（02）：176-179.

[28] 徐福利. 转型与突破：基于教师核心素养的师范生培养改进研究 [J]. 中小学管理，2017（06）：26-29.

[29] 张嫚嫚，魏春梅. 乡村教师培训存在的问题分析及对策思考 [J]. 教师教育研究，2016，28（05）：74-79.

[30] 周芬芬，卫建国. 高等师范教育改革：理论与实践的对话 [J]. 高等教育研究，2011，32（10）：84-88.

[31] 周华青. 农村教师幸福感及其获得策略 [J]. 教育发展研究. 2015，35（06）：74-79.

[32] 朱桂琴. 核心素养视域下的师范生实践教学变革：方向、困境与路径 [J]. 教育发展研究，2017，37（12）：46-51.

[33] 朱元春. 教师发展学校：营造高校与中小学教师教育共同体 [J]. 教师教育研究，2008（06）：24-28.